새로운 정치자금론

새로운 정치자금론

장정윤 지음

한국행정DB센타
ADMIN
Korea Administration Data Base Center

책 머리

민주정치라 함은 정당에 의한 정당정치를 흔히 말하고 있다. 그러므로 민주정치에 있어, 정당뿐만 아니라 정치인도 그 조직과 기능을 움직이는 실질적으로 양성적인 정치자금이 필연적으로 소요된다.

오늘날 이를 둘러싼 정치의 도덕화가 이루어지고 정치자금은 반드시 정제되어야 함이 시급한 과제이다. 그러나 정치의 도덕화 문제만 보더라도 정당과 정치인의 자제·자숙과 국민의 각성이 이루어져야 하는데, 우리 정치현실에는 일정한 한계가 있다고 본다.

그 이유는 정당과 정치인은 권력을 추구하고 사회가 자본주의적 경제구조에서 완전히 탈피하지 않는 이상 돈과 권력에 초연한 도덕적 존재로 머무를 수는 없기 때문이다. 그러므로 현행법은 정당이나 정치인이 음성적인 정치자금을 사용할 수 없도록 제도적으로 제한하고 합법적인 양성화된 정치자금만 사용하도록 규정하고 있다.

정당이나 정치인에게 유입되는 합법적인 정치자금은 정치 구조적, 기능적 측면에서 볼 때, 불을 피우기 위한 '불쏘시개'와 같은 작용을 하여 정치발전을 원활하게 촉진 시키는 발화장치(ignitor)가 되고 있다.

현대정치의 이슈(issue)는 정당이나 정치인이 정치활동을 하는데 필연적으로 정치자금을 어떻게 조달하고 사용하느냐에 따라 정치적 성패가 달려있다고 하겠다. 현재 언론에서 정치자금과 관련된 의혹사건만 보더라도, 기업인과 정치인 그리고 정치인과 유권자들 사이에 돈의 수수과정이 이권과 결탁한 부정 · 부패의 고리가 끊이지 않고 있음을 볼 때, 이러한 연유는 우리나라의 현실정치는 불법적인 정치비용이 많이 들어가는 고비용정치제도 때문이라 할 수 있다. 그러므로 이것이 개선되지 않는 한 음성적인 정치비용이 얼마나 들어가는지 국민은 아무것도 모른다는데 문제가 있다.

지난날 정치현실만 보아도 불법적인 금품의혹사건은 정치 브로커와 연루되어 검찰이 검은돈의 흐름을 현미경 보듯이 찾았지만, 몸통은 없고 깃털만 건드리는 경우가 많았다. 특히, 이러한 현상은 선거시에 많이 나타나는 정치현상으로, 정당은 권력을 창출하려고 하고 정치인은 선거에서 당선을 목표로 하기 때문에, 물불을 안 가리고 물량선거로 거액의 불법적인 정치자금을 사용하게 되어 고비용 정치구조를 탈피할 수 없게 만들고 있다.

이러한 것을 개선하기 위해서는 합법적인 정치자금의 흐름을 원활히 하면서, 정치권에 대한 정치자금의 투입(input)과 사용(use)의 모든 과정에 대한 투명성을 확보하도록 법제도화는 물론, 정당이나 정치인들이 모든 선거과정을 정책과 인물 중심으로 경쟁한다면, 이는 정치비용 절감의 도구(Cost-Saving Device)가 될 것이다.

흔히, 정치자금을 민주주의 비용(Cost-of Democracy)라고 하지만, 이는 민주정치의 필요 악(Necessary Evil)으로서 정치부패의 요인이 된다는 것을 우리는 이미 알고 있다. 만약, 선거 때 당선만 되고 보자는 정치인들이 법을 경시하여 돈 잔치의 '금권 선거판'을 벌인다면, 돈은 공중으로 날아다니게 되고 유권자들은 돈 앞에 의식 따로, 행동 따로 식의 불의와 타협하게 되어 공명선거는 물 건너가게 된다.

Henry L. Bretton은 돈의 힘(The Power of Money)은 높은 비밀

성과 높은 대체가치가 있다고 하듯이, 정치인 누구나 선거 시에 돈만 있으면 지역에서 당선 가능한 정당공천을 받을 뿐만 아니라 우수한 선거 운동원과 거대한 선거조직을 가동하고 자신을 과대포장, 광고를 한다면 당선 될 수 있다는 생각을 할 수 있으나, 이는 불법 정치자금만 늘어나게 되고 결국 자신의 생명줄인 '정치적 끈'은 단절되고 말 것이다.

정치가 있는 곳! 음성적인 정치비용이 필요한 것인가! 돈 안 쓰는 정치는 불가능한 것인가!

필자가 정치현실 속에서 강하게 느낀 것은, 과연 선거 시에 법이 규정한 합법적인 정치비용만 사용했다고 양심적으로 단언할 수 있는 후보자는 과연 몇이나 될까? 의문시 되지 않을 수 없다.

선거 때마다 천문학적인 돈 선거판에서 양성적인 정치비용은 음성적으로 사용한 비용에 비해 '빙산의 일각'이요 '구우일모'격인 후보자들이 있다는 것을 우리는 언론매체를 통해 알 수 있다.

더욱이 치졸한 정치인은 선거과정에서 유권자들에게 불법적인 정치자금을 지하수도관처럼 은밀히 유입시킨다 해도 국민들은 목말라하는 국민정치의식이 불합리한 고비용 정치구조를 만들 뿐만 아니라, 정당공천과 관련하여 밀실에서 억대의 돈을 주고받은 자들이 당선된 후, 사법기관에 적발되어 언론에 공개되어 법적 단죄를 받는 것을 볼 때, 우리 모두를 슬프게 한다.

이 책은 막대한 정치비용에 의지할 수밖에 없는 선거로 인하여, 정당과 정치인의 불법적이며 탈법적인 정치자금의 조성과 사용 등의 악순환적인 정치관행에 대한 법과 제도의 합리적 개혁이 전제되지 않고서는 진정한 민주주의가 안착 될 수 없다는 문제의식에서 출발하였다. 저자는 박사학위 논문을 책으로 출판하여, 정당과 정치인의 정치자금을 합법적으로 조성·사용할 수 있는 제도화 기준을 정립함은 물론 공명한 정치문화를 정착과 고비용 정치구조의 개선 그리고 정치자금제도의 개혁방향을 제시함으로써, 우리나라의 민주정치발전에 기여하고자 한다.

끝으로 사회적 불황 속에서도 이 책을 출판해주신 (주)글로벌콘텐츠 출판그룹의 홍정표 사장님과 직원들에게 고마움을 표하는 바이다. 그리고 필자가 박사학위를 받기까지 많은 경제적 고통에도 잘 견디어낸 아내에게 고맙게 생각하며, 또한 푸른 꿈을 향해 멋지고 아름답게 성장한 아들과 딸에게 미래에 대한 용기와 희망을 주고 싶다.

2009년 11월

갈댓잎이 불타오르는 한강둔치에서

장정윤 씀

목 차

서문

오늘날 민주주의는 대부분의 국가들에서 대의제 민주주의 형태로 구현되고 있으며, 대의제 민주주의는 선거와 정당이라는 양 제도를 중심으로 하여 유지되고 있다. 선거는 대표성에 정당성과 권위를 부여하는 수단이며, 정당은 대표성을 취득하는데 참여하는 중요한 정치 주체로서 기능을 한다. 특히, 정당은 의회민주주의를 유지하는 기반으로서 국민의 정치적 의사형성은 물론 직접적인 정치 참여로 국가의 권력구조를 구성하는 기능과 역할도 수행하기 때문에, 그 활동은 공적일 수밖에 없다.

그 정책에 있어서도 국민의 전체 이익에 관계되는 기본적 요구를 충족시키는 동시에, 정치과정을 통하여 정권의 획득·유지를 위해 모든 공직선거과정에 참여하여 지지를 결집하는 활동을 전개해야 한다. 문제는 이러한 정치과정에서 정당이 모든 공직선거의 후보자를 추천 또는 지지하고, 선거에 참여하는 데에는 필연적으로 상당한 규모의 정치자금이 들게 마련이라는 점이다.

민주주의 국가에서 정당의 정치자금은 정치적 생명선(life line)과 같은 것으로서 정당의 조직과 기능을 원활하게 수행하는데 필수적인 요소라 할 수 있다. 반면에 정치와 돈은 정치현실 속에서 부정한 거래가 형성될 수 있고, 정치가 있는 곳에 돈이 소요되는 것이 아니라 돈이 있는 곳에 검은정치가 생겨나는 부정적인 현상이 나타나기

도 한다.[1)]

지금까지 한국의 정당들이 정치자금의 조달(supply)과 사용(use)에 있어, 국민으로부터 의혹을 받게 된 것은, 그 조달 규모가 엄청날 뿐만 아니라 사용에 있어서도 투명성이 확보되지 않았다는 점, 그리고 선거 때는 물론이거니와 평상시에도 고비용의 정치활동 때문에 비합법적인 정치자금을 조달하고 사용하게 됨으로써, 건전한 민주정치 발전에 저해요소가 되어 왔기 때문이다.

어느 나라를 막론하고 민주정치에 있어서 정치자금은 필요악(nece ssary evil)으로 인식되어 왔다. 따라서 민주주의 비용(cost of democ racy)[2)]이라는 정치자금의 원활한 조달과 사용이 의혹을 사지 않도록 양성화하는 문제에 대해 고민하고 있어, 이 문제의 해결이 곧 민주주의 정치발전을 위한 불가결의 과제로 인식되고 있다.

우리나라의 정치는 건국, 개발, 독재, 민주화로 이어진 현대사 속에서 구조적 변동을 관통하면서, 분열과 통합을 반복해 왔다. 민주화에도 불구하고 지역 패권주의, 이념의 양극화, 금권 · 부패정치 등으로 유기적인 민주적 국력을 결집하지 못함으로써[3)] 정치과정의 지체 현상을 노정시켜왔다. 그 중에서 무엇보다도 정치발전의 저해요소로 지목되는 것 중 하나가 정당이나 정치인의 정치자금과 관련된 부정부패라고 할 수 있다.

우리나라의 정치 부패는 심각한 수준으로 평가받고 있다. 국제투명성기구(Transparency International)가 발표한 것만 보더라도, 2

---

1) 박상철, 『정치법학의 임무』(서울: 지정, 1999), 58쪽.

2) Harold F. Gosnell and Richard G. Smolka, *American Parties and Elections* (Columbus, OH.: Charles E. Merrill publishing, 1976), p. 202, 참조.

3) 조성환, “통일론의 패러다임 전환”, 『통일안보연구』 제2권, 2002, 166쪽.

004년 우리나라 부패인식지수(CPI)는 146개국 중에서 47위로 10점 만점에 4.5점, 2005년도는 159개국에 40위에 5.0점, 2006년도 163개국에 42위로 5.1점, 2007년도 179개국 중에서 43위에 5.1점을 기록해, 여전히 심각한 부패 상태임을 보여주고 있다.[4)]

해방 후 정치자금과 관련된 사건을 살펴보면,[5)] 제1공화국 시기인 1952년 제2대 정·부통령 선거시 정치자금 확보를 위한 중석불 의혹사건, 1956년 제3대 정·부통령 선거시 국방부의 원면사건, 제2공화국 민주당 치하에서 부정축재자 야합설과 중석파동, 5·16 군사쿠데타 후 군정 하에서 증권파동과 워커힐 공사비 유용, 새나라 자동차와 빠찡고 등 소위 4대 의혹사건, 제3공화국 하에서 국공유지 불하사건, 상공부의 암쿼터 배정, 농협 부정사건, 각종 토목사업의 수의계약 등 굵직한 사건 등이 있었다.

이후 제5, 6공화국에서도 일해재단 강제모금, 수서 비리, 민영방송 허가 의혹, 최고 권력자의 비자금 조성 등의 사건이 있었다. 특히 2000년에서 2002년에 드러난 각종 '게이트 사건들'(정현준사건, 진승현사건, 이용호사건, 최규선사건)과 과거 대통령 선거와 관련된 비자금사건 등은 민주화 이후에도 한국 정치문화를 부정부패로 얼룩지게 만들었다.

이러한 사건들로 우리나라 정당은 민주정치 발전의 필수적인 제도나 장치로서의 기능보다도 수단과 방법을 가리지 않고 정치권력을 장악하기 위한 집단으로서 국민들에게 인식되어 왔다. 이는 정당이 유지·활동하는데 필요한 정치자금을 부정한 방법으로 조달하

4) http://www.transparency.org/content/download/33964/529096

5) 허형택, 『한국의 정치와 정치자금』(부산: 세종, 2002), 22~23쪽, 및 중앙선거관리위원회, 『대한민국 정당사 제1집』(서울: 중앙선거관리위원회, 1981), 294~295쪽 참조.

여 사용했기 때문이다.

건전한 민주정치 발전을 위해서는 정당은 부패한 정치자금으로부터 자유로워야 하며, 그러기 위해서는 정당의 정치자금이 합법적으로 조달될 수 있도록 제도적으로 보장되어야 하고, 사용함에 있어서도 적정하고 공정하게 사용될 수 있도록 사용내역의 투명성과 공개성이 확보되어야 한다. 정치가 있는 곳, 정당이 존재하는 곳, 선거가 있는 곳, 정치인이 활동하는 곳, 이 모두가 정치자금과 불가분의 관계가 있으므로 결국 돈과 정치는 동전의 양면과 같이 뗄 수 없는 밀접한 관계라고 할 수 있다.

그럼에도 불구하고 지금까지 한국에서는 정치자금에 대한 연구는 처녀지에 속한다고 할 수 있을 정도로 대부분이 시사적인 논의의 범주를 벗어나지 못하고 있는 반면에, 구미 정치학계에서는 오래전부터 많은 연구가 진행되어 왔다. 미국의 경우, 이미 1958년 정치자금에 관한 연구기관으로서 Citizen's Research Foundation을 설립하여 많은 연구실적을 내놓고 있다.[6)]

우리가 돈에 의한 정치를 실감할 수 있는 것은 선거가 실시되는 때인데, 돈에 따라 움직이는 선거전과 선거행태에 정당과 정치인이 사활을 거는 정치 현장을 목도할 수 있기 때문이다. 본 논문은 이와 같이 막대한 비용에 의지할 수밖에 없는 선거, 또 이로 인한 정당과 정치인의 불법적이며 탈법적인 정치자금의 조성과 사용 등 악순환적 정치관행에 대한 법과 제도의 합리적 개혁이 전제되지 않고서는 진정한 민주주의가 안착될 수 없다는 문제의식에서 출발하여, 정치자금의 수급체계의 제도화 방안을 모색하고자 한다.

---

6) 김영래, "한국의 정치자금 제도화에 관한 연구", 『한국정치학회보』 제26권 1호(1992), 113~143쪽 참조.

따라서 본 연구는 먼저 정치자금제도의 이론과 법제를 고찰하고, 이를 토대로 한국 정당의 정치자금 조성과 실태에 대해 합법적 통로와 비합법적 통로의 측면에서 분석하여, 정치자금의 수요와 공급 체계의 제도화 방안을 찾는데 목적을 두고 있다. 이를 통해 우리나라 정당과 정치인이 정치자금을 합법적으로 조성하고 사용할 수 있는 제도화 기준을 정립하여 공명한 정치문화를 정착시키기 위해 고비용 정치구조의 개선과 정치자금제도의 개혁방향을 제시함으로써 정당 민주주의의 질적 제고에 기여하고자 한다.

정당정치에 있어서 가장 중요한 것은 공직선거에 참여함으로써 정당의 설립 목적을 달성하는 것이다. 공직선거에서 모든 정당들은 정강정책을 국민들에게 제시하고 공명을 얻도록 노력하며, 자당의 후보자가 당선되도록 최선을 다한다. 정당의 이런 활동은 필연적으로 정치자금을 매개로 하여 이뤄질 수밖에 없는데, 운루(Jesse Unruh)는 이를 '정치의 모유'[7]로 비유한 바 있다.

이점과 관련하여 정당의 공직선거 비용은 물론 정당의 운영경비, 정당의 조직활동비 등에 소요되는 많은 정치자금을 어떻게 조성할 것인가는 항상 정당이나 정치인들의 고민거리였으며 또한 사회적으로 문제시 되어왔다.

현행 정치자금법상 합법적으로 정당에 대한 정치자금 조성을 위한 통로로서 인정되는 것은, 정당의 당원이 내는 당비, 정당의 보호·육성을 위해 국가가 정당에 지급하는 국고보조금, 국민의 자발적인 참여로 선거관리위원회에 기탁하는 기탁금 등으로 제한되어

7) 'mother's milk of politics'라는 말은 미국에서 선거자금 모금운동 시 가장 흔하게 사용되는 것으로서, 1968년 Robert F Kennedy 대선후보의 선거전략 참모이자, 캘리포니아 주의회 의장을 역임한 Jesse Marvin Unruh가 처음 구사한 것으로 알려져 있다. http://www.campaignfinancesite.org/structure/terms/m.html

있다.

또한 정당의 합법적인 정치자금의 사용통로(use-route)는 양성적으로 이루어지는 정당의 공직선거비용, 정치활동비(정책개발비, 조직활동비, 선거비, 의정활동비, 여성정치발전비, 기타 경비), 조직·운영비 등이 있다. 이와 같이 정치자금에 대한 공급과 수요에 대해서 명확한 법적 규정이 있음에도 불구하고, 매 선거 때마다 정치자금의 불법 조성과 불법 사용에 대한 시비가 끊임없이 제기되고 있는 이면에는 정치자금의 수급체계에 문제가 있음을 시사하는 것이다. 따라서 본 논문은 한국 정당의 정치자금 수급체계를 분석하고 문제에 대한 대안을 제시하는데 초점을 두고 있다.

정치자금의 문제는 매우 민감하고 중요한 문제로서 다양한 정치적·학술적 탐구의 대상이 되어왔다. 정치자금 문제는 정치체계의 투명성과 선진성을 측정하는 중요한 지표로 여겨져 왔으며,[8] 제도분석 및 효율적 정치자금제도의 운영을 통한 정치체계 투명성의 확보, 정치자금을 통하여 상징적으로 표출되는 권력의 부패문제, 정치자금법의 변동요인 등 다양한 관점에서 조명되어 왔다.[9]

정치자금에 관한 연구는 공급주체, 사용주체 그리고 용도, 정치체계나 정당체계 등에 따라 다양하게 이루어지고 있다. 또한 정치활동이 후보자 중심인가 혹은 정당 중심인가, 정치자금의 공급이 사적인가 공적인가, 또 정치자금을 사용하는 주체가 정치인, 정당 또는

8) 유진숙, "정치자금과 정당담론: 독일 국고보조금제도의 변동," 『의정연구』 제15권 제1호(통권 제27호), 2009, 238쪽.

9) 강원택, 『정치개혁의 과제와 전망: 정당, 선거, 정치자금』(한국정보통신정책연구원, 2004); 정홍모, "독일정당제도와 그 시사점: 정당법의 국고보조금 제도를 중심으로", 『사회과학논집』 제37집 제1호(연세대학교사회과학연구소, 2006); 엄기홍, "정치적 평등과 한국의 정치자금법: 미국의 연구결과를 통해 본 한국의 정치자금법의 실효성 평가", 『의정연구』 제11권 제2호 통권 제20호, 2005, 89~119쪽 참조.

경선후보자인가 등 여러 문제가 복잡하게 얽혀있기 때문에 통일된 이론 정립이 어려운 실정이다.10)

지금까지의 연구경향을 살펴볼 때, 2000년 이전에는 우리나라에서 정치자금에 관한 연구는 대체로 정치자금 제도의 변천과정을 서술하는데 머무는 경향이 있었으나,11) 이후부터는 정치자금의 데이터에 대한 신뢰성을 강조하거나12) 선거비용이 선거결과에 미치는 영향을 분석하고자 하는 일련의 시도가 있었다.13)

한편 서술적이기는 하나 정치자금법이 정치자금 행위에 미친 영향을 분석하는 연구도 시도되어 왔으며,14) 이와 때를 같이 하여 정치자금에 대한 투명성 측면에서 정치부패의 근인으로서 정치자금의 수급체계의 비제도성을 비판하고 법 · 제도적 대안을 제시하는 연구가 본격화되었다.15) 이와 같은 제도분석은 정치자금의 수급과 사용

---

10) 이현출, "주요국 정치자금제도", 『입법정보』 제194호, 2005, 3쪽.

11) 김영래의 다음 논문 "한국의 정치자금 제도에 관한 연구", 『한국정치학회보』 제26권, 1992, 113~143쪽; "정치자금의 변천과정과 특징연구", 『한국정치학회보』 제28권, 1994, 27~49쪽; "민주정치발전과 정치자금: 공정성과 효율성", 『정치정보연구』 제2권, 1999, 117~134쪽 등이 대표적이다.

12) 김의성 · 임성학, "한국정치자금의 규모와 조달패턴: 선거관리위원회의 공식자료를 중심으로", 『한국과 국제정치』 제18권, 2002, 121~149쪽.

13) 김의성, "정치자금과 선거결과: 16대 총선결과를 중심으로", 『한국정치학회보』 제38권, 2004, 285~302쪽; Shin, Myungsoon, Youngjae Jin, Donald A. Gross, and Kihong Eom, "Money Matters in Party-Centered Politics: Campaign Spending in the Korean Congressional Election", *Electoral Studies*, vol. no. 24, 2005, pp. 85~101.

14) 임성학, "17대 총선의 정치자금과 정치개혁의 효과", 『한국정치학회보』 제39집 제2호, 2005, 195~493쪽; 전용주 · 서영조, "개정 정치자금법에 대한 비판적 논의와 정책대안: 정치자금 기부규제를 중심으로", 『국가전략』 제11권 제1호, 2005, 93~119쪽.

15) 이정희, "정치자금의 안정적 조달과 투명성 확보방안", 『선거관리』 제47호, 2001, 31~46쪽; 김영래, "정치부패와 정치자금 투명성 개선방안 연구", 『한국동북아논총』 제22권, 2002, 125~142쪽; 김용호, "고비용 정당구조와 정치자금제도 개선방안", 『대한정치학회보』 제10집 제2호, 2002, 295~306쪽; 안순철, "선거공영제의 확대: 합리성과 전제조건", 『내나라』 제11권 제1호, 2002, 217~237쪽; 모종린 · 전용주 편, 『정치자금과 선거: 2002 지방선거를 중심으로』(서울: 오름, 2004); 심지연, "정치자금제도의 개선방

그리고 통제를 중심으로 정치자금의 공개성, 투명성, 규제방식 등의 연구에 있어서 상당한 발전을 이룬 것으로 평가할만하다.

따라서 본 논문은 기존의 연구 성과를 바탕으로 정치자금의 제도 분석에 논의의 중점을 두되, 선행 연구들에서 공통적으로 제기하고 있는 연구 의제인 공개성(disclosure), 투명성(transparency), 정당의 내적통제(internal control)와 외적 감시(external oversight), 집행규제(enforcement) 등의 기준에서 정치자금 수급체계의 제도화 방안을 모색하고자 한다.

이를 위해 본 논문은 시기적으로는, 정치자금법제가 처음 입법화된 1965년부터 현행 법제에 이르기까지 그 입법례를 연구범위로 하며, 비교법적 대상에 있어서는 미국, 독일, 일본 등 외국의 주요 법제와 상호 비교분석하고, 그 운영 실태와 문제점에 대하여 법적 · 제도적으로 접근함으로써, 정당의 정치자금이 자율적이고 민주적인 규율 속에 합법적으로 조성 · 조달되고, 투명하며 공개적으로 공정하게 사용되도록 하기 위한 제도화 과제를 추출하고자 한다.

이에 따라 본 논문은 다음과 같이 구성된다.

1장에서 정치자금제도의 이론과 법제에 대해 비교 제도론적 관점에서 접근하며, 정당정치와 비용의 상관성과 정치자금의 의미와 관점을 살펴보고, 정치자금제도의 법제적 변화과정과 분석을 하면서 입법배경과 입법 예를 한국과 미국, 독일, 일본 등 주요국가와 비교한다.

안", 『한국정당학회보』 제2권 제1호, 2003, 239~273쪽; 김범철, "정치자금(후원금 · 기탁금) 기부 활성화 방안", 『선거논단』 제3호, 2005, 189~202쪽; 김민전, "2005 개정 정치자금법의 정치적 의미 평가와 소액다수주의 활성화", 『선거관리』 제51호, 2005, 167~188쪽; 김진국, "정치자금 회계보고를 통해 본 정치자금제도의 문제점", 『사회과학연구』 제16집, 2003, 247~269쪽.

2장은 정치자금 조성과 실태분석에 관한 논의로서, 정치자금 조성의 배경적 특성으로서 환경적, 심리적, 정치 · 경제적 특성을 분석하고, 실제 한국 정당의 합법적 정치자금 조성과 비합법적 정치자금 조성에 대한 실태를 투명성과 규제를 중심으로 분석한다.

3장에서는 정치자금 수급체계의 문제점을 수요측면과 공급측면에서 접근하여 정치자금 제도화의 저해요인과 정치자금의 운용과 관련한 실제적 현상 등 정치자금제도에 대한 중심적 논점을 분석한다.

4장에서 정치자금 수급체계의 제도화 방안을 찾기 위해, 정당의 정치자금 조달통로로서 당비, 기탁금, 보조금 등에 대한 제도적 개선방안과 사용통로의 투명성에 대한 제도적인 합리화 방안에 대해 모색하고, 고비용 정치구조 개선을 위한 법의 실효성 확보, 공명선거 실현, 선거제도 개선 방안을 모색한다.

5장에서는 현행 정치자금법제 시행을 통해 노정된 문제점에 대한 처방으로서 정치자금의 합리적 조성, 정치자금의 수요와 사용의 제도화 그리고 법제의 효과성을 담보할 규제의 제도화 방안들을 제시한다.

정치자금제도의 이론과 법제

1. 정당정치와 자금
2. 정치자금제도의 변화와 법제과정

정당정치와 자금

1. 정치자금의 의미와 조달에 관한 비교 관점

현대 민주주의는 국민이 선출한 대표자들이 정책을 결정하고 집행하는 대의제 민주주의라고 할 수 있으며, 대의정치의 중핵적 메커니즘인 의회정치는 선거제도와 정당제도라는 양 축을 중심으로 발현되는 정치라고 할 수 있다. 이 의회정치의 핵심축인 선거제도와 정당제도를 유지하기 위해서는 많은 비용이 수반되는데, 이를 정치비용이라고 하고 이 비용을 충당하기 위해 조성된 자금을 정치자금이라고 할 수 있다.

이러한 정치자금(political finance)의 개념에 대해서는 학자들에 따라 다양하게 정의되고 있다.

브라이스(James Bryce)는 "정치자금은 악의 대명사처럼 통용되고 있을 뿐만 아니라 정치자금으로 인해 국가 경제가 멍들고 정치가 금전의 시녀로 타락하는 것"이라고 매우 부정적 정치자금관(政治資金觀)을 피력하는가 하면,[16] 허드(Alexander Heard)는 미국 의회의

---

16) James Bryce, *Modern Democracies*, Vol. 1(New York: Macmillan, 1921), p. 481. Beer 역시 정책의 발언권이 금력에 종속되어 있다며 영국의 정치자금 실태를 비판한 바 있다. Samuel H Beer, *Modern Political Party*, ed. by S. Neumann(Chicago: University of Chicago Press, 1956), p. 30.

선거자금을 분석한 그의 저서의 제목 자체를 '민주주의의 비용'(the cost of democracy)이라고 명명할 정도로 정치자금의 중요성을 강조하기도 했다.[17)]

와레키(Marcin Walecki)에 따르면, 협의의 개념에서 정치자금이란 선거운동에 소요되는 비용을 말하지만, 정당 조직에 의한 선거운동비용과 그 조직의 일상적 운용경비를 포함해서 정치자금으로 규정할 수 있다고 본다.[18)]

이와 비슷한 입장에서, 독일의 비교정치학자인 Karl-Heinz도 정치자금에 대해서, 선거운동과 후보자 중심(campaign and candidate-oriented)의 북미적 관점과 정당중심적(party-oriented)인 유럽적 관점으로 크게 구별되며, 유럽에서는 '정치적'이라는 개념에는 정당의 자금과 동의어라는 의미가 내포되어 있다고 보면서, 선거자금과 정당자금을 정치자금의 두 가지 유형으로 보는 것이 타당하다고 주장한다.[19)]

이상의 관점과 현행 법제의 규정을 종합해서, 본 연구에서 정치자금의 개념은, 정당의 활동과 목적달성을 위해 필연적으로 공여되고 사용되는 자금으로서, 좁은 의미의 정치자금(정당 운영자금)과 선거

---

17) Alexander Heard, *The Cost of Democracy*(Chapel Hill, N.C.: University of North Carolina Press, 1960), p. xv. Key 또한 정치자금을 정당의 기동력이라 비유하면서 정당의 필수요건이라고 했다. V.O.Key, *Politics, Parties and Pressure Groups*(New York: Crowell, 1964), p. 481.

18) Marcin Walecki, "Challenging the Norms and Standards of Election Administration: Political Finance", in *IFES Report*, 2007, p. 75. http://www.ifes.org/publication/b3dc20061dbd661cce906095ff4ffea6/5%20IFES%20Challenging%20Election%20Norms%20and%20Standards%20WP%20PF.pdf 참조

19) public subsidies to political parties in Europe, in Herbert E. Alexander, ed., *Comparative Political Finance in 1980s*(Cambridge: Cambridge University Karl-Heinz Nassmacher, Structure and impact of Press, 1989).

자금을 포함한 의미로 규정할 수 있다. 여기에서 정치자금은 정치자금법상 규정한 당비, 후원금, 기탁금, 보조금과 정당의 당헌 · 당규 등에서 정한 부대 수입 등을 말하며, 선거자금은 선거비용과 선거비용으로 인정되지 아니하는 비용을 포함한다. 정치자금은 정치인이나 정당이 필요한 정치적 도관(political conduit)의 기능을 수행하면서, 정당의 기본적인 정치활동의 원동력으로 정치조직을 움직이는 윤활유가 되며, 정치적 이익의 취합(interest aggregation), 여론의 조직과 표출(opinion articulation), 국민에 대한 정치교육(political socialization), 정부의 조직과 정치엘리트의 충원(political recruitment)[20] 등을 이행하기 위해 소요되는 비용이라 할 수 있다.

우리나라의 정치자금에 관해서는 1980년도 제5공화국 출범과 더불어 사문화되다시피한 정당에 대한 정치자금법을 전면 개정하였으며,[21] 현행법은 정당조직의 유지와 활동에 소요되는 정치자금으로 당비, 기탁금, 보조금과 정당의 당헌 · 당규 등에서 정한 부대 수입 등으로 규정하고 있다.

현대 민주주의 국가에서는 선거가 갖는 의미와 역할은 매우 중요하고, 특히 대의민주정치 하에서는 국민의 이익표출을 위해, 그들의 의사를 대변할 수 있는 대표자를 선거라는 과정을 통하여 선출하게 된다. 이러한 선거의 기능은 국가권력에 정당성을 부여하기도 하며, 기존체제의 변화와 개선을 추구하기도 한다.

공직선거과정을 통해서 정당이나 후보자는 법적인 선거비용을 사

---

20) Sigmund Neumann, *Modern Political Parties: Approaches to Comparative Politics* (Chicago, University of Chicago press, 1975), 임성학 역,『현대 정당정치의 이해: 정당과 정치자금』(서울: 백산서당, 2004), 280~281쪽.

21) 국가보위 입법회의는 1980년 12월 16일 거의 사문화 되어 온 종래의 '정치자금에 관한 법률'을 전면 개정, 전문 34조와 부칙으로 동년 12월 31일 공포 · 시행하였다.

용하게 되는데, 무한정으로 상한선 없이 정당이나 후보자의 능력에 따라 쓸 수 있는 것은 아니다. 민주주의 국가에서는 금력에 따른 부패의 요소를 없애고 타락선거를 방지하는 것이 무엇보다도 중요시되기 때문에, 이러한 조치로서는 현행 공직선거법상에 선거비용 제한액 규정(법 제121조)을 두는 것도 금력과 부패를 방지하기 위한 입법배경이라 할 수 있다.[22)]

현실 정치에서 정당과 정치인이 사회구성원의 의사를 선거과정을 통해 이끌어 내어 정치체계에 투입 · 반영시키자면, 반드시 정치자금을 필요로 한다. 흔히 정치자금을 '민주주의 비용', '정치의 모유'(mother's milk of politics)라고 하여 정치와 자금간의 순기능적 관계가 묘사되기도 하지만, 반면에 '민주정치의 필요악'(necessary evil)으로서 정치의 부패요인이 지적되기도 한다.

위와 같이 동전의 양면성과 같은 성격을 가지고 있는 정치자금은 여러 가지 개념과 의미로 해석되지만, 본 연구에서는 법제도적인 규정에 따라 크게 합법적 정치자금과 비합법적 정치자금으로 분류하고자 한다.

민주주의 정치제도 중에서 가장 중요한 정치 조직체는 정당이라 할 수 있다. 이는 바로 정당이 의회정치를 좌우하는 결정적인 요소로 작용하기 때문이다. 현대 정당정치에서 가장 중요시한 정치활동은 공직선거이며, 정당은 정강정책을 국민에게 제시하여 호소하고 지지를 획득하려고 노력한다. 또한 정당은 정치적 투쟁단체로서 선거 시에는 한 사람이라도 당 추천 후보자가 당선되어 정권을 장악

---

22) Pollock은 건강한 정치는 돈의 사용이 제한받지 않으면 불가능하다며, 정치비용의 규제를 강조한다. James Kerr Pollock, *Money and Politics Abroad*(New York: A.A. Knof, 1972), p. 328.

하기 위해 당력을 집중시키게 되는데, 이에 따른 공직 선거비용은 물론 정당운영비, 정당조직 활동비, 선전비 등 많은 액수의 정치자금이 동원될 수밖에 없다.

정치자금은 정치참여를 위한 제도의 한 방법이라는 시각도 있으며,[23] 합법적인 정치자금의 기능은 건전한 정치발전에 기여한다는 주장도 있다.[24] 민주정치 발전을 위한 합법적인 정치자금의 통로는 투명하게 열려 있어야 하며, 이렇게 해서 조달된 자금만이 바로 정당정치에서 필요한 합법적인 민주주의의 비용이라는 의미를 갖게 될 것이다. 이를 위해서는, 정당정치의 원동력이 되는 정치자금은 정당의 조직과 운영에 있어서 절대적으로 필요한 요소이므로, 우리나라 정당정치의 고비용과 저효율 구조를 개선함으로써 정당의 정치자금 조달과 사용의 투명성을 확보하는 것이 무엇보다 중요하다.

문제는 정치자금이 정치참여를 위한 하나의 제도라고 할 때, 선거권이 있는 자연인의 경우는 문제가 되지 않겠지만, 법인격을 가진 기업이 정치자금을 기부하는 것은 어떠한 문제가 있느냐 하는 점이다. 이에 관해서는 두 가지 관점이 대립하고 있다.

첫째, 정당을 국민적 이익(national interest)을 증진시킬 목적으로

---

23) 윤용희, "선거비용 규제의 현실화와 선거공영제 확충방안", 중앙선거관리위원회, 『선거관리』, 제38호, 1992. 36쪽. 정치자금 기부가 정치참여를 위한 제도의 한 방법이라는 인식은 중앙선거관리위원회가 2009년도 정치자금법 개정의견을 제시한데서도 잘 드러나 있다. 즉, 중앙선거관리위원회는 '정치자금법 제5조의2를 신설해서, 정당의 당원으로 가입하지 않더라도 특정 정당을 지지하는 자는 정당의 홈페이지에 실명이 확인되는 방법으로 지지자 등록을 하고 정치자금을 기부할 수 있도록 하자'고 제안한 바, 이는 현행법이 정당의 당원이 아닌 자는 정치자금 기부를 금지하고, 이에 따라 정치자금 기부를 통해 자신의 정치적 지지의사를 표현할 수 있는 방법이 원천적으로 금지되는 점을 개선하자는 것이다. 중앙선거관리위원회, 『정치관계법 개정의견』(중앙선거관리위원회, 2009.7), 42~43쪽.

24) Herbert Alexander, *Financing Politics: Money, Elections and Political Reform* (Washington, D.C.: Congressional Quarterly Press, 1976), 참조.

결합된 단체[25]라고 규정할 때, 기업이 국민적 이익을 위한다는 전제 하에서 정당에게 정치자금을 기부하는 것은 정당하다는 긍정론이다.

긍정론적 입장에서는, 기업도 사회적 존재이고 자연인과 마찬가지로 정치활동을 할 자유가 있는 것이다. 따라서 정치자금 기부도 사회적 존재인 기업활동의 일환이므로 기업의 자금 기부에 대해서는 규제 없이 자유롭게 하여야 한다는 논리이다. 이는 정치운동과 활동에 재원을 제공하고 있는 특정 이해집단의 정강을 이해하는 한, 기업이 정치자금을 기부하는데 있어서 반대하거나 금지할 이유가 없다는 것이다.[26]

또한 오늘날 대의정치는 다른 이익집단과 마찬가지로 기업도 스스로의 견해를 표현할 수 있는 권리를 보장하고 있으며, 다원화된 사회에서 모든 집단이 정치참여에서 배제되지 않으므로, 기업도 자신의 이익을 위해 정치에 적극적으로 관여 하는 것이 필수적이라는 것이다.[27] 특히 기업의 정치기부(정치자금, 선거자금, 성금 등) 명목으로 이루어진 금품의 수수가 정치가인 공무원의 직무행위에 대한 뇌물의 성격이 아닌 한,[28] 기업의 정치자금 기부는 정당하다는 긍정론은, 기업이 정치자금을 기부하는 것은 회사나 사회 이익에 적합하다는 것에 토대를 두고 있다.

---

25) Edmund Burke, Thought on the Cause of the Present Discontents, in the Works of the Right Honorable Edmund Burke(Chicago: the University of Chicago Press, 1987), Vol. 1 참조. http://press-pubs.uchicago.edu/founders/documents/v1ch13s6.html

26) Keith Ewing, *The Funding of Political Parties in Britain* (Cambridge: Cambridge university Press, 1987), p. 178.

27) 김성태, "기업의 정치자금에 대한 기업법적 검토", 『법과 사회』 제13권(법과사회이론학회, 1996), 82쪽

28) 대법원 1997.04.17 판결 96도 3378.

둘째, 자연인도 아닌 기업은 법인으로서 선거권이 없으며, 선거권에 대한 법인의 협력은 원칙적으로 권한 밖이라는 점에서 기업의 정치자금 기부는 정당하지 않다는 부정론이다. 기업의 정치자금은 헌법에 보장된 자유롭고 순수한 정치적 의사 형성의 과정을 기부자에게 유리하도록 왜곡시키며, 절차적 민주주의를 해친다는 것이다. 또한, 정당이 기업으로부터 돈을 조달 하면, 정치권에서는 논쟁이 있는 의제나 정책내용의 규제를 위하여 의제를 결정할 때, 부당하게 영향력을 미치게 한다는 것이다.[29)]

특히 기업의 정치자금은 국민주권주의와 정치적 평등원칙이 요청하는 1인 1표의 원칙을 실질적으로 깨는 것이며, 기업이 자연인과 마찬가지로 정치적 발언권을 갖고, 나아가 자연인 보다 훨씬 강한 발언권을 지니는 것은 정치적 평등원리와 부합되지 않는다는 것이다.[30)] 이는 기업이 특정한 정치적 주장을 하는 정당이나 정치가를 지원하는 것은 국민의 공권력 형성의 권리를 기업이 저해하므로 기업은 법인으로서 자연인과 헌법상 권리 행사에서 다르기 때문이다. 만약에 기업이 자유롭게 정치자금을 기부하여, 정치적 영향력을 행사한다면, 경제권력과 정치권력 간의 관계가 불투명해지므로, 참정권을 갖고 있지 않는 기업은 정치자금을 기부할 수 없도록 해야 한다. 기업의 정치자금은 자본주의 국가에서 헌법상 인정할 수 있느냐 하는 것은 매우 중요한 의미를 가진다. 그러므로 기업의 정치자금은 국민 주권의 이념과 기본권 보장의 법리에 어긋날 뿐만 아니라 결국 정경유착을 불러와 기업 간의 자유로운 경쟁 질서를 침해한다는 것이다.[31)] 특히, 기업가는 기업 활동에만, 정치는 정치가에

---

29) Keith Ewing(1987), p. 75.

30) 양건, 『헌법연구』(서울, 법문사, 1995), 548쪽.

게 맡겨야 한다는 것이 부정론의 입장이다.

결국 긍정론은 기업의 정치자금 기부는 정당에 대해 부당한 압력의 행사나 정치방침을 왜곡시키는 증거가 없다는 것이며,[32] 반면에 부정론은 기업이 정경 유착을 불러와 경제구조의 모순을 심화시키며, 기업 간의 자유로운 경제질서를 왜곡 또는 침해하므로 헌법에 위배된다는 논리다.

영국은 기업의 자금기부를 허용하고, 프랑스는 전면 금지하며, 미국은 기업이나 노조가 정치인에게 정치자금(하드머니)을 제공할 수 없도록 금지하되 다만 정당에 대한 정치자금(소프트머니)은 허용한다. 독일은 기업의 정치자금 기부는 원칙적으로 허용하면서, 국고보조의 배분방식, 세제상의 우대조치를 정책 수단으로 활용하고 있다.[33]

우리나라의 경우는 후진국에서 선진국으로 도약하는 과정에서 정치는 경제를 예속시키기 어렵게 되어 가며, 경제가 자전력(rotation power)을 가지면서 정치가 경제에 예속화 되어 간 경향이 있었다.[34] 그러므로 정당이나 정치가들은 특정기업으로부터 정치자금을 부탁하게 되고, 이에 반대급부로 특혜 또는 정보제공 등의 로비스트의 구실을 만들게 했다. 반면에 기업은 자금을 마련하여 정당과 정치인에게 기업의 규모를 생각지 않고 분식회계를 조장하여 무리하게 정치자금을 기부함으로써, 부실기업이 생기게 되고 이는 국민경제에 악영향을 미치는 결과도 가져왔음을 염두에 둘 필요가 있다.

---

31) 정종섭, "기업의 정치자금 기부의 문제점과 위헌 여부," 『법과 사회』 제13권(법과사회이론학회, 1996), 38~44쪽.

32) Hansard Society, "Paying of Politics", in *the Report of the Hansard Society*(Commission on the Financing of Political Parties, Hansard Society, 1981), pp. 317~352.

33) 김민배, 『정치자금과 정치헌금의 법적규제』(인하대학교, 1999), 234~235쪽.

34) 김영, 『당인』(서울: 백미사, 1982), 342~346쪽.

그러나 정치권에 대한 기업의 정치자금 기부는, 정경유착과 부패의 가능성을 야기할 수 있는 지정기탁제가 아니라면, 비지정기탁 형식으로 불특정하게 배분되는 것도 정당의 합법적인 정치자금 수요 충족의 한 방법임을 검토할 필요는 있을 것이다.

2. 정당의 정치자금 조달모델

민주주의 정치발전은 언제나 건전한 정당의 존재를 전제로 한다. 국민은 주권자로서 자신의 의사를 대신할 건전한 정당을 희망하고, 정당은 국민의 여론에 따라 성실하게 책임정책을 펼쳐나가야 한다. 정당의 책임정책은 국민들에게 희망과 신뢰감을 주면서, 어느 특정지역이나 직능에 관련된 좁은 견해에만 한정하지 않고 국민 전체에 대한 포괄성(comprehensiveness)과 불변성(constancy)이 있어야 한다.[35]

이렇게 함으로써 정당의 권위가 생성되어 국민이 자발적으로 정당의 정책을 신뢰하게 된다. 그러나 우리나라 현실정치에서 정당은 국민의 복리증진에 앞서 지나칠 정도로 당리당략에 집착하여 국민으로 하여금 실망을 주고 있다.

정당의 목적이나 조직 · 활동이 헌법의 민주적 기본질서에 위배되지 않을 때에는 정당은 국가의 보호를 받을 수 있다. 이러한 정당의 조직 · 활동이 민주적으로 의정활동을 통하여 국민의 정치적 의사형성이 반영됨으로써, 정당의 기능과 역할을 다한다고 할 수 있다. 이와 같이 정당의 정책활동을 충실히 하기위해서는 무엇보다도 건전한 정치자금이 필요하게 된다. 그러므로 정치자금은 '민주주의 비

---

35) Ronald G. Shaiko, "Political Party Development Assistance and USAID", *Democracy Dialogue*, December 1999, pp. 1~7.

용'이라고 하며, 정당정치의 원동력이 되고 있는 것이다.

국민의 정치자금 기부는 정치 참여 수단의 하나이지만, 지난 날 정당들은 개인의 정치자금 기부 보다는 기업으로부터 '규모의 자금'을 불법으로 조성하는데 더 관심이 많았던 것이 사실이다. 따라서 과거 정치권에서 조성되는 정치자금으로서 순수한 개인기부금은 극히 미미했으며, 대부분 재벌기업 등을 중심으로 한 경제계에서 조달되었다고 할 수 있다. 이로 인해 기업의 내실이 악화되고 경쟁력과 재생산구조가 취약하게 되고, 기업은 정치권의 로비와 특혜로 버텨오면서 다시 비합법적인 정치자금을 조달하는 악순환이 계속되었다. 정당의 정치자금은 옛날부터 그 전모를 파악한다는 것은 극히 어려웠을 뿐만 아니라 그 내용을 아는 것은 금기에 가까웠다.

한때 기업의 정당에 대한 정치자금 기부가 기업의 자율성을 이유로 정당화 되어 허용된 바 있으나, 그 부패성이 심각하였으며 절차적 민주주의를 왜곡시킨다는 취지에서 현행법에서는 이를 허용하지 않고 있다. 그러나 정당이 의회민주주의 체제에서 국민의 의사를 대신하는 창구의 역할을 하고 있는 정치현실에서 정당의 정치자금을 전면 부정한다면, 그것은 선거나 정당의 정책활동을 정지시키고, 민주주의 정치마저 부정한 결과가 된다. 그러므로 정당이 국민을 위한 정책활동을 할 수 있는 정치자금의 조성통로는 건전하게 열어두는 동시에 투명성을 확보하여 주어야 한다.

이점에서 법은 지나치게 정당활동과 기능이 위축되지 않게 하는 동시에 감시통제의 기능을 강화시켜 국민의 알권리를 충족시켜 나가야 한다. 특히, 지난 17대 국회의원 선거를 앞두고 여·야 정당의 합의 아래 소위 '돈 먹는 하마'라는 지구당을 정당법에서 폐지하여, 돈 많이 드는 동원정치구조를 탈피하고 정책대결 중심인 정책정당을 지향해 나간다고 하지만, 실제로는 그 기능이 과거 지구당과 유사한 여러 가지 명칭으로 설치된 포럼, 산악회, 연구소 등이 여전히 온존해 있다.[36] 이로 인해 합법적인 정당활동이 아닌 돈에 의해 움직이는 사조직 형태로 운영되고 있는 지역구의 인적 조직이 존재하는 한, 예전에 법 규제를 받던 공조직보다 불법행위를 더 부추긴 결과가 되어 막대한 음성적인 정치자금이 소요된다는 추정을 가능케 한다. 또한 지구당 폐지는, 본래 지구당제도가 풀뿌리 민주주의 차원에서 볼 때, 선거구에서 유권자들의 정치참여의 기본적 단위가 된다는 점에서 대의민주주의의 의미를 반감시키는 역기능도 발생할 수 있다.[37]

현재 정당과 정치자금에 있어서 가장 문제시 되는 것은, 지구당을 막연히 폐지할 것이 아니라, '정치 비용의 절감'이라는 대명제 하에 실효성이 없고 부작용도 나타나는 현행 정당의 당비제도를 정당의 후원회 제도로 대체하여, 일정액의 후원회 회비를 납부한 자에 한하여, 당원의 자격과 권리를 인정하면서, 주민이 원할 경우 2개 이상 정당의 당원이 될 수 있도록 하는 '주민개방형 지구당' 제도를 적극적으로 도입하는 것이 바람직하다고 본다.[38]

---

36) 2004년 정당법 개정시 지구당 폐지의 논거는 '정당조직이 자금의 전달채널로서 기능한다는 점과, 이렇게 방대한 조직을 운영하는데 드는 비용이 엄청나다는데 있고, 이러한 비용이 당원들이 납부한 당비에 의해 운영되는 것이 아니라 지구당 위원장의 몫이 되고, 이것이 다시 정치부패의 악순환을 초래한다는 데 문제점이 있다'는 것이다. 그러나 고비용 정치구조 개선이라는 점이 지나치게 강조된 나머지 정당활동의 자유를 규제하게 되었고, 지구당 있는 정당의 구조적 발전 방향은 무시된 경향이 있다. 오히려 지구당 제도의 개폐 보다는 정당의 조직이 지구당 위원장을 정점으로 한 과두적 지배체제를 형성하고 있다는 점이 더 구조적이고 본질적 문제이므로, 이를 개선하기 위한 제도적 접근이 필요했다고 본다.

37) 김상겸, "한국의 정당구조와 정당개혁: 지구당 폐지를 중심으로", 『토지공법연구』 제28집, 2005, 243쪽.

38) 박상철(1999), 80~81쪽.

주민개방형 지구당은 지구당 관리비와 선거비용을 일원화시켜 전체 정치비용을 줄이고, 나아가 주민의 정치참여가 용이해져 과거 고질적 병폐였던 정당운영의 비민주성과 폐쇄성을 효율적으로 개선할 수 있는 방안이라고 하겠다. 이 제도는 외국에서 선례를 찾기 보다는 우리의 정당정치 현실과 법제에서 그 실마리를 찾은 것이다.[39)]

정당은 단순한 당파(faction) 또는 붕당(cabal)과 달라 공공성을 인정하는 공당인 반면에, 당파나 붕당은 사당이라 할 수 있다. 현대의 회정치 하에서 공당이 존립하기 위한 필요충분조건은 바로 정당의 정치자금이며, 민주정치의 이상은 돈을 떠난 정치라 하지만, 정당의 정치적 경쟁의 승패는 바로 정치자금의 동원 능력에 따라 가늠될 수 있기 때문에 흔히 정치자금을 정치의 필요악이라고 말한다.

정당은 창당과정에서부터 많은 정치자금이 들어가기 시작해서, 정당의 기능과 역할을 수행하면서부터는, 의정활동비, 경상운영비, 당내 조직활동비, 선전비, 선거비용 등 합법적인 거액의 정치자금이 들어가기 마련이다. 헌팅턴(Huntington)은 정당정치의 제도화는 정당의 기능과 역할이 안정성과 가치성을 갖게 되어 규칙적인 행태로 유형화되는 것을 말하며, 이러한 과정에서 적응성(adaptability), 자율성(autonomy), 복잡성(complexity), 일관성(coherence)을 포괄하게 된다고 했다.[40)]

무엇보다도 정당이 합법적이고 정제된 정치자금만을 조달하고 사용할 경우에는 정부의 정책결정에 있어서도 특정 정파나 정치인의

---

39) 박상철, 『정치현안과제와 선거제도의 개선방안: 평등 · 참여 · 저비용의 문제를 중심으로』(국회운영위원회, 2003), 84~86쪽.

40) Samuel p. Huntington, *Political Order in Changing Societies* (New Haven: Yale University Press. 1968), pp. 10~12.

행동영향에 좌우되는 것이 아니라, 건전한 정당정치를 통하여 국민의 의사가 민주적 절차에 의해서 안정적으로 형성될 수 있다.

흔히 정당의 합법적인 정치자금의 조달에 관해서는 Katz와 Mair가 정의한 정당의 유형에 따른 자금조달 모델이 제시되곤 한다.[41)]

이에 따르면, 국가가 정당을 보호 · 육성한다는 취지에서 정당이 필요한 자금을 법으로서 지원하게 되는데, 정당이 시민사회와 국가를 연결해주는 기존의 역할에서 탈피하여 국가와 더욱 밀착된 관계를 가지면서 선거운동에 소요되는 자원을 국가의 지원에 의존하는 동시에 신생정당의 탄생을 억제하고 기존정당들 간의 존속에 전략적 제휴를 하는 정당유형을 카르텔정당(cartel party)이라 한다.

반대로 정치비용이 사회의 민간 부분에서 조달될 경우, 정당이나 정치인은 국가보다 사회의 민간영역 쪽으로 경사 되는 경향을 보인다. 특히 정당이나 정치인이 특정 사회집단에 의존하게 되면, 그 사회집단의 대변자로서의 이익과 의견을 국가에 전달하고 일관되게 국가정책에 반영하는 경향이 있으며, 이러한 특징을 지닌 정당을 대중정당(mass party)이라 했다.

또한, 민간조달의 경우에도 당비와 같은 안정적인 자금에 의존하는 것이 아니라, 후원금이나 기부금과 같은 불안전한 자금에 의존하는 정당이나 정치인은 특정사회 집단보다 많은 사회집단의 지지를 받기 위해 일관된 정책을 추구할 수 없어, 정책의 유연성을 꾀하는

---

41) 김민전, 『2005 개정 정치자금법의 정치적 의미평가와 소액 다수주의 활성화 방안』(중앙선거관리위원회, 선거관리, 제51호, 2005), 121~126쪽. Katz, R.S. and p.Mair, "The evolution of party organizations in Europe: the three faces of party organization", *American Review of Politics*, 14 (Winter, 1993), pp. 593~617 및 Katz, R.S. and p.Mair, "Changing models of party organization and party democracy: the emergence of the cartel party", *Party Politics*, 1(1), 1995, pp. 5~28 참조.

속성의 정당 형태를 포괄정당(catch-all party)이라 했다. 즉, 일반적으로 정당의 자금을 국고에만 의존하는 카르텔 정당, 정당운영과 선거에 필요한 선거비용을 당원의 당비에만 의존하는 대신에 당원들에게 후보공천권을 주고 있는 대중정당(영국의 노동당), 정당의 운영권을 개방하고 일반 유권자들로부터 후원금을 받는 방식의 정당 형태는 포괄정당(미국의 민주당, 공화당)으로 정치자금 조달에 대한 정당모델로 분류하고 있다. 이러한 정당모델은 사회적 특징에 따라 판단해야 할 문제이며, 더욱이 우리나라 정당의 특성상 위의 정당모델을 부분적으로나마 모두 포함되어 있으며, 하나의 정당모델을 특정지어서 설명하기는 곤란하다고 본다.

정치자금제도의 변화와 법제과정

1. 정치자금제도의 변화과정: 후원금 · 기탁금 · 보조금 · 당비

국민의 정치적 의사형성에 필요한 조직을 정당이라고 한다면, 그 조직을 유지하고 일정한 정치적 목적을 실현하기 위해서는 정당이 정치활동과 정당운영에 필요한 경제적 자원인 정치자금을 소요로 한다. 정당이나 정치인들에게 법적으로 적정한 정치자금 제공을 보장함은 물론 정치자금과 관련된 부정을 방지하여, 깨끗한 정치풍토를 조성한다면 이는 곧 건전한 민주정치발전에 기여할 것이다.

이 때문에 각 국에서는 정치자금 관련법을 제정하는 바, 우리나라의 경우 최초의 정치자금법은 1964년 백남억 의원 외 18인에 의하여 제안되어, 1965년 2월 9일 법률 제1686호로 제정 · 공포되었으며, 2008년 2월 29일까지 총20회 개정되어 시행되고 있다. 본 절에서는 정당의 정치자금제도의 변화과정을 정치자금법에서 규정한 정치자금의 유형별로 살펴보고자 한다.

법제정 당시에는 정권교체로 인한 정치자금 수수가 부정과 부패로 연결되고 경제인에 대한 정치보복 사례가 있어 경제인의 정치자금 기부를 양성화시켜 국민의 신뢰도를 제고시키는데 입법 취지가 있었다. 특히 경제인단체가 주관하는 기탁제도에 관한 사항만 규정하면서, 기탁금에 상당하는 법인세, 소득세 및 증여세의 면세규정을 둔 특징이 있으나, 이는 외국의 경우처럼 정치적 참여라는 측면에서 규정한 것이라기보다는 정치권의 당리당략적 차원에서 법적 근거를 두었던 것이다.

1) 후원금제도의 변화과정

〈후원회의 지정권자〉

후원회제도는 미국, 독일, 일본과 유사한 제도로서, 우리나라는 국회가 해산된 상태에서 국가보위입법회의에서 제3차 개정(1980.12.31)당시 신설된 제도로서 정치자금을 다양화 하도록 한 것이다. 제정 당시에는 중앙당(창당준비위원회 포함)에만 후원회를 설치하도록 규정하였으나, 제4차 개정(1989.12.30) 당시 중앙당(창준위 포함), 시·도지부, 국회교섭단체를 구성한 정당의 지구당, 국회의원(후보자 포함)까지 지정할 수 있도록 하였다.

제7차 개정(1994.03.16)에서는 교섭단체 구성 여부와 관계없이 모든 정당의 지구당에도 후원회를 지정할 수 있도록 했다. 그러나 2006년 3월 13일부터는 중앙당뿐만 아니라 모든 하위 정당조직은 후원회의 지정권자를 지정할 수 없도록 규정하였으며, 현행법(2008.02.29)은 국회의원(국회의원선거의 당선인 포함), 지역구 국회의원선거의 후보자 및 예비후보자, 대통령선거의 후보자 및 예비후보자, 정당의 대통령선거 경선후보자, 중앙당의 대표 경선후보자, 특별시장, 광역시장, 도지사선거의 후보자만이 후원회의 지정권자를 지정할 수 있게 했다.

〈후원회의 회원자격〉

후원회의 회원자격은 제3차 개정당시에는 당해 정당의 당원이 아닌 자와 법인으로만 구성하다가 제4차 개정 시에 당원도 가능하도록 했다. 이는 법인 등 기업체의 정치자금 기부가 빠진 상태에서 국민으로서 개인의 정치참여의 폭을 넓혀주는 입법 취지라 볼 수 있다. 그러나 제12조(기부의 제한) 제1항 규정에 의하여 기부를 할 수 없는 자와 정당법 제6조(발기인 및 당원의 자격)의 규정에 의하여 정당의 당원이 될 수 없는 자는 후원회의 회원 자격을 주지 않고 있다.

〈후원회의 회원 수〉

후원회의 회원 수는 처음에는 중앙당만 1,000명을 초과할 수 없도록 규정하다가 제4차 개정 시에 중앙당 1,000명 시 · 도지부 300명, 지구당 100명으로 규정했다. 회원 수 제한규정은 제5차 개정시 지구당 등에 200명으로 하였으나, 제7차 개정 시에 중앙당 2,000명, 시 · 도지부 500명, 지구당 300명 등으로 후원회의 회원 수를 상향조정 했으며, 제8차 개정 시에 중앙당 등 후원회 회원정원을 초과할 수 없는 제한규정을 폐지하여 누구든지 자유의사로 하나 또는 둘 이상의 후원회의 회원이 될 수 있도록 하였다.

〈후원회의 모금 · 기부 한도액〉

제3차 개정 시에 후원회가 회원으로부터 징수할 수 있는 후원금은 회원 1인에 대하여 1회 5만원 이상 또는 그에 상당한 가액 이상, 법인은 1억원 이하 또는 상당한 가액 이하로 규정 했으나, 제4차 개정 시 개인은 최저 1만원 이상 납입, 중앙당 및 시 · 도지부에는 개인 5,000만원, 법인 1억원, 지구당 등은 개인 1,000만원과 법인 3,00

0만원 납입한도액을 증액시켜나가도록 법 규정을 개정했다.

제6차 개정 시에 회원이 아닌 자는 100만원 내 익명으로 납입이 가능하도록 하였고, 제7차 개정 시에 회원의 1만원 이상 납부의무를 삭제하면서 선거관리위원회의 법규에 의거 발행하는 증액영수증 사용을 가능하도록 규정했다. 제9차 개정 시에 후원회의 증액영수증 종류의 금액에 1만원, 100만원 등 2종을 추가하였고, 대상 후원회도 중앙당과 시·도지부 후원회로 확대했다.

뿐만 아니라 제11차 개정 시에는 후원인의 1회 1만원 이상 기부하한액을 폐지하고 정치자금 영수증 미교부 범위를 확대하면서 증액영수증을 계속 사용하도록 하였으며, 또 정치자금의 투명성확보라는 취지에서 제16차(2005.08.04)개정 시에는 후원인의 익명 기부한도액을 연간 120만원으로 하고, 초과 기탁한자를 공개 하도록 규정했다.

〈금품모집 방법〉

후원회의 금품모집 방법에서도 처음 3차 개정 시에는 허가받은 장소에서 옥외의 파티, 바자회, 기타 이와 유사한 방법으로 모집할 수 있도록 규정하였으나, 제4차 개정 시에 신고한 옥내집회와 광고에 의한 방법으로 평년에 1회, 대통령 또는 국회의원 선거가 있는 연도에는 2회로 했다. 7차 개정 시에는 다시 옥외집회를 허용 하면서 모집횟수를 평년 2회, 선거시 3회로 늘려 주었다. 또한 제8차 개정 시에 우편에 의한 모금방법을 추가하고 제9차 개정 시에 후원회의 집회에 의한 금품 시에 바자회, 서화전 등 병행을 허용하였다. 그러나 제14차(2004.03.12)개정 시에 집회에 의한 모금방법을 폐지시켜 정당과 정치인의 정치자금 조성을 곤란하게 하였다.

2) 기탁금제도의 변화과정

〈기탁금의 대상과 범위〉

1965년 2월 9일 정치자금법 제정 당시 기탁대상을 경제인 단체와 일반인이 중앙선거관리위원회에 기탁하면 기탁금에 대한 세금감면 혜택을 주었으며, 기탁한도에 대한 범위의 규정은 없었다. 제2차 개정 시에 기탁금 수탁처의 범위를 각급 선거관리위원회로 하여 기탁금 접수창구를 넓혀주었다. 제3차 개정부터 기탁할 수 있는 범위는 개인 1회 5만원 또는 그에 상당하는 가액 이상이며, 연간 총액 5,000만원과 전년도 소득의 100분의 5중 다액이고, 법인 또는 단체의 경우 1억원과 전년도말 자본금(운영자산)의 100분의 2중 다액으로 기탁금의 상·하한선을 규정하였으나, 제4차 개정 시에 기탁한도를 최저 5,000원 이상으로 하여 소액기탁을 할 수 있도록 대상을 넓혔으나, 그 총액한도는 개인 1억원과 법인과 단체는 5억원으로 상한 조정을 하였다. 그러나 제14차 개정 시에 법인·단체의 정치자금 기부를 금지함으로써, 양성적으로는 기업의 재정적 고통을 덜어주는 입법취지라고 할 수 있으나, 현재는 개인만이 1회 1만원 또는 그에 상당하는 가액 이상 연간 1억원 또는 전년도 소득의 100분의 5중 다액 이하로 규정하고 있는데 과연 개인 기탁금만이 법의 실효성을 갖는다고 보기 어려울 것이다.

〈기탁금의 배분지급〉

기탁금 배분지급은 법제정 당시에는 비지정기탁은 기탁당시 정당의 의석수 비율로 배분·지급하다가 제4차 개정부터 기탁당시 국고보조금 배분율로 배분·지급하였으며, 지정기탁은 기탁당시 원내정당 중 2개 이상 특정 정당에 대한 배분비율을 정한대로 지급하다가 제3차 개정 시에 기탁자가 원내 정당 또는 배분 비율을 정한대로 지급했으며, 지구당만을 지정 시에 50% 초과분은 당해 정당의 중앙당에 지급하였다. 그러나 제10차 개정 시에 제15대 대통령 선거가 있는 연도에 여·야 합의하에 음성적인 정치자금 조달과 형평성 문제를 해결하기 위하여 지정기탁금제도를 폐지하고 음성적인 정치자금 수수 처벌 규정을 신설하였다. 또한 현행법은 기탁금의 투명성을 확보하기 위하여 중앙선거관리위원회가 배분·지급할 때는 1회 300만원을 초과하여 기탁한자의 성명과 인적사항을 공개하도록 했다. 단, 기탁자가 원하지 아니할 경우는 공개하지 않도록 하고 있다. 특히, 정치자금세탁 행위를 막기 위하여 제12차와 제15차 개정 시에 '특정 금융거래정보의 보고 및 이용 등에 관한 법률'을 제정 및 개정하여 금융정보분석원의 장은 금융기관의 특정거래정보가 '정치자금법'의 규정을 위반할 경우 중앙선거관리위원회에 정보를 제공하도록 규정했다.

3) 보조금제도의 변화과정

〈보조금의 계상방법〉

국고보조금은 제3차 개정 시에 국가가 정당을 보호·육성한다는 취지에서 새로 도입한 제도로서, 예산의 범위 안에서 연 1회 정도 지급했으나 제4차 개정 시에는 최근에 실시한 국회의원 총선거의 선거권자 총수에 400원을 곱한 금액을 계상하여 분기별로 균등분할해 지급했다. 또 제5차 개정 시부터 600원으로 상향 조정하고 전국적으로 실시하는 선거 시에 300원을 추가지급하며 제6차 개정 시에는 선거 때 600원을 상향 조정했다. 더 나가서 제7차 개정 시에 선거권자 총수에 800원, 대통령 · 국회의원 선거 때 800원, 기타는 600원을 추가 지급하도록 했다.

그러나 2008년 2월 29일 개정 시에는 정당에 대한 보조금을 최근 실시한 임기만료에 의한 국회의원선거의 선거권자 총수에 보조금 계상단가를 곱한 금액을 매년 예산에 계상하고 이 경우 임기만료에 의한 국회선거의 실시로 선거권자 총수에 변경이 있는 때에는 당해 선거가 종료된 이후에 지급되는 보조금은 변경된 선거권자 총수를 기준으로 계상하도록 규정하였으며, 대통령선거, 임기만료에 의한 국회의원선거 또는 법 규정에 의한 동시지방선거가 있는 연도에는 각 선거(하나의 선거로 본다)마다 보조금 계상단가를 추가한 금액을 예산에 계상하도록 하였다. 단, 보조금 계상단가는 전년도 보조금 계상단가에 따라 통계청장이 매년 고시하는 전전년도와 대비한 전년도 전국소비자물가변동률을 적용하여 산정한 금액을 증감한 금액으로 하도록 신설하였다. 또한 중앙선거관리위원회는 매분기별로 균등 분할하여 정당에 경상보조금을 지급하고, 선거보조금은 당해 선거의 후보자등록마감일 후 2일 이내에 정당에 지급하면서 공직후보자 여성추천보조금(제13차 개정 2002.03.07) 까지 별도 계상하여 지급하도록 하였다. 이처럼 국민의 혈세는 생각지 않고 법 개정 할 때마다 정치권은 국고보조금을 분기별 균등분할지급과 선거 시에 정당에 배분 지급하고 있다.

〈보조금의 배분지급 방법〉

국고보조금의 배분지급방법에서 제3차 개정 시에 기본 배분비율을 지급당시 국회의석이 다수인 순으로 4개 정당까지는 5%씩 지급하던 것을 제5차 개정 시에는 10%씩 지급하고 40%는 국회 교섭단체를 구성한 정당에 균등분할 지급하고, 이를 제외한 국회의석이 5석 이상인 정당에 5%씩 그리고 위에 해당하지 않는 정당 중 국회의원 총선거시 유효투표 총수의 2%(시 · 도지사 선거 시 0.5%)이상 득표한 정당에 2%씩 배분지급 하도록 했다. 제7차 개정 시에 시 · 도지사 선거 시에 0.5%를 2%이상으로 하다가 제9차 개정 시에 원내교섭단체를 구성한 정당에 50%로 상향 조정하였다. 그리고 기본지급 비율을 제외한 잔여분 중 50%는 지급당시 정당의 국회의석수의 비율이며, 최종 잔여분은 최근에 실시한 국회의원 총선거의 득표수 비율에 의거 배분지급하면서 선거보조금은 당해선거의 후보자등록 마감일 현재 후보자를 추천하지 아니한 정당에 대하여는 이를 배분 · 지급하지 못한다.

위의 국고보조금 배분지급 방법은 외국의 정당 유효투표 수의 기준에 의한 지급기준과 달리 우리나라는 주로 국회의석수가 많은 정당에 유리하도록 규정하고 있음을 알 수 있다.

4) 당비제도의 변화과정

당비는 명목여하에 불구하고 정당의 당헌 · 당규 등에 의하여 당원이 부담하는 금전이나 유가증권 기타 물건으로 정의할 수 있다. 처음에는 정치자금법 시행령에서 규정하는 것을 제3차 개정 시에 정당이 자율적으로 납부하도록 개정하였다. 정당의 당원으로 하여금 당비를 부담시켜 정치자금원으로 하는 것은 당원들의 정치참여를 통한 정치의식 수준을 고양시키고 외국처럼 당 운영재정의 한 몫을 크게 차지하도록 하기 위함이었다.

문제는 정치자금법을 개정할 때마다 당비의 납부한도액 제한에 대해서 아무른 개정이 없었다는 것이다. 이는 선거 시에 정당의 공천권 행사에 따른 특별당비가 언제나 정치권에서 문제시 되어 온 것은 사실이므로 어떠한 명목의 당비든 납부상한선 규정을 두는 것은 바람직하다고 할 것이다..

제16차 개정(2005.08.04 법률 제7682호)은 여야 합의하에 전부 개정된 것으로서, 우선 법 제명을 '정치자금에 관한 법률'에서 '정치자금법'으로 변경하고 공직선거와 관련된 용어의 정의를 신설했다. 제1장 총칙에 사적경비 정의를 신설하고, 실명이 확인된 방법의 기부는 1회 100만원 이상에서 1회 120만원을 초과하고, 공직선거후보자 · 예비후보자의 정치자금은 50만원 이상 현금지출 금지를 20만원 초과 현금지출 금지로 변경했다. 당비에서는 국고 귀속절차 규정을 중앙선거관리위원회 규칙에서 관할 세무서장이 국세 체납처분의 예에 따라 징수하도록 하며, 당비 영수증 발급을 30일 이내에서 당해연도 말까지 교부토록하면서, 발급절차를 간소화 했다. 후원회에서는 광역 단체장선거 후보자 후원회를 허용하도록 하였으며, 후원인의 익명기부 한도액을 연간 120만원 초과 기탁한 자를 공개하며, 국고보조금도 여성추천 보조금의 차등지급 및 시기를 조정했으며, 선거비용과 정치자금회계보고를 통합하고 벌칙 규정을 강화했다.

이처럼 정치자금법은 1965년도 제정 후에 20번이나 개정되면서, 정치자금이 법에 규정된 방법과 절차에 의하여 조달되고 사용되도록 한 점의 의혹과 불신이 없이 깨끗하게 투명성을 확보하기 위한 변화의 과정을 겪었다.

정치자금법의 잦은 개정과정에서 두드러진 특성을 살펴보면, 1997년도 지정기탁금제도가 폐지된 후에 사실상 기탁금제도가 그 실효성을 상실했으며, 국고보조금은 정당의 보호 · 육성에 필요한 자금을 국가가 보조하는 것으로서, 법 개정 할 때마다 지속적으로 증액되는 경향이 있었고, 특히 선거 시에는 선거권자 총수에 일정한 금액을 곱한 금액을 추가 지급하였다. 1980년도 당초의 국고보조금은 예산의 범위 내에서 경상 보조금만 지급가능 했으나, 1989년부터 유권자 1인당으로 계상하던 것이 지금은 선거보조금과 여성추천보조금까지 계상지급 함으로써 140배 가까이 증가했다.

후원금은 지정기탁금 제도가 폐지되어 후원회 제도의 중요성이 커졌다고는 할 수 있으나, 이는 권력의 향배에 따라 여당에만 편중되어 왔으며, 후원회제도는 다수의 소액 위주로 정착되어야 함은 물론, 공직후보자의 음성적 자금 조달의 폐단을 막기 위해서는 지방선거후보자도 후원회 결성을 하지 못하도록 한 것이 아쉬우며, 당비 또한 정당의 이념과 목적에 찬동하는 조직체라 할 때 당원 자신이 스스로 납부하도록 당원이 권리행사와 자격을 엄격히 규정하며, 당비 수입의 투명성을 확보해 나가도록 고쳐나가야 할 것이다. 결국, 정치자금 제도는 정치자금의 조달과 사용 그리고 투명성 확보에 대해 정치과정을 통하여 지속적으로 변화해 나가야 할 것이다.

2. 정치자금의 법적 의미와 입법 배경

정치자금의 근거는 국민주권원리에서 찾을 수 있다. 정당 간에 공정하고 평등하게 조성되고 사용되는 정치자금의 투명성이 확보될 때, 정당정치는 건전하게 육성되고 보장된다고 할 수 있다. 정당정치가 선진화됨으로써, 고비용 정치구조가 개선되고 '돈 적게 쓰는 정치'가 이루어진다면, 민주정치발전은 빠른 속도로 이루어 질 것이다. 여기에는 무엇보다도 돈 안 쓰는 깨끗한 선거문화가 정착되어 공명하게 선거가 치러졌다는 것이 보장되어야 할 것이다.

민주정치 하에서 정당이 정권을 쟁취하기 위해서는 선거라는 관문을 통과하게 되는데, 이런 선거가 깨끗한 선거가 되느냐 아니면 혼탁한 선거가 되느냐는 정당과 정치인이 정제되고 순수한 정치자금을 조성하여 사용하느냐 않느냐에 달려 있다고 본다.

우리나라 정당의 역사적 뿌리는 어떤 의미에서는 깊다고 할 수 있다. 왜냐하면, 외국의 경우 17세기 영국의 혁명시대에서 비롯된 토리당(Tory Party)의 후신으로서, 1830년 이후부터 불리게 된 보수당과 19세기 신흥 시민층과 자유주의 개혁을 목표로 한 자유당의 전신인 휘그당(Whig Party)을 그들이 정당으로서 근본을 찾는다면, 우리나라에서도 서구에 못지않게 정당의 뿌리는 오래되었다고 할 수 있다. 안확(安廓)의 『조선 문명사』에 따르면, 한국 정당의 뿌리는 조선 선조대(宣祖代)에 이조전랑(정5품)자리 때문에 생겨난 당파정쟁으로서, 김효원을 지지하는 동인과 심의겸을 지지하는 서인으로 나누어지고, 다시 정철의 응징 문제로 남인과 북인 등 4대 당파로 나누어진대서 정당의 뿌리를 찾을 수 있다.42)

그러나 한편으로는 국민을 기반으로 한 조직과 정치집단이 아니고 정파 간의 내부적 권력 투쟁에 따라 생성된 당파이므로 현대 정당과는 다소 차이가 있다고 볼 수 있으나, 엄격한 정당의 개념 논의

---

42) 『조선 문명사』는 1923년 국문학자 自山 安廓이 쓴 한국사 개설서로, 저자는 문명의 요체를 정치사로 보고 정치사의 시대구분이 우선적 과제라 하여 한국의 정치사적 시대구분을 시도, 상고 소분립정치시대(단군~삼한 말 2200년간), 중고 대분립정치시대(삼국 초~남북조 1000년간), 근고 귀족정치시대(고려 500년간), 근세 군주독재정치시대(조선 500년간)로 시대를 구분하였다. 사관의 특징은 조선시대의 정파대립을 당쟁이라는 부정적 시각이 아닌 〈정당정치의 발달과정〉으로 보고, 또 한국정치사의 흐름을 공화제의 바탕이 되는 자치제의 발달과정으로 보았다. http://oldbooks.co.kr/main.html 참조.

보다 정당의 역사적 존재 의미에서 볼 때, 정치매개체로서 그 기능과 역할이 크다 할 수 있다. 특히, 우리나라는 식민지 시절부터 독립운동을 하기 위하여 민족지도자들에 의한 정당정치의 관념이 생성되었다고 할 수 있으나, 이념적 대립과 갈등으로 단일 정당으로서 그 기능을 다하지 못하고 분열되고 말았다.

그러면 실질적인 정당으로서의 뿌리를 찾아보면, 1919년 3월 1일 독립선언 이후의 정치단체로서 1935년 7월에 한국민족혁명당이 결성되었는데, 이는 다시 두 진영으로 나누어지면서, 좌익진영은 조선민족전선으로, 그리고 우익진영은 한국광복전선으로 분리 결성되었다. 한국광복전선은 중 · 일 전쟁이 터지자 더욱 조직이 확대되면서 한국독립당으로 발족되면서, 임시정부를 도와 광복군을 창설했는데, 이것이 정치단체로서 최초의 정당이라 할 수 있다.[43)]

법체계적 관점에서 보면, 우리나라의 정당에 관한 최초의 규정은 1946년 11월 23일 조선 군정장관(Arnold 소장)이 포고한, 미군정 법령 제55호의 '정당에 관한 규칙'이었다. 그 내용과 구성은 제1조 정당등록(등록 의무자, 등록 장소, 등록 사항, 등록 일시), 제2조 정당 등록과정(정당 사무소, 당 자금 회계), 제3조 당원(무자격자, 제출일시), 제4조 민사 · 형사 책임 등의 조항으로 이루어져 있다.[44)]

정당에 관한 실질적 헌법적 근거는 제2공화국 헌법이 정당에 관한 조항을 두면서 시작된 것인데, 제3공화국 시기에는 대통령 · 국회의원 선거 시에 정당의 추천을 필수조건으로 하는 동시에 정당법(1962년 12월 31일)과 정치자금에 관한 법률(1965년 2월 9일)을 제정하기에 이르렀다. 오늘날에 와서는 대한민국 헌법 제8조 제3항에

43) 중앙선거관리위원회, 『대한민국 정당사』(제1집 1945~1972), 116~117쪽.
44) 박상철(1999), 34쪽.

서 '정당은 법률이 정하는 바에 의하여 국가의 보호를 받으며, 국가는 법률이 정하는 바에 의하여 정당의 운영에 필요한 자금을 보조할 수 있다'고 규정하고, 또 제116조 제2항에서도 '선거에 관한 경비는 법률이 정하는 경우를 제외하고는 정당 또는 후보자에게 부담시킬 수 없다'고 규정하고 있다.

이러한 규정들은 민주정치 발전을 위해서 건전한 정당 육성에 필요한 정치자금 조성과 적정한 제공을 국가가 보장하고, 선거의 공영제로 자금의 투명성을 확보하도록 하여, 부패정치의 근원을 차단시킬 수 있는 헌법적 의미와 근거를 마련했다고 본다.

정당의 목적과 조직, 그리고 활동이 민주적이면서 국민의 정치적 의사 형성에 참여할 수 있도록 정치자금을 적정하게 제공하기 위한 정치자금법상의 입법배경과 법제 내용에 대해 살펴보자.

정치자금법 제정 당시에는 정치자금은 기탁제도에 관한 사항만 규정했는데, 이때 제안 이유는 정치자금의 수수가 부정과 부패에 연결되어있어, 이를 양성화시키고 정치적 정화에 도움이 되도록 하여 국민의 신뢰도를 제고한다고 밝히고 있었는데, 경제인이나 경제단체 등 정치자금 제공자에게 상당한 금액에 대하여 법인세와 소득세 및 증여세의 면세규정을 둔 것이 하나의 특징이었다. 그러나 실제적으로 법률관계에서 운용상에 문제가 발생할 때마다 정치자금법을 개정해 나갔으며, 정치자금법상의 개정의 주요 특징의 하나는 기탁금은 국회의원 수에 따라 정당에 배분 · 지급하는 입법적 배경을 지니고 있었다는 점이다.[45)]

국고보조금은 제5공화국 헌법 제7조 제3항에서 '국가는 법률이 정

45) 중앙선거관리위원회, 『정치자금법규 운용자료집』(2004), 199~203쪽.

하는 바에 의하여 정당의 운영에 필요한 자금을 보조할 수 있다'라고 규정하여 처음 도입한 제도이나, 이때 사문화 되어온 정치자금법을 다당제를 지향하는 정치목적에서 후원회제도를 미국의 정치위원회(political committee), 서독의 스폰서협회(sponsor), 일본의 간담회 등과 같은 유사한 제도로 채택한 특징이 있다. 무엇보다도 선거 때마다 법률을 개정하여, 국고보조금은 증액시켜 나갔으며, 또한 돈이 특정정당에 몰리는 폐단을 없애기 위해 정치자금 조달에 있어 지정기탁금제 폐지와 음성적 정치자금 수수에 대한 처벌 규정을 강화시켜 나가는데 입법 취지의 특징이 있었다. 돈의 문제는 여야가 모두 같은 뜻이었는지 여야가 합의해서 법을 개정해나갔으며, 정치자금 기부자에 대한 면세혜택을 강화시켜나가는 동시에 수입과 지출에 대한 투명성을 위한 규제 장치를 강화시키는 특징을 나타내고 있다.

정치자금 변천과정의 주된 특징으로서, 국고보조금은 선거 시마다 증액시켜나갔으며, 기탁금과 후원금은 정치부패 고리를 단절시키는 의미에서 기업이 기부금을 내지 못하도록 하는 동시에 조달통로를 원활히 만들어주면서 투명성을 위한 법적 장치를 강화시켜 나가는 특징을 보여주고 있다. 또 상당한 제도개선이 있어왔지만, 아직까지도 우리나라는 법률적으로 여러 가지 공식화된 정치자금의 유형들이 마련되었다고 하더라도 현실적으로는 정치자금의 조달과정에서 비 제도화 된 형태의 비공식적인 정치자금이 조달되면서 사회적 · 정치적 파장을 몰고 오기도 한다.[46]

46) 박상철 (1999), 59쪽.

3. 정치자금에 관한 법제 비교

1) 한국의 정치자금에 관한 법제

우리나라는 1962년 12월 31일 제3공화국에서부터 정당법에 정치자금에 관한 사항을 규정하였고, 여기에 법률적 근거를 둔 정당은 당원의 정예화와 정당의 재정 자립을 도모하기 위해 당비 납부제도를 운영하도록 규정하였다. 정당의 당원은 같은 정당으로서 타인의 당비를 부담할 수 없으며, 타인의 당비를 부담한 자와 타인으로 하여금 자신의 당비를 부담하게 한 자는 당비를 낸 것이 확인된 날부터 1년간 당해 정당의 당원자격이 정지되며, 당비 납부 의무를 이행하지 아니한 당원은 권리행사의 제한, 제명 및 당원자격의 정지 등에 관하여 필요한 사항을 당헌으로 정한다고 정당법상 규정하고 있다.

우리나라 정당들은 당헌 · 당규에서 당비에 관한 규정을 두고 있으나 성격상 강제성이 없다고 볼 수 있으며, 정당의 재정(정당법 제34조)에 관한 사항은 1980년 11월 25일 제4차 개정 시에 정당법 제33조 정당의 재산 및 수입 · 지출 등 재정에 관한 사항을 따로 법률로 정한다고 규정, 정당법에서 삭제하여 따로 정치자금법에서 정하도록 하였다.

당비는 정당의 소속당원으로부터 받을 수 있으며, 정당의 회계책임자는 타인의 명의나 가명으로 납부된 당비가 있을시 국고에 귀속시켜야 한다. 후원회는 후원금을 모금하여 당해 후원회 지정권자에게 기부하여야 하며(차입금 등 금품은 기부할 수 없다), 후원인이 후원회에 기부할 수 있는 한도액을 초과하여 기부할 수 없고, 후원인은 익명으로 1회 10만원 이하, 연간 120만원 이하의 후원금을 기부할 수 있다. 이를 초과하여 기부한 금액이나 타인명의 또는 가명으로 기부 받은 금액을 회계책임자는 국고에 귀속시켜야 한다. 후원회는 연간 모금할 수 있는 한도액(전년도 이월금 포함하지 않도록 제17차 개정 2006.03.02)내에서 모금 · 기부하여야 하며(기부한도액을 초과 시에 다음 연도에 이월하여 기부) 단, 후원회는 공직선거가 있는 연도는 연간 모금 · 기부한도액의 2배를 모금 · 기부할 수 있다.

중앙선거관리위원회가 수탁한 기탁금은 지급 당시 국고보조금 배분율(정치자금법 제27조)에 따라 정당에 배분 · 지급하며, 기탁금을 지급받을 정당이 수령을 거절할 경우는 거절한 정당을 제외한 나머지 정당에 기탁금을 배분 · 지급(정치자금법 제23조 제1항)하여야 한다.

국고보조금은 경상보조금과 선거보조금으로 구분하며, 지급당시의 동일정당의 소속의원으로 교섭단체(국회법 제33조 제1항)[47]를 구성한 정당에게 총액의 50%를 균등하게 분할하여 1차적으로 배분 · 지급하며, 교섭단체가 아닌 5석 이상의 정당과 5석 미만 의석을 가진 정당을 구분하여 배분 · 지급한다. 위의 규정에 배분 · 지급액을 제외한 잔여분을 지급당시에 의석수의 비율과 국회의원선거의 득표수 비율에 따라 정당에 배분 · 지급하도록 규정하고 있다. 하지만 이 배분방식은 동일 정당 소속의원으로 교섭단체를 구성한 정당에 일방적으로 유리한 제도로서 총선 득표율은 높으나 20인 이상의 당선자를 배

---

47) 현행 국회법은 소속의원 20인 이상을 가진 정당으로 교섭단체를 구성할 수 있고, 또 다른 교섭단체에 소속되지 않은 20인 이상의 의원으로 교섭단체를 따로 구성할 수 있도록 하고 있다. 그러나 정치자금법 제27조는 "동일 정당의 소속의원으로 교섭단체를 구성한 정당에 대하여 총액의 50%를 1차 배분"하도록 함으로써, 교섭단체 구성요건 중의 하나인 '동일 정당 소속의원 수의 기준'이 항상 논란이 되어 왔다. 현행법에 따르면 자유선진당(18인)과 창조한국당(2인)이 함께 구성한 국회 교섭단체 '선진과 창조의 모임'은 정당법상 보조금 및 기탁금의 1차 배분대상이 되지 못한다. 교섭단체 구성의 수적 기준은, 제헌국회 제5회부터는 20인 이상, 제5대국회 민의원은 20인 이상, 참의원은 10인 이상, 제6대~제8대국회는 10인 이상, 제9대국회부터는 20인 이상으로 하고 있다. 국회사무처, 『국회선례집』(국회사무처, 2008) 참조.

출하지 못한 군소 정당들의 불만을 사고 있는 제도이기도 하다.

당내 경선운동(공직선거법 제57조의3)으로서 예비후보자 등의 선거운동, 경선후보자가 작성한 1종의 경선홍보물은 물론 정당이 합동연설회 또는 합동토론회 개최에 따른 위반경선비용은 선거비용 등의 정의(공직선거법 제119조) 규정에 따라 선거비용으로 간주한다. 선거비용제한액의 범위 내에서 정당이 소속후보자에게 선거비용을 지원할 수 있으나(공직선거법 제112조 제2항 다목), 같은 법 제199조 제1항에 규정하고 있는 선거비용과 이 법에 위반되게 선거운동을 위해 지출한 비용 및 기부행위 제한규정 등을 위반하여 지출한 비용은 모두 선거비용으로 보고 있다.

2) 외국의 정치자금에 관한 법제: 미국 · 독일 · 일본

외국의 정치자금 관련 법제에 대해서는 미국, 독일, 일본의 입법예를 검토하고자 한다.[48] 우선 첫째로, 미국의 경우를 보면, '연방부패행위방지법'으로서, 1925년에 모든 선거활동을 규제하기 위해 제정되어 연방의원후보자와 2개 이상의 주에서 활동하는 정치활동위원회는 기부와 지출에 대한 공포의무를 지게 하여 선거운동 비용에 대한 제한을 강화했다.

해치정치활동법(Hatch Political Activities Act)은 1939년에 제정되고 1940년에 개정되어 연방공직선거의 후보자에게 기부할 수 있는 금액을 제한함으로써 거액기부에 따른 정치적 부패 방지에 기여했다. 연방선거운동법(Federal Election Campaign Act)은 미국의 선거과정에 있어서 정당의 정치자금 규제에 관한 법으로서, 정치자금 공

---

48) Herbert E. Alexander, *Political Financing* (Minneapolis: Burgess, 1972), pp. 19~30 및 중앙선거관리위원회, 『외국정당 · 정치자금제도 자료집』(2003), 30~52쪽 참조.

개제도(Disclosure of political funding)의 전반적인 정비를 하고, 선거운동에 소요되는 광고 선전비의 지출제한(limits on communications and media expenditures)을 규정했다.[49]

여기에서 중시되는 연방선거운동법의 주요내용을 보면, 일정한 목적을 위한 기부금의 사용은 허가된 내역에 대한 사용으로 국한되고, 후보자가 수령한 기부금과 연방공직에 있는 개인의 활동지원을 목적으로 수령한 후원금은 그 후보자나 개인이 연방공직선거의 선거운동과 관련하여 지출하거나, 연방공직자의 의무와 관련한 통상적이고 필요한 지출을 위하여 사용할 수 있다.

기부금과 지출의 금액 제한으로서, 법에 규정된 경우를 제외하고는, 어떤 자도 다음과 같이 정해진 금액을 초과하여 기부하지 못하도록 규정하고 있다. 즉, 연방공직선거후보자와 그의 수권정치위원회에 대하여는 총 2,000달러, 어느 후보자의 수권정치위원회가 아니라, 정당의 전국위원회가 설립하여 운영하는 정치위원회에 대해서는 연간 총 25,000달러, 기타의 정치위원회 규정에 대해서는 연간 총 5,000달러, 정당의 주위원회에 의하여 설립되고 유지되는 정치위원회에 대하여는 연간 총 10,000달러로 규정하고 있다. 또한, 어느 복수후보자의 정치위원회도 다음 금액을 초과 기부할 수 없다. 즉, 연방공직선거와 관련한 후보자와 그의 수권정치위원회에 대하여는 총 5,000달러, 어느 후보자의 수권정치위원회가 아니고, 정당의 전국위원회가 설립하여 운영하는 정치위원회에 대해서는 연간 총 15,000달러, 기타의 정치위원회에 대해서는 연간 총 5,000달러로 규정하고 있다.

---

49) 중앙선거관리위원회, 『세계 각국의 정치자금 운용실태 보고서』(중앙선거관리위원회, 2006), 5쪽.

끝으로 홀수년도의 1월 1일부터 시작하여 이듬해 짝수연도의 12월 31일에 끝나는 기간 동안 어떠한 자도 다음과 같이 정해진 금액 이상을 기부할 수 없다. 후보자와 후보자의 수권위원회의 경우는 37,500달러. 37,500달러 미만의 금액을 중앙당의 정치위원회가 아닌 정치위원회에 대한 기부금으로 낼 수 있는 경우에는 57,500달러로 규정하고 있다. 외국인에 의한 기부금지로서, 외국인은 직접이나 간접으로, 연방, 주, 지방 선거와 관련하여 금전 또는 유가물을 기부 또는 후원하거나 기부 또는 후원할 것을 명시적, 묵시적으로 약속을 할 수 없도록 규정하고 있다.

정당의 위원회에 기부나 후원을 하거나, 선거운동매체에 대한 지출, 독립지출 혹은 선거운동 정보전달을 위하여 독립지출 또는 지출을 하는 것은 법 위반으로 간주된다. 외국인에게 기부나 후원을 권유, 승낙 또는 수령하는 것은 금지되며, 타인명의의 기부의 금지로서, 누구든지 타인명의로 기부를 행하거나, 알면서 자기명의가 그러한 기부를 하는데 사용되도록 허용하지 못하도록 하고 또 타인명의의 기부를 알면서 수령하지 못하도록 규정했다. 현금기부에 관한 제한으로서, 어떤 후보자에게 또는 그를 위하여 그 후보자의 연방공직선거 또는 후보 지명선거의 선거운동과 관련하여 총 100달러를 초과하여 미국 또는 외국의 현금으로 기부해서는 안 된다. 미성년자로부터의 기부금지는, 17세 이하의 자는 후보자 또는 정당위원회에 기부 또는 후원을 할 수 없다.

이밖에도 대통령선거운동기금(Presidential Election Campaign Fund)으로서, 수급자격 있는 후보자에 대한 보조금을 위해, 재무성에서 특별기금을 설치 관리한다. 재무부장관은 각 정당의 수급 자격이 있는 후보자들이 그들의 권리분이 총액에 비례하는 몫(pro rate share)을 받을 수 있도록 보조한다. 또, 대통령후보지명대회를 위한 보조금을 대정당과 소정당에 줄 수 있는데, 대정당으로서 전국위원회는 보조금을 받을 수 있다. 단, 400만 달러를 초과할 수 없다. 끝으로, 연방선거자금법(Federal Campaign Finance Act)은 정치자금의 기부, 조성, 지출의 행위주체에는 후보자, 개인기부자, 정치활동위원회(PAC) 그리고 각급 정당 등의 유형이 있는데, 모두 연방선거자금법의 규제를 받고 있다.

둘째, 독일의 경우를 보면, 연방기본법(Grundgesetz fur die Bundesrepublic Deutschland)에서, 연방선거법(Bundeswahlgesetz)상 선거비용(법 제50조)의 규정을 보면, 연방은 시·읍·면(시·읍·면 조합)이 선거로 인하여 불가피하게 지출한 경비에 대하여 그 주에 보전한다. 선거통지서(Wahlbenachrichtigung)와 우편투표용지의 발송비 및 선거위원회위원의 수고비는 개별정산방법으로 각 주에 보상된다. 단, 주 의회의원선거나 지방선거 또는 주민투표가 독일연방하원선거와 동시에 실시될 경우 이러한 경비는 그 몫에 따라 해당 주에 보상된다.

기타 비용은 각 선거권자를 기준으로 정한 정액으로 지급되며, 100,000명 이하의 선거권자가 거주하는 시·읍·면의 경우에 그 정액은 0.45유로 그리고 100,000명 이상의 선거권자가 거주하는 시·읍·면의 경우에는 0.70유로로 정하고 있다. 물가변동에 따라 제2단계에서 규정된 정액에 대한 불가피한 조정은 빨라도 2005년 1월 1일 이후의 선거에서 연방 상원의 동의를 얻은 법규명령으로 연방내무부장관이 확정한다. 연방은 점자투표용지의 제조에 동의를 표명한 맹인단체가 점자투표용지의 제조와 배포로 인하여 불가피하게 지출한 경비를 보전한다.

정당법(Gesetz uber die politischen parteien)상의 국고보조의 원칙과 범위를 보면, 정당은 기본법에 따라 일반적으로 의무화된 활동에 대해 부분적 보조(Teilfinanzierung)로서 자금을 받는다. 국고보조의 배분기준은 유럽의회의원선거, 연방하원의원선거 및 주의회의원선거에서 정당이 획득한 득표수, 당비수입금 및 기부금수입금으로 하고 있다. 모든 정당에게 지급되는 국고보조의 연간총액은 이 규정의 시행시점으로부터 133,000,000유로로 절대적 상한액을 규정하고 있다.

정당에 대한 매년 국고보조의 범위는, 정당이 후보자명부에서 획득한 유효투표 1표에 대하여 0.70유로, 정당이 후보자명부가 인정되지 아니한 주에서는 선거구 또는 투표구에서 정당이 획득한 유효투표 1표에 대하여 0.70유로, 정당의 모금액(Zuwendung)(당비 또는 적법하게 수령한 기부금)으로 받은 1유로당 0.38유로. 다만, 자연인 1인당 3.300유로까지의 모금액에 대해서만 인정된다.

셋째, 일본의 정치자금규정법의 연역을 보면, 제2차 대전이 종전되자 군소정당의 난립과 이합집산에 따라 정치적 부패가 속출하고 부정한 돈에 의해 정계가 좌우되는 정치적 혼미를 거듭하자, 1948년에 의원입법으로 제정되었다. 이후에도 정당의 헌금 등이 문제시되었어도 법 개정까지 이르지 않았으나, 1961년에 '제1차 선거제도 심의회의 답신'에 따라 1962년에 국가 또는 지방공공단체로부터 보조금이나 출자 등을 받는 회사, 기타 법인의 선거에 관한 기부의 수수금지 등의 조치가 이루어졌다.

1966년에는 이른바 '질은 안개사건'을 계기로 국민들로부터 정계정화의 목소리가 높아지자 1967년 제5차 선거제도 심의회의 답신에 따라 1975년에 정치자금규정법을 근본적으로 개정하였다. 1975년

법 개정[50]은 정치활동에 관한 기부수수의 제한(양적제한, 질적제한, 기부알선규제 등)과 정치자금 수지보고의 기재사항, 제출시기 · 횟수 등에 관한 개선합리화와 수지의 공개를 한층 강화시켰다. 그리고 개인헌금과 관련된 세제상의 우대조치를 하고 정당 · 정치단체 개념의 명확화, 정치단체의 신고제도 등의 개선합리화를 피하였다.

그 후, 1976년에 일어난 '록히드 사건'과 1978년과 1979년에 걸쳐 표면화된 '아그라스 · 그라만사건'이라고 하는 항공기 구입에 관한 부정사건으로 말미암아 그 방지 조치의 일환으로 1980년에도 법 개정이 있었다. 그 내용은 지금까지 정치단체[51]에 대해서만 수지의 공개를 요구하였지만, 정치가 개인뿐만 아니라, 공직후보자에게도 정치자금의 수지보고의무를 부여하여 공개하였다.

1992년도 주요 개정내용은 정치자금 파티의 적정화(1파티당 150만엔으로 제한), 정치자금의 운용에 관한 제한, 정치단체가 갖고 있는 자산 등의 공개, 정치 활동에 관한 기부 등의 공무원의 관여 등의 제한, 제재의 강화 등이었다.

1994년도 주요 개정내용은 회사 · 노동조합 등의 단체의 기부의 제한, 공직 후보자의 정치자금의 공사의 준별, 정치자금의 투명성 확보, 정당 요건의 개정, 정당에 대한 개인 기부에 관한 세액 공제 제도의 창설, 기부의 총액 제도의 개정, 법 위반에 대한 제재의 강

---

50) 1974년 7월 7일에 치러진 참의원선거는 자민당이 대중적 지명도가 높은 탤런트를 다수후보로 내세우고, 대기업에 당선시켜야 할 후보자를 할당하여 노골적인 정치헌금을 요구하는 등 일본 선거사상 최대의 금권 선거였다. 당시 田中 수상은 200억엔 이상의 자금을 모아 후보자에게 지원하였으나, 선거전에 135석이던 자민당 의석은 선거 후 129석으로 줄게 되었다. 이 금권 선거를 계기로 정치자금법에 대한 개정 논의가 전개되었으며, 그 결실이 1975년 정치자금규정법 개정이었다.

51) 정치자금규정법상 '정치단체'란 정당을 위해서 자금의 원조를 할 목적을 갖는 단체로서 정당이 정치자금단체로 지정하고 자치대신에게 등록한 것을 말한다.

화 등이었다.

공직선거법상의 특정기부의 금지사항을 보면, 중의원의원 및 참의원의원선거에 관하여는 국가 또는 일본우정공사와, 지방공공단체의 의회의원 및 장의 선거에 관하여는 당해 지방공공단체와, 청부 기타 특별한 이익을 수반하는 계약의 당사자는 당해 선거에 관하여 기부할 수 없도록 규정했다. 회사 기타 법인이 융자(시험융자·조사 및 재해복구에 관련된 것은 제외한다)를 받고 있는 경우에 당해 융자를 받는 자는 그 융자에 대하여 중의원의원 및 참의원의원선거에 관하여는 국가로부터, 지방공공단체의 의회의원 및 장의 선거에 관하여는 당해 지방공공단체로부터 이자보급금의 교부결정(이자보급금에 관련된 계약의 승낙결정을 포함)을 받은 때에는 당해 이자보급금의 교부결정의 통지를 받은 날부터 당해 이자보급금의 교부일로부터 가산하여 1년이 경화하는 날(당해 이자보급금의 교부 결정의 전부 취소가 있는 때에는 당해 취소의 통지를 받은 날)까지 당해 회사 기타 법인은 당해 선거에 관하여 기부할 수 없도록 규정하고 있다.

공직후보자 등의 기부금지사항은, 공직후보자 또는 공직후보자가 되고자 하는 자(공직에 있는 자를 포함)는 당해 선거구(선거구가 없는 때에는 선거가 실시되는 구역)안에 있는 자에 대하여 명목여하를 불문하고 기부할 수 없다. 다만, 정당 기타 정치단체나 그 지부 또는 당해 공직후보자 등의 친족에 대하여 하는 경우 및 당해 공직후보자 등이 오로지 정치상의 주의·시책을 보급하기 위하여 행하는 강습회 기타 정치교육을 위한 집회 [참가자에 대하여 향응접대(통상적인 식사제공을 제외)가 있거나 당해 선거구 밖에서 행하여지는 것과 후원단체에 관한 기부 등의 금지에 의한 당해 선거마다 당해 각호에 정하는 기간 내에 행하여지는 것을 제외]에 부득이하게 필요한 실비보상(식사의 실비보상을 제외)으로 하는 경우에는 그러하지 아니한다.

공직후보자 등 이외의 자는 명목여하를 불문하고 공직후보자 등을 기부명의인으로 하여 당해 선거구 안에 있는 자에 대하여 기부할 수 없다. 다만, 공직후보자 등의 친족에 대하여 하는 경우 및 당해 공직후보자 등이 오로지 정치상 주의 · 시책을 보급하기 위하여 행하는 강습회 기타 정치교육을 위한 집회에 부득이하게 필요한 실비보상으로 기부하는 경우에는 그렇지 않다. 누구든지 공직후보자 등에 대하여 당해 선거구 안에 있는 자에게 기부하도록 권유하거나 요구하여서는 아니 되며, 다만, 정당 기타 정치단체나 그 지부 또는 당해 공직후보자 등의 친족에 대하여 기부를 권유하거나 요구하는 경우 및 당해 공직후보자 등이 오로지 정치상의 주의 · 시책을 보급하기 위하여 행하는 강습회 기타 정치교육을 위한 집회에 부득이하게 필요한 실비보상으로 기부를 권유하거나 요구하는 경우에는 그렇지 않다.

누구든지 당해 공직후보자 등 이외의 자에게 공직후보자 등을 기부명의인으로 하여 당해 선거구 안에 있는 자에 대하여 기부를 권유하거나 요구하여서는 아니 되며, 다만, 당해 공직후보자 등의 친족에 대하여 기부를 권유하거나 요구하는 경우 및 당해 공직후보자 등이 오로지 정치상의 주의 · 시책을 보급하기 위하여 행하는 강습회 기타 정치교육을 위한 집회에 부득이하게 필요한 실비의 보상으로서 기부를 권유하거나 요구하는 경우에는 그러하지 아니한다고 규정하고 있다.

공직후보자 등의 관계회사 등의 기부금지로서는 공직후보자 또는 공직후보자가 되고자 하는 자가(공직에 있는 자를 포함) 그 임직원 또는 구성원으로 있는 회사 기타 법인 또는 단체는 당해 선거구(선거구가 없는 때에는 선거가 실시되는 구역)안에 있는 자에 대하여 명목여하를 불문하고 이들의 성명을 표시하거나 그 성명을 유추할 수 있는 방법으로 기부하여서는 아니 되며, 다만, 정당 기타 정치단체가 그 지부에 대하여 기부를 하는 경우에는 그러하지 아니한다고 규정하고 있다. 후원단체에 관한 기부 등의 금지규정은, 정당 기타 단체 또는 그 지부로서 특정 공직후보자와 공직후보자가 되고자 하는자(공직에 있는 자를 포함)의 정치상의 주의 · 시책을 지지하거나 또는 특정 공직후보자나 공직후보자가 되고자 하는 자(공직에 있는 자를 포함)를 추천하거나 지지하는 것이 그 정치활동 중 주된 것인 자(후원단체)는 당해 선거구(선거구가 없는 때에는 선거가 실시되는 구역)안에 있는 자에 대하여 명목여하를 불문하고 기부를 하여서는 아니 되며, 다만, 정당 기타 정치단체나 그 지부 또는 당해 공직후보자나 공직후보자가 되고자 하는 자(공직에 있는 자를 포함)에 대하여 기부를 하는 경우 및 당해 후원단체가 그 설립목적에 의한 행사 또는 사업에 관하여 기부(화환 · 부의 · 축의 기타 이와 유사한 종류와 당해 선거마다 일정기간 내에 행해지는 것은 제외)를 하는 경우에는 그렇지 않다.

누구든지 후원단체의 총회, 기타 집회(후원단체를 결성하기 위한 집회를 포함한다) 또는 후원단체가 행하는 견학 · 여행, 기타 행사에 있어서 당해 선거마다의 일정기간동안 당해 선거구(선거구가 없는 때에는 선거가 실시되는 구역)안에 있는 자에 대하여 향응접대(통상적인 식사제공을 제외)를 하거나 금전 · 기념품, 기타의 물품을 제공하여서는 아니 된다고 규정하고 있다. 공직후보자 또는 공직후보자가 되고자 하는 자(공직에 있는 자를 포함)는 공직후보자 등의 기부 금지 규정에 불구하고 선거마다의 일정기간동안 당해 공직후보자 또는 공직후보자가 되고자 하는 자(공직에 있는 자를 포함)에 관련된 후원단체(정치자금규정법에 계출된 정치단체를 제외)에 대하여 기부를 하여서는 아니 된다. 끝으로 특정인에 대한 기부의 권유·요구 등의 금지로서, 누구든지 선거에 관해(특정 기부의 금지) 규정하는 자에 대하여 기부를 권유하거나 요구할 수 없을 뿐만 아니라, 누구든지 선거에 관하여 특정 기부의 금지 규정하는 자로부터 기부를 받을 수 없도록 규정하고 있다.

▷ 질의 회답과 판례

1. 정당의 개념

정당이라 함은 국민의 이익을 위하여 책임 있는 정치적 주장이나 정책을 추진하고 공직선거의 후보자를 추천 또는 지지함으로써 국민의 정치적 의사형성에 참여함을 목적으로 하는 국민의 자발적 조직을 의미한다. 정당은 자발적인 조직이기는 하나 다른 집단과는 달리 자유로운 지도력을 통하여 무형적이고 무질서한 개개인의 정치적 의사를 집약·정리하고 구체적인 진로와 방향을 제시하며 국정을 책임지는 공권력으로까지 매개하는 중요한 공적 기능을 수행하기 때문에 헌법도 정당의 기능에 상응하는 지위와 권한을 보장함과 동시에 그 헌법 질서를 존중해 줄 것을 요구하고 있다.

우리 헌법상 정당설립의 자유와 복수정당제는 보장되며, 정당의 목적·조직·활동이 민주적인 한, 정당은 국가의 보호를 받으며 정당운영에 필요한 자금까지도 보조받을 수 있다.

이렇게 헌법이 보장하고 있는 정당(제도)의 본래적 존재 의의가 국민의 정치적 의사 형성에 참여하는데 있다.

1999.11.25. **헌재결정 99헌바28**

2. 정당의 역할과 기능

정당은 정치권력에 영향을 행사하려는 모든 중요한 세력, 이익, 시도 등을 인식하고 취합·선별하여 내부적으로 조정 한 다음, 국민이 선택할 수 있는 정책으로 형성한다.

정당은 정부와 국회의 주요 핵심 공직의 선출이나 임명에 결정적인 역할을 하고 의회와 정부 등 정치적 지도기관의 정책의 결정에 영향력을 행사함으로써 국가의사형성에 결정적인 영향을 미친다.

물론, 다른 사회단체도 국회에 대하여 직접 로비활동을 하는 등 영향력을 행사할 수 있지만, 정당은 개인과 국가를 잇는 중간매체로서, 정당의 중개적인 역할로 말미암아 국민의 정치의사가 선거를 치루지 아니하고도 국가기관의 의사결정에 영향력을 미칠 수 있다.

1999.11.25. 헌재결정 95헌마154

3. 정당의 본질과 헌법적 지위

정당이나 그 지구당은 적어도 그 소유재산의 귀속관계에 있어서는 법인격 없는 사단으로 보아야 하고, 헌법에 의하여 보장되는 정당제도에 있어서 정당은 국민의 이익을 위하여 책임있는 정치적 주장이나 정책을 추진하고 공직선거에 후보자를 추천 또는 지지함으로써 국민의 정치적 의사형성에 참여함을 목적으로 하는 국민의 자발적인 조직을 의미한다.

그러나 정당이 자발적인 조직이라도 다른 집단과 달리 그 자유로운 지도력을 통하여 무질서적인 개개인의 정치적 의사를 집약하여 정리하고 구체적인 진로와 방향을 제시하며 국정을 책임지는 공권력으로써 매개하는 중요한 공적 기능을 수행하기 때문에 헌법도 정당의 기능에 상응하는 지위와 권한을 보장함과 동시에 그 헌법 질서를 존중해 줄 것을 요구하고 있는 것이다.

1991.03.11. 헌재결정 91헌마21

〈정당에 관한 헌법규정의 변천〉

제1공화국의 헌법

1984년 제정된 제헌헌법에는 정당에 관한 규정을 두지 않았음. 이

당시 정당은 헌법상 일반결사의 일종으로 취급되었고, 국회의원이 소속된 정당은 국회법에 따라 원내교섭단체의 지위를 인정받는데 불과 했음.

제2공화국 헌법

제2공화국 헌법은 헌정사상 최초로 정당조항을 신설하였음. 헌법 제13조 제2항에서 "정당은 법률이 정하는 바에 의하여 국가의 보호를 받는다. 단, 정당의 목적이나 활동이 민주적 기본질서에 위배될 때에는 정부가 대통령의 승인을 얻어 소추하고, 헌법재판소가 판결로써 그 정당의 해산을 명한다"고 규정하여 국가의 정당보호의무와 위헌정당해산제도를 처음으로 헌법에 규정하였음.

제3공화국 헌법

제3공화국의 헌법에서는 적극적으로 정당에 관하여 규정하였음. 동 헌법 제7조 제1항에서 정당의 설립의 자유와 복수정당제를, 제2항에서 정당의 조직과 활동에 관하여, 제3항에서 정당에 대한 국가의 보호의무와 위헌정당해산제도에 대하여 규정하는 한편, 국회의원선거 및 대통령선거에서 무소속후보자의 입후보 금지, 국회의원의 임기 중 당적을 이탈시 그 자격상실 규정을 두는 등 철저하게 정당정치를 지향하였음.

제4공화국

제3공화국 헌법의 정당에 관한 규정은 1972년 제7차 개정헌법에서도 헌법위원회의 신설, 국회의원선거 및 대통령선거에서 무소속후보자의 입후보 금지규정을 삭제하는 외에는 별다른 변경 없이 그대로 수용되었음. 특히, 헌법 제112조 제1항에서 "선거와 국민투표의 공정한 관리 및 정당에 관한 사무를 처리하기 위하여 선거관리위원회를 둔다"라고 규정하여 정당에 관한 사무의 처리를 독립기관인 선거관리위원회에 맡긴다는 점을 명문화하였고, 아울러 중앙선거관리위원회에 법령의 범위 안에서 정당사무에 관한 규칙을 제정할 수 있도록 최초로 규정하였음.

第5공화국

1980년의 第5공화국의 헌법에서는 第3공화국 헌법에서 규정한 정당에 관한 기본적인 규정을 그대로 수용하면서 第7조 第3항에서 "국가는 법률이 정하는 바에 의하여 정당의 운영에 필요한 자금을 보조할 수 있다"고 명문화하여 정당에 대한 국고보조금 제도를 새로이 도입하였음.

현행헌법

1987년 10월 29일 대통령직선제를 기본 골격으로 하는 현행 헌법에서는 第3공화국 헌법에서의 정당조항을 그대로 받아들이면서 정당의 목적 즉, 정당의 기본정책과 강령이 민주적이어야 하고 이를 위배한 때에는 헌법재판소의 결정에 의하여 해산할 수 있다는 내용을 추가하였음.

4. 정당설립의 자유

정당설립의 자유는 그 성질상 등록된 정당에게만 인정되는 기본권이 아니라 등록 정당은 아니지만 권리능력이 없는 사단의 실체를 가지고 있는 정당에게도 인정되는 기본권이라 할 수 있다.

정당은 국민과 국가의 중개자로서 정치적 도관의 기능을 수행하여 주체적 · 능동적으로 국민의 다원적 정치의사를 유도 · 통합함으로써 국가정책의 결정에 직접 영향을 미칠 수 있는 규모의 정치적 의사를 형성하고 있다.

이와 같이 정당은 오늘날 대중민주주의에 있어서 필수불가결한 요소이기 때문에, 정당의 자유로운 설립과 활동은 민주주의 실현에 전제조건이라고 할 수 있다.

오늘날 민주주의에서 차지하는 정당의 이러한 의의와 기능을 고려하여 우리 헌법은 정당을 일반적인 결사의 자유로부터 분리하여 독자적으로 규율함으로써, 정당의 특별한 지위를 강조하고 있다.

헌법은 국민 누구나가 원칙적으로 국가의 간섭을 받지 아니하고 정당을 설립할 권리를 국민의 기본권으로 보장하면서, 아울러 정당 설립의 자유를 보장한 것의 당연한 법적 산물인 복수정당제를 제도적으로 보장하고 있다.

헌법은 정당설립의 자유는 정당설립의 자유만이 아니라 정당 활동의 자유를 포함한다. 즉, 누구나 국가의 간섭을 받지 아니하고 자유롭게 정당에 가입하고 정당으로부터 탈퇴할 수 있는 자유를 함께 보장한다.

정당의 자유의 주체는 정당을 설립하려는 개개인과 이를 통해 조직된 정당 모두에게 인정되는 것이다. 구체적으로 정당의 자유는 개개인의 자유로운 정당설립 및 정당가입의 자유, 조직형식 내지 법형식 선택의 자유를 포함한다. 또한 정당설립의 자유는 설립에 대응하는 정당해산의 자유, 합당의 자유, 분당의 자유도 포함할 뿐만 아니라 정당설립의 자유는 개인이 정당 일반 또는 특정정당에 가입하지 아니할 자유, 가입했던 정당으로부터 탈퇴할 자유 등 소극적 자유도 포함한다.

2006.03.30 헌재결정 2004헌마246

5. 정당등록제도

정당등록제도는 정당임을 자처하는 정치적 결사가 일정한 법률상의 요건을 갖추어 관할 행정기관에 등록을 신청하고, 이 요건이 충족된 경우 정당등록부에 등록하여 비로소 그 결사가 정당임을 법적으로 확인시켜 주는 제도이다. 이는 어떤 정치적 결사가 정당에 해당되는지의 여부를 쉽게 확인할 수 있게 해 주며, 이에 따라 정당에 부여되는 법률상의 권리·의무관계도 비교적 명확하게 판단할 수 있게 해 주는 기능을 한다. 이러한 점에서 정당등록제는 법적 안정성과 확실성에 기여한다고 평가할 수 있다.

2006.03.30 **헌재결정** 2004헌마246

6. 대의민주주의에서 정당의 공적기능

우리헌법은 정당제 민주주의를 채택하여 정당설립의 자유와 국가의 보호를 규정함으로써 정당활동의 자유를 포함한 정당의 자유를 광범위하게 보장하고 있으며 이에 따라서 정당법도 정당활동의 자유를 보장하고 있다. 정당은 정치적 결사로서 국민의 정치적 의사를 적극적으로 형성하고 각계각층의 이익을 대변하며, 정부를 비판하고 정책적 대안을 제시할 뿐만 아니라, 국민일반이 정치나 국가작용에 영향력을 행사하는 매개체의 역할을 수행하는 등 현대의 대의민주주의에 없어서는 안될 중요한 공적 기능을 수행하고 있다.

1996.08.29 **헌재결정** 96헌마99

7. 정당과 일반결사의 관계

헌법이 정당에 대하여 일반결사와의 다른 특별한 보호와 규제를 하고 있는 이유는 정당이 국민의 이익을 위하여 책임있는 정치적 주장이나 정책을 추진하고 공직선거의 후보자를 추천 또는 지지함으로써 국민의 정치적 의사형성에 참여함을 목적으로 하여 조직된 단체이고 또 그러한 목적수행에 필요한 조직을 갖추고 있기 때문인 것으로 이해되고, 반대로 일반결사에 대하여 정당의 경우와 같은 헌법상의 보호와 규제가 없는 것은 그러한 단체는 각기 자기 고유의 설립목적이 따로 있고 국민의 정치적 의사형성에 참여하는데 필요한 조직도 갖추고 있지 않기 때문인 것으로 이해된다.

1995.05.25 헌재결정 95헌마105

8. 정당정치를 헌법이 보호하는 이유

현대국가에서는 정당정치가 바로 민주정치라고 인정하게 되었으나 그 정당은 국민 각자의 선거의 자유와 기회균등을 보장하는 민주사회의 기반 위에서 존립하는 것이므로 당내 민주주의가 확립되고 민의에 따라 정당이 구성되고 공천되는 것을 전제로 하고 있다. 이러한 민주정당이 육성되고 발전하는 것 역시 국민의 주권이 실질적으로 행사되도록 현실적으로 보장하는 데에 있으며 정당정치를 우리 헌법이 보호하는 이유도 여기에 있기 때문에 정당의 보호는 선거제도의 민주화와 함께 국민주권을 실질적으로 현실화하는데 있는 것이지 정치의 정당독점을 의미하는 것은 아니다. 정당만이 의석을 독점할 수 있도록 선거법을 협상하고 선거제도를 만드는 법의 제정이나 개정은 선거의 자유와 입후보자의 기회균등을 부정하는 것으로서 민주국가에서는 원칙으로 있을 수 없다.

1989.09.08 헌재결정 88헌가6

9. 정치자금 공개원칙의 의미

정당의 정치적 의사결정은 정당에게 정치자금을 제공하는 개인이나 단체에 의하여 현저하게 영향을 받을 수 있으므로, 사인이 정당에 정치자금을 기부하는 것 그 자체를 막을 필요는 없으나, 누가 정당에 대하여 영향력을 행사하려고 하는지, 즉 정치적 이익과 경제적 이익의 연계는 원칙적으로 공개되어야 한다. 유권자는 정당의 정책을 결정하는 세력에 관하여 알아야 하고, 정치자금의 제공을 통하여 정당에 영향력을 행사하려는 사회적 세력의 실체가 정당의 방향이나 정책과 일치하는가를 스스로 판단할 수 있는 기회를 가져야 한다.

1999.11.25 **헌재결정 99헌마154**

정치자금 조성과 실태분석

1. 정치자금 조성의 특성

2. 합법적 정치자금의 조성과 실태 분석

3. 비합법적 정치자금의 조성과 실태분석

정치자금 조성의 특성

1. 정치자금 조성의 환경적 특성

오늘날 민주정치를 흔히 국민에 의한 정치라고 하지만, 실제로는 국민의 의사를 정당이 대행함으로써, 정당을 통한 정치라는 말이 적절한 표현이라 할 수 있다. 현대 민주정치는 정당정치가 필연적이라는 켈젠(Kelsen)의 주장[52]을 보더라도, 정당의 기능과 역할은 제도적으로 보장되어야함은 물론 민주정치에서 너무나 중요시 되고 있는 것은 사실이다.

정당에 대해서 노이만(Neumann)은 정당의 기능을 대중의사의 조직화, 정치교육, 정부와 여론간의 매개, 지도자의 선출 등을,[53] Peter Mercle도 관직을 위한 요원의 선발 및 충원 기능, 정부기관의 통제, 사회적 통합기능 등을 들고 있다.[54] 이와 같이 정당의 주요기능들은 학자에 따라 다양하게 정의되지만, 일반적으로 국민의사를 대변하는 조직체로서 기능할 뿐만 아니라, 지도자를 선출하는 기능을 갖고 있

52) Hans Kelsen, *General Theory of Law and State*(Cambridge, Mass.: Harvard University Press, 1945).

53) Sigmund Neumann, "Toward a Comparative Study of Political Parties", in Harry Eckstein and David Z. Apter(ed), *Comparative Politics*(New York: The Free Press, 1965), pp. 352~354.

54) Peter Merkle, *Modern Comparative Politics*(New York: Holt Rinehart and winston, 1970), pp. 272~284.

는 것은 분명하다고 본다. 정당이 정책을 결정하고 국민의 의사를 의회정치를 통하여 실현하며, 특히 선거과정을 통하여 지도자를 선출하여 정권을 획득·유지하기 위한 정치활동을 계속하는 정치조직이라 할 때, 여기에는 무엇보다도 정치활동을 위한 정치자금의 소요가 필수적으로 수반된다.

정치자금 조성에 관한 정치환경은 정치과정에서 국민으로부터 의혹과 불신을 받아왔지만 지금까지 정치자금과 관련된 법제도를 수십 차 개정하여도 법의 실효성은 크지 않았다. 특히, 선거 시에는 금권선거의 우려와 문제제기가 끊이지 않아, 선거와 관련된 정당의 정치자금은 긍정적 측면보다 부정적 측면이 크게 부각되어 왔다.

정치자금 조성의 환경적 특성은 합법적인 정치자금과 비합법적인 정치자금으로 구분할 수 있다. 이 두 가지의 특성을 보면, 합법적인 정치자금은 양성적인 통로를 통하여 모이고, 이는 공직선거나 정당운영에서 절대적인 자금원으로서 기능하게 되어 민주정치발전에 젖줄과 같은 힘을 갖게 하여, 결과적으로 민주정치의 원동력이 되게 한다. 반면에, 비합법적인 정치자금은 정치에 검은돈이 유착되어 정치부패의 온상이 되는 특성을 지니고 있다. 특히, 정치후진국에서 정치와 돈의 부패한 연결고리가 끊어지지 않아 이로 인한 정치폐해가 심각한 문제로 제기되고 있다.

정치자금 조성의 환경적인 특성에 대해서 에커먼(Bruce Ackerman)과 에이즈(Ian Ayres)는 다음 세 가지로 구분했다.

첫째, 음성적인 조달 통로로 부패자금을 공급하는 자와 수로에 쓰레기를 버려서 오염시키는 자를 동일시 취급해서, 제한·통제해야 한다는 환경 관리적 시각에서 정치자금을 적용했다.

둘째, 비합법적인 자금을 공급하는, 즉, 개인이나 기업으로부터 들어오는 청탁성자금을 막기 위해서는 국가가 자금지원을 해야 한다는 것이다.

셋째, 자금조달에 대한 후원자에 대해서는 투명하게 공개하여 국민의 알권리를 충족하는 패러다임을 제시했다.[55)]

정치자금 조성의 환경적 측면에서 볼 때, 음성적으로 조성된 검은 돈은 정치적 환경을 오염시킬 뿐만 아니라, 은밀하게 거래되면서 대가성을 바라는 특성을 지니고 있으므로 이러한 비밀성을 낳는 부패자금을 차단하기 위해서는 제도적으로 투명성을 확보할 수 있는 방안을 마련하여야만 한다. 우리나라의 정치사에 고질적인 불법정치자금의 병폐를 없애는 동시에 정당과 정치인을 둘러싼 정치자금 환경을 맑게 하자면 정치자금제도에 관한 연구가 필수적이고, 보다 합리적인 제도화 방안의 제시가 필수적이다.

2. 정치자금 조성의 심리적 특성

선거에서 '돈만 쓰면 당선 된다'라든가 '돈 안 써도 당선 된다'는 생각을 정치인이라면 한번쯤 심리적으로 갈등해 보았을 것이다. 돈 안 쓰고 정당이나 후보자가 능력에 따라 선거에서 성공할 수 있다면, 이것보다 더 좋은 성과는 없다고 할 수 있으나, 선거에는 언제나 경쟁상대가 있는 만큼 생각과 달리 선거비용이 들어가기 쉽다. 정당이나 정치인들이 선거에서 돈을 뿌려 매표를 하는 만큼이나 투표율 증가와 함께 자신의 득표율이 올라간다고 생각한다면 선거비용은 증가하기 마련이다.

55) Bruce Ackerman and Ian Ayres, *Voting with Dollars: A New Paradigm for Campaign Finance*(New Haven: Yale University Press, 2002), pp. 3~4.

정당이나 정치인은 어떤 수단과 방법을 동원해서라도 선거에서 이기고 싶은 심리적 특성이 있으며, 이에 따라서 비합법적으로 돈을 지출하고자 하는 유혹에 빠지게 된다. 또한 일부 유권자 중에는 후보자들이 반복적으로 매표를 위해 돈을 주면, 싫은 사람이라도 좋은 반응을 일으키는 효과가 있으며, 아무리 좋은 사람이라도 돈에 대한 기대가치가 모자라서 개인적 이익이 돌아오지 않는다면 좀처럼 좋은 반응을 나타내지 않는 심리적인 특성도 있다.

어떤 선거이든 정당과 후보자에 대한 민심의 지지도는 선거의 판세를 가늠하는 대세이므로, 선거에서 정당이나 후보자가 강하게 이기는 싸움을 할 경우에는 사람들의 심리는 자신의 정치적 희망과 기대 심리에서 주위의 눈치를 보지 않고 선뜻 돈을 기부하여 정치가에 대한 대리만족으로 즐거움을 느낄 수 있으며, 다른 한편으로는 이기는 정당이나 후보자에 대하여 사람들로부터 반발 심리를 사게 됨으로써, 불만이 누적되어 기부를 하지 않는다거나, 선거에 지고 있는 편에 동정심리가 유발되어 돈을 기부하는 심리적인 특성도 존재한다.

반면에 정당이나 정치가는 정치자금을 조성하기 위해서는 자신의 능력중의 하나가 돈 있는 자로 하여금 돈을 내지 않으면 안 될 심리적인 분위기와 상황을 만들어 내려고 노력하며, 자연인이 아닌 기업은 정권이 바뀔 때마다 표적사정을 무서워하여 거액의 자금을 선거때마다 정치권에 제공하지 않을 수 없도록 만든다. 여러 조달통로로 조성된 정치자금은 선거 시에는 정치활동을 위한 조직의 수단이고, 선거를 승리로 만드는 유용한 수단이라 할 수 있어, 정당이나 정치가는 자신의 자금통로를 중요시하게 된다.

정당활동에서는 선거비용 이외에도 정치자금이 소요될 수밖에 없고, 이를 충당하기 위해서 유권자들로 하여금 자발적인 정치자금을 쉽게 기부할 수 있도록 정치자금 조성을 위한 심리적 환경조성이 필요하다. 기부자들이 정치자금을 기부하는 심리적 이유를 몇 가지로 요약하면 다음과 같다.

첫째, 자아확대(self-aggrandizement)와 자기만족(ego-gratification)이다. 즉, 돈이란 '받는 기분'도 있지만 '주는 쾌감'도 있는 법이다.

둘째, 영향력 행사이다. 돈 오는 곳에서 명령이 온다는 말처럼, 구체적 명령이 아닌 경우에도 돈을 준 사람으로부터의 영향력은 거부할 수 없다.

셋째, 즉각적 · 장기적 혜택을 입기 위해서이다. 즉각적 혜택에는 사업상의 이해관계의 처리로서, 어떤 유리한 법을 만들어 주거나 불리한 법을 막아주는 것이다. 또한 기부자가 당면한 문제점을 시급히 해결해 줄 것을 조건으로 하는 기부이거나, 장기적 혜택의 경우로서 대게 현상 만족자들이 현상을 유지존속시키려는 동기에서 기부하는 수가 많을 수 있다. 전자인 즉각적 혜택의 경우가 SOS fund라면 후자는 Thanks-giving fund다.

넷째, 공공의 이익을 위해서이다. 예를 들어 국가를 위한다거나, 반공을 위해서와 같은 목적을 갖고 정치자금을 기부하는 경우이다.

다섯째, 사회의 압력이다. '돈을 내지 않으면 남들이 무엇이라 할까', '돈을 적게 내면 사회가 나를 어떻게 볼까'하는 심리적 압력 하에서 돈을 낼 수 있으며, 이미 치부한 사람들은 사회적 위신을 돈으로 사려고 하기 때문이다.

여섯째, 기분이 좋을 때이다. 순간적 기분 여하로 거액의 기부를 희사하는 수가 있다. 이것은 합리적, 타산적 동기와는 달리 비합리적, 심리적 요소에서 나온 경우라 할 수 있다.

일곱째, 습관 때문이다. 전통적으로 자기 집안이 특정 정당을 지지해 왔기 때문에 의례히 이번에도 지지하고, 앞으로도 지지할 것이라는 경우와 과거 여러 번의 선거에서 그를 지지했기 때문에 이번에도 도와준다는 경우이다.[56)]

이상과 같이 정치자금 조성에 따른 개인의 기부심리가 모두 원인에 따른 결과를 기대한다고 볼 때, 이것은 인간의 정치적 심리에서 오는 정치자금 조성에 대한 심리적 특성의 좋은 예라고 할 수 있다.

3. 정치자금 조성의 정치 · 경제 · 사회적 특성

정당이나 정치인에게 거액의 검은돈을 음성적으로 전달하는 것은 재벌이나 기업인들이 스스로의 정치이념이라기보다는 자신들의 재산을 보호하겠다는 사고와 경제계의 지도자로서의 긍지와 도의심마저 결여된 채, 목전의 이권 취득만을 위해 준다고 봐야하므로, 이러한 행동의 가치 관념을 가질 때에는 정치와 경제 사이에 언제나 문제시 되어 왔다.

정치권에서 정치자금사건이 터질 때마다 타락선거와 금권정치의 부패성이 관련되어 불거져 나왔으며, 이때마다 국가신임도는 하락하고 실물경제 전반에 악영향을 미쳐 경제발전을 저해하는 요소로 지적되어왔다. 정당 또는 정치인이 민간영역으로부터 검은돈을 받아 나라의 정치 · 경제 · 사회적 밑바탕을 뿌리째 흔들리게 한 적이 한두 번이 아니었으며, 고비용의 정치로 인한 정경유착의 고리를 끊지 못하고 정치자금 통로를 독점(monopolization)함으로써 정당을 사

56) 주관중, 『선거공학』(서울: 법문사, 1972), 271~272쪽.

당화(私黨化) 또는 붕당화(朋黨化) 시키는 결과를 초래하기도 했다.

정치자금과 관련된 사건들을 통해 정치자금 조성의 정치 · 경제적 배경에 따른 특성을 쉽게 알 수 있다. 한 예로서, 과거에 중석불 부정 불하 사건만 보더라도 농촌 경제를 멍들게 했고, 5 · 16 군사쿠데타 후에도 공화당의 사전 조직자금 마련을 위한 증권파동은 나라의 경제 발전을 위한 자본시장에 결정적인 악영향을 미치게 했다. 그리고 선거 시마다 쏟아지는 거액의 소비성 선거자금은 화폐의 가치를 떨어뜨려 국민경제가 빈곤의 악순환을 되풀이하게 하였다.

정치권에서 거액의 정치자금을 조성하는 방법은 여러 가지가 있다. 예로서, 국내 경제가 충분하게 성숙되지 못하였을 때는 해외기업에 이익을 주는 대가로 리베이트 성격과 다국적 기업에 일종의 정책보험료로 정치자금을 강제로 모금하는 유형[57]과 민주공화당 창당자금으로 사용된 자금이 중앙정보부가 새나라자동차 조립공장을 통한 것처럼 재일교포의 외국 자본유입 경우라 할 수 있다.[58] 또 다른 정치자금의 조성 과정은 국 · 공유 재산의 매각과 매관매직의 경우이다.[59] 제1공화국시절 미군정이 몰수한 적산들을 민간인에게 불하하여 정치자금을 마련한 경우인데, 이는 개인적 레벨에서 철저한 비밀에 싸여 있을 뿐만 아니라, 정치자금과 개인적 치부와의 한계도 불명확하였다. 이는 민간업자와 담합하여, 국 · 공유 재산을 헐값에 불하하고, 그 차액 중 상당부분을 정치자금으로 헌납하는 경우이다. 정치자금의 조성방법에서 비합법적인 정치자금은 산업화 수

57) 한홍수, 『한국의 비합법적인 정치자금의 유형과 실태』(동서연구, 제7권, 1994), 183~234쪽.

58) 오경환, 『정치자금의 내막』(서울: 한그루, 1992), 96~97쪽.

59) 한홍수(1994), 183~234쪽.

준이 낮은 제1공화국에서 제3공화국 초까지 가장 크게 이루어졌으며, 국민생활을 피폐한 지경까지 만들었다. 끝으로 정치자금의 조성 방안으로 매관매직을 들 수 있는데 액수는 소액이지만 가장 현실적으로 정치적 배경을 많이 깔고 있다고 하겠다.

오늘날 정치과정에서 국회의원이나 자치단체장은 물론 지방의원까지 모두 정당 공천을 받도록 법으로 규정되어 있다. 특정 지역에서 당선 가능성이 높은 특정 정당의 공천을 받기 위한 정치인 또는 정치 신인과 기업인들의 공천헌금과 특정 정당의 비례대표 순위 배정을 둘러싸고 정당과 정치 지도자간에 이루어지는 공천권 헌금은 모두 특별당비의 명목으로 은밀히 이루어지고 있는 실정이다. 더욱이 지난날 야당의 정치자금 유입통로가 전혀 없었던 시절에 전국구 국회의원의 공천권은 정당의 유일한 불법적인 자금통로가 되었다. 결론적으로 정치자금의 조성은 정치·경제 사회적으로나 주는 쪽에 이익이 있어야 모이는 특성이 있다.

합법적 정치자금의 조성과 실태 분석

1. 합법적 정치자금 조성의 균형성

정당이 민주적인 조직단체로서 국민의 정치참여와 의사를 반영하고, 국민여론의 지도자를 선출하는 정당정치가 이루어져 국민정당이 되기 위해서는 필수적으로 민주주의 비용이라는 정치자금이 들어가기 마련이다. 그렇기 때문에 정당과 정치자금은 공통분모라고 할 수 있다. 그러므로 정당은 그 정치적 이념이나 목적에 찬동하는 사람들의 자발적인 조직체로서 고도의 자율성을 가지므로 그 활동에 수반되는 비용은 당원 스스로가 부담하여 충당하는 것은 너무나 당연한 일이다.[60] 그러면 경쟁적 정당정치의 바탕에서, 정당의 조직이 우위를 가진 대정당과 조직의 취약성을 지닌 소정당의 정치자금 조성실태에 대해 알아보고자 한다.

우선 정당의 당비조달 현황을 보면 각 정당마다 당비는 일반당비, 직책당비, 특별당비 등으로 구분하는데, 〈표 1〉에서와 같이 주요 정당의 당비수입 현황을 보면, 보수정당의 당비 수입상황은 일정하게 유지된 반면, 진보정당인 민주노동당은 매년 당비 수입상황이 배 이상 증가함을 알 수 있다.

60) 중앙선거관리위원회, 『정당 · 정치자금 법률운용자료』(2008), 239쪽 참조.

〈표 1〉 연도별 당비 수입현황

(단위: 백만원)

연도별 정당별	2000	2001	2002	2003	2004	2005	2006	2007	2008
열린우리당				2,402	10,895	9,129	19,196		
한나라당	16,612	8,896	16,657	14,616	4,781	5,657	19,495	19,767	17,295
새천년민주당	13,232	8,315	15,568	8,394	1,386				
민주당						2,885	7,568	3,249	7,591
민주노동당	361	853	2,957	3,206	6,685	7,377	11,162	11,236	7,702
국민중심당							1,789	106	
대통합민주신당								6,121	
자유선진당									992
창조한국당									672

※ 출처: 중앙선거관리위원회, 정당활동 및 회계보고 자료집(2000~20008)

그러나 아무리 정치자금법에서 당비납부 한도액의 제한이 없다 하더라도 공직후보자를 추천하는 일과 관련하여 특별당비 또는 기부금을 받는다면, 정치자금법 제32조의 규정에 위반하여[61] 처벌을 받도록 법 규정에 명시되어 있다. 그러나 공천과 관련하여 특별당비 명목으로 돈이 오고가면 정당공천에 영향이 미치게 되어있고, 이것이 공천의 대가인지의 여부는 당장 확인할 방법이 없다는 것이다.

문제는 각 정당마다 공직후보자를 국민경선제를 통해 선출한다고 하더라도, 현실에 있어서는 당비대납 당원과 경선용 대납당원 등 종이당원이[62] 발생하는 상황이고, 당원 숫자조차 중복으로 부풀어 등재되는 경우가 발견된다는 점이다. 그러므로 특별당비의 문제성을 제거하기 위해서는 당비의 납입 금액의 상한선을 규정하고, 선거권이 부여되는 당원의 자격요건을 당비 납입 실적인 일정한 기간을 상회하도록 제한하는 방안이 검토될 수 있을 것이다.

61) 중앙선거관리위원회 질의회답. 2006.05.04 참조.

62) 박상철: 앞의 책, 80~81쪽.

〈표 2〉 연도별 후원금 징수현황

(단위: 백만원)

연도별 / 정당별	2000	2001	2002	2003	2004	2005
열린우리당				389	9,848	661
한나라당	10,358	10,225	30,990	12,476	6,468	271
새천년민주당	55,079	25,803	57,028	13,353	493	
민주당						199
민주노동당	91	161	1,280	616	377	5,462
국민중심당						
대통합민주신당						

※ 출처: 중앙선거관리위원회, 정당활동 및 회계보고 자료집(2000~2005)

후원금 징수현황은 〈표 2〉에서 보는 바와 같이, 2003년도에서 2007년도까지 한나라당이나 열린우리당, 새천년민주당 모두 선거가 있는 연도에는 모금활동이 활발하여 증가현상을 보이며, 민주노동당은 2000년과 2001년에는 그 실적이 저조했으나 2002년부터는 매해 많은 금액이 징수됨을 알 수 있다.

그러나 후원회제도는 모든 정치사회 구성원인 유권자들이 정당이나 정치인들에게 금품을 기부함으로써 정치참여의 통로가 되고, 정치에 대한 신뢰감을 갖도록 비공식적인 정치자금을 양성화시키는데 그 취지와 목적이[63] 있음에도, 정당에 대한 합법적인 정치자금을 마련할 수 있는 통로를 2006년 3월 13일 정치자금법 개정을 통해 정당 후원회와 관련된 규정을 삭제함으로써, 국회의원 등(공직 후보자, 경선후보자)만이 후원회를 지정할 수 있도록 하여, 정당에 대한 합법적이고 투명성이 보장된 정치자금의 유입도관을 차단한 결과가 되었다.

이는 또한 지구당 폐지로 말미암아 실질적으로 음성적으로 운영

63) 헌법재판소 판례, 2000.06.01 99헌마576 참조.

되고 있는 종래의 지구당 성격과 유사한 역할과 기능을 하고 있는 지역구의 자금 수급체계를 음성화시킨 현상과 맞물려 정치개혁의 중요한 과제로 대두되고 있는 바, 이와 관련하여, 종전의 지구당과 지구당후원회제도를 부활시키자는 의견과 중앙당의 후원회를 복원 시키자는 주장이 제기되고 있다.

정당의 기탁금 수입현황인 〈표 3〉을 보면, 민주노동당은 2000년부터 2002년까지 실적이 전무하다가 2004년부터 소액의 금액이 기부됐으며, 다른 정당 또한 합법적인 다른 정치자금보다 기부상황이 저조하다.

〈표 3〉 정당의 기탁금 수입현황

(단위: 백만원)

연도 \ 정당명 \ 구분		총 수입 (A)	기탁금 (B)	B/A (%)
2000년	한나라당	34,200	444	1.3
	새천년민주당	75,246	377	0.5
	민주노동당	262	0	0
2001년	한나라당	25,234	245	0.9
	새천년민주당	35,357	232	0.6
	민주노동당	971	0	0
2002년	한나라당	91,517	430	0.5
	새천년민주당	108,336	409	0.4
	민주노동당	4,330	0	0
2003년	열린우리당	6,372	0	0
	한나라당	78,157	1,370	1.7
	새천년민주당	64,064	1,231	1.9
	민주노동당	4,844	50	1.0
2004년	열린우리당	36,653	209	0.5
	한나라당	85,202	378	0.4
	새천년민주당	21,474	307	1.4
	민주노동당	12,146	20	0.1

2005년	열린우리당	25,544	114	0.4
	한나라당	26,166	108	0.4
	민주당	6,078	19	0.3
	민주노동당	15,992	20	1.5
2006년	열린우리당	65,431	989	1.5
	한나라당	71,441	948	1.3
	민주당	17,881	169	0.9
	민주노동당	26,551	171	0.3
	국민중심당	6,224	22	0.3
2007년	대통합민주당	70,447	1,842	2.6
	한나라당	95,464	1,791	1.8
	민주노동당	19,607	327	1.6
	민주당	12,017	349	2.9
	국민중심당	4,485	241	5.3
2008년	한나라당	109,323	3,123	2.8
	민주당	83,130	2,580	3.0
	자유선진당	12,596	533	4.2
	친박연대	10,456	519	4.9
	민주노동당	22,394	457	2.0
	창조한국당	3,600	190	5.2
	진보신당	3,375	151	4.4

※ **출처: 중앙선거관리위원회, 정당활동 및 회계보고 자료집(2000~2008)**

정당에 대한 기탁금 기부상황은, 과거에는 경제3단체(한국무역협회, 전국경제인 연합회, 대한상공회의소)가 각 소속기업체에서 반강제적 협조 속에서 거둔 정치헌금을 중앙선거관리위원회에 기탁하면 각 정당에 배분했으나, 오늘날에는 경제단체에 대한 경제적 부담을 줄여준다는 취지에서 법인 기업체에 대한 기부를 금지시킨 결과 정당에 대한 중앙선거관리위원회 기탁금 기부액은 과거에 비해 매우 저조함을 알 수 있다.

따라서 정당활동을 위한 정치자금의 조달통로 양성화를 조건으로 볼 때, 기업체 등 법인에 대한 기부를 전면 금지할 것이 아니라 이들이 정당을 특정하지 않고 중앙선거관리위원회에 비지정으로 기탁금을 기부할 수 있는 길을 열어주는 것이 정당의 정치자금 수요확충에 도움이 되는 합법적인 자금조달 통로가 될 것이다. 또한 각 정당에 대한 기탁금의 배분과 지급 방식을 현행 보조금 배분방식으로 할 것이 아니라, 총선에 참여한 정당의 유효 득표수를 배분 기준으로 설정하는 것이 바람직할 것이다.

그리고 국고보조금 수입현황인 〈표 4〉를 보면, 민주노동당은 2000년과 2001년까지 전무하다가 2002년부터 소액을 배분 · 지급 받았으며, 다른 정당은 여당이나 야당 할 것 없이 모두 의석수에 따라 선거 때는 더 많은 금액을 배분 · 지급받았음을 알 수 있다.

〈표 4〉 정당의 국고보조금 수급현황

(단위: 백만원)

연도 \ 정당명 \ 구분		총 수입 (A)	국고보조금 (B)	B/A (%)
2000년	한나라당	67,239	21,046	31.3
	새천년민주당	139,972	18,417	13.1
	민주노동당	538	0	0
2001년	한나라당	41,573	11,202	26.9
	새천년민주당	54,991	10,663	19.3
	민주노동당	1,300	0	0
2002년	한나라당	124,352	53,111	42.7
	새천년민주당	133,500	49,428	37.0
	민주노동당	5,801	937	16.2
2003년	열린우리당	6,372	1,355	21.3
	한나라당	78,157	11,571	14.8
	새천년민주당	64,064	10,097	15.8
	민주노동당	4,844	535	11.1

2004년	열린우리당	36,653	15,652	42.7
	한나라당	85,202	20,509	24.0
	새천년민주당	21,474	11,160	51.9
	민주노동당	12,146	2,217	18.2
2005년	열린우리당	25,544	28,180	110
	한나라당	26,166	11,454	43.7
	민주당	6,078	2,010	33
	민주노동당	15,992	2,037	12.7
2006년	열린우리당	65,431	23,480	35.8
	한나라당	71,441	23,068	32.4
	민주당	17,881	4,028	22.5
	민주노동당	26,551	3,943	14.8
	국민중심당	6,224	3,017	48.4
2007년	대통합민주당	70,447	22,980	32.6
	한나라당	95,464	21,461	22.4
	민주노동당	19,607	4,073	20.7
	민주당	12,017	5,230	43.5
	국민중심당	4,485	3,022	67.3
2008년	한나라당	109,323	24,337	22
	민주당	83,130	25,001	30
	자유선진당	12,596	3,584	28
	친박연대	1,456	1,388	13
	민주노동당	22,394	5,706	25
	창조한국당	3,600	591	16
	진보신당	3,375	453	13

※ 출처: 중앙선거관리위원회, 정당활동 및 회계보고 자료집(2000~2008)

이는 정당의 보조금 배분은 전국적 단위의 선거가 있는 때에는, 평상시 정당운영 보조금과 동일한 수준의 선거보조금을 지급 받게 되어 있으므로, 평년의 두 배인 200%의 보조금을 교부받는데 따른 것이다.

국가는 정당의 목적과 조직활동이 민주적인 한은 국가의 보호를 받으며, 법률에 의하여 정당운영에 필요한 자금을 보조받을 수 있으며(헌법 제8조 제2항 및 제3항), 이에 따라 채택된 국고보조금 제도는 기존 정당이나 기성정치세력에 유리하게 작용하여 정치구조의 빈부 고착화라는 측면에서 많은 비판을 받고 있지만, 음성적인 정치자금 조달의 필요성을 약화시키고 투명성을 확보하는데 기여한다는 긍정적인 측면이 평가를 받기도 한다.[64]

그러나 문제는 보조금을 배분 · 지급하는 기준이 의석수나 총득표수, 정당 득표율 등으로 나라마다 역사 및 정치풍토 또는 정치환경에 따라 다양하다는 점이다.[65]

〈표 4〉에서와 같이, 국고보조금 배분방식에서 교섭단체를 구성한 정당 등 의석수 비율 중심으로 배부함으로써, 보수 대정당만 집중 배분 · 지급되었으며, 정당의 총수입에 대한 국고보조금이 자치하는 비율이 대부분을 차지하고 있다.

그러므로 국고보조금은 대의민주주의체제에서 정당이 중요한 공적 기능을 수행하기 위해서는 각종 이익집단의 기부영향력을 배제하고 정치부패를 방지할 뿐만 아니라 정당의 균형발전 목적이 입법취지라면 배분 · 지급방식에서 의석수 비율이 아니라 최근에 실시한 임기만료에 의한 총선에 참여한 정당의 유효 득표수 비율에 따라 배분 · 지급하는 것이 바람직하며, 또 다른 하나의 방안으로써 중앙정부가 지방에 보조금을 지원할 때, 지방정부가 얼마만큼을 출연하는가에 따라 예산지원 비율을 결정하는 것처럼, 국고보조금도 당의 개혁 및 자립노력과 연계하여 정당의 당비납부 등 정당의 자체 수입에 근거하여 각 정당에 차별적으로 배분 · 지급하는 매칭펀드식

64) 박상철, 『한국 정치법학론』(서울: 리북, 2008), 76~77쪽.
65) 헌법재판소 2006.07.27 헌마655.

방안이 있다.[66]

그러나 국고보조금 제도는 정당의 재정조달에서 당비나 기탁금만으로는 정당의 재정적 수요를 감당할 수 없다는 현실이 널리 인정받는 상황이나, 지금까지 '여부야빈' 현상의 심화에 따른 부작용과 국가개입에 의해 정치활동의 자유와 평등이라는 헌법정신에 위배된다는 점이 비판을 받고 있는 실정이다.[67]

이상과 같이 우리나라 주요 정당의 합법적인 정치자금 조성현황을 살펴보았는데, 특히 기탁금은 정당의 총수입재원의 조성통로에서 0%에서 최고 5.3%(2007년 국민중심당)로 실효성이 없는 제도라는 것을 쉽게 알 수 있으며, 당비에 있어서 각 정당이 당원 수에 대한 당비납부자 비율을 비교분석하여 중앙선거관리위원회에 보고한 2003년도와 2004년도 것만을 보더라도, 열린우리당 159,630명 7.81%와 276,269명 28.1%, 한나라당 2,170,228명 0.72%와 1,086,329명 0.35%, 새천년민주당 1,544,623명 0.76%와 469,221명 7.32%, 민주노동당 32,839명 100%와 45,928명 100%이다.

위의 각 정당의 당비납부자 비율만 보더라도 진보정당인 민주노동당을 제외한 정당들은 당비를 납부하지 않고 형식적으로 당원명부에만 올라있는 당원의 수만 많아 당비조달에 실질적인 효과가 없다. 바람직한 것은 우리나라의 정당들도 점차적으로 선진국인 영국의 노동당처럼 당비조성과정에서 당원들의 적극적인 참여가 필요하다는 것이다. 이렇게 볼 때, 비교적 진보정당인 민주노동당은 당비조달액이 연차적으로 그 액수가 당원 수에 비해 증가되고 있으며, 당원은 누구나 100%로 당비를 납부하며, 당비조성 금액도 한나라당

66) 모종린 · 전용주(2002), 186쪽.

67) 박상철(2008), 78~79쪽.

과 새천년민주당과 같이 비슷한 금액이라는 것을 알 수 있다.

그러나 국고보조금에서 〈표 4〉에서 보는 바와 같이 2004년도만 보더라도 열린우리당 156억원, 한나라당 205억원, 새천년민주당 111억원에 비하면 민주노동당은 22억원을 수급한 것으로 나타나 상대적으로 부족한 금액에 지나지 않으며, 국고보조금의 배분 · 지급 방식이 선진 외국과 달리 의석수가 많은 정당에 유리하게 함으로써, 정당의 정치자금 조성에 있어 불균형을 가져온 원인이라 할 수 있다. 특히, 우리나라 정당의 정치자금으로서 합법적 조성의 총수입에서 국고보조금이 차지하는 비율을 〈표 4〉에서와 같이 2004년도 열린우리당 42.7%, 한나라당 24%, 새천년민주당 51.9%, 민주노동당 18.2%, 2005년도 열린우리당 110%, 한나라당 43.7%,민주당 33%, 민주노동당 12.7%, 2006년도 열린우리당 35.8%, 한나라당 32.4%, 민주당 22.5%, 민주노동당 14.8%, 국민중심당 48.4%, 2007년도 대통합민주당 32.6%, 한나라당 22.4% 민주노동당 20.7%, 민주당 43.5%, 국민중심당 67.3%를 차지하고, 2008년도는 20%가 넘는 정당 중에서 당비만 의존하던 민주노동당이 의석수의 영향으로 25%가 되는 것만 보더라도 정당이 당비 또는 정당의 부대수입 등의 자생적 노력에 의하지 않고 지나치게 국민의 혈세인 국고보조금에만 의존하고 있음을 알 수 있으며, 더욱이 현재는 정당의 후원회조차 없어진 마당에 정당의 재원 마련에 곤란을 겪지 않을 수 없을 것이다. 또한 존속하고 있는 국회의원 후원회로서 2003년도 국회의원 253명의 후원금 모금액을 중앙선거관리위원회에 보고한 금액을 보면, 총액 518억1300만원 중에서 한나라당 267억600만원, 열린우리당 121억200만원, 새천년민주당 112억5200만원이다. 위의 예를 보더라도 국회의원 후원금 모금도 집권 여당이나 보수정당에만 몰리며 진보적 정당의 국회의원은 후원회 구성을 위한 지정권자로 지정하는 것조차 힘들 뿐만 아니라 후원회를 구성한다해도 250등 안으로 모금액 순위가 들어가기가 힘든 정치현실에 처해 있다.

이 모든 것이 정당의 정치자금 조성의 불균형을 가져오는 원인이 되며, 무엇보다도 필요한 것은 정당의 재원 조성에서 국고보조금을 선거 때는 물론 매년 액수를 늘릴 것이 아니라 필요가치가 없는 기탁금제도를 개선하고, 정당의 자생적 노력이 필요한 당비 또는 정당의 당헌, 당규 등에서 정한 부대수입 등의 조달 통로를 열어 정당의 정치자금조성을 활성화해 정당으로서 균형발전을 가져오도록 해야 한다.

2. 합법적 정치자금 조성의 투명성

정당이 전적으로 정당의 경비를 국민의 세금인 국고보조금에만 의존한다면 국민의 불신을 초래할 뿐만 아니라, 국회 의석이 없는 군소정당의 불만을 없을 수 없으므로 소액 다수가 염출하는 당비가 가장 바람직하다고 할 수 있으나, 정치현실은 그렇지 못하다.

우리나라 정당의 합법적인 정치자금의 수입 항목은 당비, 기탁금, 보조금, 기타수입 등으로 구성되어 있다. 위의 수입 항목은 매년 각 정당이 중앙선거관리위원회에 회계보고를 하여 정치자금 조성상황을 공개하고 있으나, 문제가 되는 것은 당비, 기탁금, 보조금은 명백하게 회계보고 상에 드러나고 있으나, 기타수입에 대한 정치자금 조성이 불명확하다. 이는 정당이 밝히기 꺼린 수입 절반이 기타수입 항목 속에 숨어 있다고 국민들은 생각하고 있다. 예를 들면 제15대 총선당시 신한국당의 가락동 연수원 매각 대금을 회계보고 상 기타 수입으로 잡아 선거 때 사용했다는데 문제가 있다. 정당의 정치자금 사용에 대한 철저한 통제와 감시는 물론 공개도 중요하지만, 합법적으로 조성된 정치자금이라 할지라도 그 조성 내역에 있어 투명성을 확보하지 못한다면, 비합법적인 정치자금과 그 성격이 다를 것이 없다.

우리나라 주요 정당이 중앙선거관리위원회에 회계보고를 한 기타수입상황을 2003년도와 2004년도만 비교하여 보면, 한나라당 2003년 16,344백만원, 2004년 47,085백만원으로 288% 증가, 총 수입인 2003년 78,157백만원, 2004년 85,202백만원에서 기타수입이 각각 21%와 55%를 차지하며, 열린우리당 기타수입상황은 2003년 33백만원, 2004년 3,486백만원으로 10,332% 증가, 총 수입인 2003년 6,372백만원, 2004년 36,653백만원에서 기타수입이 각각 0.5%와 9.5%를 차지하며, 민주노동당 기타수입상황은 2003년 187백만원, 2004년 1,692백만원으로 903%증가, 총 수입에서 2003년 4,844백만원, 2004년 12,146백만원에서 기타수입이 각각 3.8%와 13.9%를 차지하고 있다.

위에서 알 수 있듯이 각 정당 공히 이름 없는 기타수입 항목의 정치자금조성 금액은 상상을 초월하게 그 액수는 증가하고 있고, 각 정당의 총 수입 면에서 상당하게 기타수입이 차지하고 있음을 알 수 있다.

단순히 정당의 회계보고만으로 기타수입액의 공개는 그 내역을 국민은 알 수 없다는데 그 문제가 있다. 정당의 정치자금 조성의 불명확성을 없애 투명성을 확보하는 방안으로는 정당의 회계보고를 몇 개월간만 열람하던 것을 연중 열람할 수 있도록 인터넷에 올려 국민이 관심만 있다면 볼 수 있으나 현실적으로는 학문적 연구의 논의만 그치는 실정이므로, 정당의 회계보고도 연 1회로 하던 것을 분기별로 4회 제출하도록 하여 공개하고, 수시로 지도 감독함으로써, 국민의 감시체제를 더욱 강화하는데 그 의미가 있다고 본다. 특히 회계보고 시에 기타수입은 총액만 공개할 것이 아니라 기타수입 항목을 세분화(재산매각, 임대수입, 판매수입 등)시켜, 정당의 정치자금에 대한 투명성을 확보할 필요성이 있다.

3. 합법적 정치자금의 지출

정치가 있는 곳에는 언제나 돈이 따라다니기 마련이다. 같은 돈이라도 어떻게 돈이 조성되어 정치체제에 조달되어 사용되느냐에 따라 검은돈과 깨끗한 돈으로 양분할 수 있다.

정당은 그 체제를 유지하기 위해서는 이에 소요되는 자금이 필수적이지만, 이것은 어디까지나 그 자금이 정제된 것이거나, 정치활동 자체가 돈을 덜 쓰는 형태가 되어야 그 정당성이 있을 것이다. 따라서 무엇보다도 선거비용, 조직, 의정활동비, 정당운영, 관리비 등이 과거의 고비용 정치구조를 저비용 정치구조로 변화시키지 않으면 안 된다. 그러나 우리의 현실에서 정당구조만 보더라도 저비용—고효율의 정치구조가 아니라 너무나 많은 고비용 정치를 하고 있음을 중앙선거관리위원회가 발표한 우리나라 주요 정당의 2003년도와 2004년도의 총수입액에 대한 총지출액의 사용금액에 대한 비율만 보더라도 알 수 있다.

열린우리당은 2003년도 총수입액 63억7천만원에 총지출액이 47억원으로 74%, 2004년도 총수입액 366억원에 총지출액이 325억원으로 89%를 사용했으며, 한나라당은 2003년도 총수입액 781억원에 총지출액 635억원으로 81%, 2004년도 총수입액 852억원에 총지출액이 767억원으로 90%를 사용했으며, 새천년민주당은 2003년도 총수입액 640억원에 총지출 604억원으로 94%, 2004년도 총수입액 214억원 총지출액 182억원으로 85%를 사용했고, 민주노동당은 2003년도 총수입액 48억원에 총지출액이 43억원으로 89%, 2004년도 총수입액 121억원에 총지출액 111억원으로 92%를 사용했다고 중앙선거관리위원회가 공개를 했다.

위의 주요정당의 정치자금 사용 비율만 보더라도 총수입에 대한 총지출액은 평균 86.7%로서, 다음 연도에 평균 13.3%만 이월함으로써 매년 정당의 정치비용이 과다지출하고 있음을 알 수 있다. 이런 연유에서 정치권은 한국정치사에서 고비용 정치구조를 혁파한다는 의미로 지구당을 폐지하였다. 그러나 정치현실은 그에 부응하지 못했다.

정당법상으로는 지구당 제도가 없다고 하지만, 지역을 관리하는 지역구 국회의원이나 정당의 지역정치인들은 다른 명칭으로 선거때 뿐만 아니라 평상시에도 많은 액수의 정치자금을 시·도당이나 중앙당의 명목으로 사용하고 있는 것은 표면상으로 들어나는 합법적이고 양성적인 정치자금을 비합법적인 음성의 정치자금으로 유용하고 있기 때문이다. 이는 인간으로서 정치목적으로 엮어진 공·사적 조직의 끈을 정당이나 정치인이 끊지 못하기 때문이다.

이미 살펴본 중앙선거관리위원회의 회계보고 상황을 보더라도 시·도당과 중앙당의 정치자금 과다 지출상황이 엄청난 액수라는데 문제가 있다. 이에 대해 중앙당을 축소하고 정당구조의 역할을 인력중심에서 정책인프라 중심으로 전환시켜야 한다는 주장이 제기되어 왔다.[68] 더욱이 현재로서는 정당의 정치자금 젖줄인 후원회마저 없앤 상태에서 매년 국고보조금만으로 정당이 의존하여 과다 지출을 계속한다면 국민의 불신만 초래하게 될 것이다.

국민들은 정치인의 돈이 부패의 근원이 된다고 생각하고 있을 뿐만 아니라, 시민단체 등은 정당이 정치비용 조달을 자구적 노력에 의하지 않고 매년 국고보조금만 증액시켜 낭비하는데도 여기에 대한 오·남용 실태에 따른 감시와 조치가 부실하며, 통제장치조차 무방비 상태라고 지적을 하고 있다.

결국 현실 정치는 정치인의 권력욕과 이것을 이용하려는 기업인들이 상호간의 이용 과정에서 돈과 관련된 부패의 근원이 된다는 시각도 있지만, 실제로 많은 정치인들은 윤택한 정치자금만 정당하게 마련할 수만 있다면, 선거 시에 우수한 선거참모와 선거운동원을 동원하여 선거에 승리할 수 있다는 생각을 하고 있다. 그러므로 선거 시에는 정치인들은 선거에 승리하기 위해서 양성적 자금보다 과다한 음성적 자금을 동원하여 정치부패의 근원이 되기도 했다.

우리가 민주정치 발전과정에서 필연적 요소가 정치자금이라 한다면, 국민들은 자의적인 의사로 정치자금 기부에 참여하여, 정당이나 정치인으로 하여금 정치적 의사결정에 영향을 주도록 노력하여야 한다. 특히, 금전적 능력이 없는 빈곤층의 정치적 소외 계층이 생겨 자신이 스스로 정치적 의사를 반영시킬 수 없다는 절망감을 주어서는 안 된다. 정당이나 정치인이 소속 정당의 국민 지지도, 자신의 능력과 자질, 정치적 상황과 환경, 유권자의 속성, 언론매체 등으로 정치자금 조달 액수가 달라질 수 있으나, 무엇보다도 정치권에 들어오는 정치자금에 대한 총액이 중요한 것이 아니라 과다지출하고 있는 소비습성을 없애는 것이 중요시 되어야 한다.

---

68) 박세일, "정치개혁, 무엇을 어떻게 고쳐야 하나", 『국회보』, 통권 446호(2003.12), 72~77쪽.

비합법적 정치자금의 조성과 실태분석

1. 비합법적 정치자금의 조성 형태

근대화과정에서 생성되는 정치의식과 정치참여(political participation)의 확장은 국가적 통합과 정치적 동화라는 문제를 제기하고 있다. 정치적 참여확대와 정치적 제도발전에서 균형과 수준의 보조를 같이 하지 않으면 정치사회는 불안정해질 가능성이 있다. 정치참여의 확장을 조직하는 중요한 제도적 수단이 정당들이며 또한 정당제도라 할 수 있으며, 정당은 정치적 참여를 조직하나, 정당제도는 정치참여가 확장되는 것을 촉진시킨다. 따라서 정당과 정당제도의 안정성과 힘은 양자가 제도화(institutionalization)된 정도에 따라 좌우될 수 있다.

높은 참여의 수준과 낮은 수준의 정당제도가 결합해 있으면 정치는 무질서해지고 폭력이 발생할 수 있으며, 반대로 참여의 수준이 낮으면 다른 정치제도와 사회세력에 비해서 정당이 약화되는 경향이 있다.[69] 여기에서 정당의 지도자들은 정치적 참여를 확장하고 대중의 지지를 받기위해 자신의 능력을 최대한 기울여야만 한다.

오늘날 근대화라는 정치체계의 안정성은 정당의 힘에 달려있고,

69) 민준기 · 배성동 역, 『정치발전론』(서울: 을류문화사, 1987), 472~477쪽.

정당은 대중의 지지를 얼마만큼 제도화했느냐에 따라 강한 정도가 결정된다.[70] 특히, 정당의 지도자는 제도적인 틀 안에서 선거를 통하여 선출될 뿐만 아니라, 선거의 모든 과정을 통하여 공직후보자들을 선거에 출마시킨다. 여기에서 정당의 지도자는 정당의 간판을 들고 출마하는 모든 공직후보자들이 성공을 거두기 위해서는 지도자의 능력은 물론 정치활동에 필요한 막대한 액수의 자금을 조성하지 않으면 안 된다.

원래 정당은 당 조직 자체가 생산적인 경제 기업체가 아니므로 정당조직 활동의 유지와 강화 · 확대뿐만 아니라, 공직선거를 위해서는 외부로부터 활발하게 정치자금을 유입하지 않으면 안 된다. 그래서 정치자금의 조성은 권력 구조에 따라 금액의 액수가 달라질 수 있다고들 말한다.

정당 중심적(party-centered campaign finance) 국가의 경우 정치자금 조달과 사용의 주체가 정당의 경우 많으며, 정당은 조성된 자금을 통해 의원들을 통제 · 규율할 수 있는 수단이 되기 때문이다. 특히, 국가가 정당에 대한 정치자금을 보조하는 경우 정당의 영향력은 강화될 가능성이 높다. 후보자 중심적(candidate-centered campaign finance) 국가의 경우 정치자금이 의원 혹은 후보자 중심으로 조달되고 사용되기 때문에 의원의 권한과 자율성은 확대되는 반면 의원에 대한 정당의 규율은 약화될 수밖에 없다.[71]

정당이나 정치인들은 자기 자신의 정치적 영향력과 정치활동에 필요한 정치비용을 확보하기 위해 전력을 기울이고 있는 것이 사실이기 때문에 정당이 정치자금을 비민주적으로 조달하면 당의 내부

70) 민준기 · 배성동(1987), 484쪽.

71) 임성학, 『현대 정당정치의 이해』(서울: 백당서당, 2004), 291~292쪽.

질서가 문란해지므로, 그 정치자금의 유입 출처와 사용을 공개하여, 정당의 자주성과 투명성을 확보해야 민주주의 국가로서 정당정치가 보장될 수 있다. 지난날 순수하게 개인이 정치인이나 정당에 대한 정치헌금은 구우일모(九牛一毛)격 이었으며, 흔히 정치자금은 재벌, 기업체, 회사, 부유계층으로부터 정당의 기밀비로 유입되었는데, 이러한 것들은 집권당의 강제적인 조성과 이권에 대한 전망, 명예욕의 만족, 과거 이권에 대한 사례 등으로 이루어졌다.

누구나 돈을 낸 사람은 많든 적든 그 액수에 관계없이 내가 돈을 냈으니 무엇인가 반대급부가 비밀리에 돌아올 것을 기대하게 되는 특성을 지닌다. 비합법적인 정치자금에 대해 지난날 한국 정당의 정치자금 조달과 사용 실태와 관련하여, 부패의 소지를 낳았던 의혹 사건들을 소개 · 분석함으로써, 앞으로 민주정치 발전에 저해요인을 다소나마 줄이고자 한다.

한국정치사에서 정당의 정치자금 조달과 사용에 관한 의혹사건[72]을 공화국별로 살펴보면, 제1공화국의 정치자금은 자유당 시절의 재벌과 정치인들이 공공연하게 이권을 싸고 결탁하여 문제가 됐으며, 제2대 정 · 부통령 선거 때의 중석불사건(1952), 제3대 정 · 부통령 선거 때(1956)의 국방부 원면사건, 제4대 국회의원선거 때(1958)의 연계자금사건을 들 수 있다.[73]

첫 번째, 중석불사건은 1952년 피난수도 부산에서 5.26 정치파동과 8.5 직선제 정 · 부통령 선거의 정치자금조달을 위해 행하여진 흑막 사건이었다. 당시 정부의 보유불 또는 중석불(은행 불)은 양곡

---

72) 김영제, “민주적 정당운영을 위한 정치자금 조달 방안에 대한소고”(연대행정춘추, 1983), 97~101쪽.

73) 진덕규, “민주화를 위한 정당과 선거제도”(저널리즘, 1980 봄호), 145~146쪽.

비료의 수입에 불하할 수 없음에도 일부 폭리업자와 결탁하여 정부는 동년 3월 하순경 대한중석회사에 노무자 양곡 도입용으로 20만 달러를 불하함으로써, 극비밀리에 특정상사와 정부 고위층간에 정치자금조달이 추진되었다. 자유당은 이와 같은 중석불 불하에 관련하여 받은 커미션으로 약 2백40억원 내지 3백50억원을 제2대 대통령 선거자금으로 썼다.

두 번째, 원면사건은 1956년의 제3대 정·부통령 선거를 앞두고, 자유당이 선거자금을 마련하기 위하여 감행한 커다란 부정사건이었다. 정부는 무려 50만달러의 FAO 자금으로 구입한 원면을 원래의 용도에는 사용하지 않고 0.3%를 제외한 거의 전부를 시중에 매각하여 수십억환의 부당이익을 획득하였다.

세 번째, 연계자금사건은 1958년 제4대 국회의원총선의 투표일을 12일 앞둔 4월 20일부터 개표가 완료된 5월 7일에 이른 17일간에 소위 연계자금이라는 것이 대대적으로 방출되었다. 이 사건은 5.2 선거직전 자유당 공천후보에 대한 선거자금을 마련해 주기 위해 자유당의 주선으로 74억환의 산업자금을 시중은행을 통해 14개 기업체에 융자하게하고 융자금의 2할 내외의 커미션을 바치게 한 사건이었다.

제2공화국 정치자금은 민주당 치하에서의 정치자금사건으로서 부정축재자와의 야합설, 중석파동을 들 수 있다. 첫 번째, 부정축재자와의 야합 설은 4.19직후 실시된 7.29선거 당시 민주당이 자유당치하의 부정축재자들로부터 정치자금을 받고 그들에게 장래를 약속해 주는 흥정을 했다는 설이 항간에 퍼진 사건이다. 민주당 신·구파는 이 설을 아전인수 격으로 이용, 반대파를 궁지에 몰아넣으려는 움직임마저 보였다. 선거가 끝난 다음 이것이 문제가 되어 '부정정치자금유출 특별조사위원회'를 구성 특별조사까지 했다. 이 조사에서 7.29선거를 전후(7월 1일부터 8월 10일까지)해 시중은행을 통해 20억원의 돈이 부정축재자에게 융자된 사실이 밝혀졌다. 5.16혁명 후 최고회의 공보실은 8월 11일 '민주당정권의 부패상'을 발표했는데, 여기에 의하면 민주당은 국민에게 지탄받는 부정축재자들에게서 45억원의 정치자금을 뜯어냈다는 것으로 되어 있다.

두 번째, 중석파동은 민주당 신파가 집권한 후 당의 주도권을 싸고 노장파와 소장파의 대립이 격화한 가운데 일어난 사건으로 1961년 2월 말경 소장파의 함종빈은 '무임소장관 오원영(노장파의 중심인물)이 중석수출에 개입하여 100만달러의 커미션을 받았다'고 발설하여 큰 파문을 일으켰다. 중석은 전략물자로서 공산진영에 유출이 금지되어 있는 자원이었다. 이에 대해 상공부장관은 25일 상공분과위에 나와서 수출설을 부인했다. 그러나 다음날 대한중석의 운영자금획득이라는 명목아래 '4백톤의 중석 재고품을 도쿄 식품에 팔기로 했다'는 소식이 도쿄에서 날아오자 정계는 발칵 뒤집어졌다. 군정하의 정치자금은 5.16혁명 후 증권파동과 워커힐 공사비 유용, 새나라자동차와 빠찡고 등 4대 의혹사건이 있었다. 야당 측은 이들 사건의 부당이익이 증권파동 1백48억원, 새나라자동차 1억2천9백만원, 빠찡고 1천1백40만원이라고 추산했다.[74]

중앙정보부 특별조사위원회는 증권파동 및 워커힐 공사비 유용관련자로 15명을 구속하고 1명을 불구속했다. 가장 큰 사건이었던 증권파동은 피고인들이 전원 무죄를 선고받아 충격을 주었고, 빠찡고 관련자는 규모가 작아 경찰에 이첩했으며, 새나라자동차 관계는 '두

74) 한국일보, 1982년 2월 25일자, 5면.

드러진 부정이 나타나지 않는다'고 발표했다. 사대의혹에 관련된 부당이익은 공화당의 사전 조성자금으로 유용된 것으로 전해졌다.

제3공화국의 정치자금은 제3공화국 공화당 하에서는 교포재산 반입사건, 삼분폭리사건, 특혜융자사건, 코로나 도입사건, 상업차관 지불보증, 대일청구권 자금사용 등이 문제시되었다. 이중 야당에 의해 말썽이 된 것들은 국공유지 불하사건, 상공부의 암쿼터 배정, 농협 부정사건, 각종 토목사업의 수의계약 등이다.[75]

첫 번째는 교포재산 반입사건으로 야당은 64년 1월 26일부터 시작된 야간 국회의 대정부질문에서 그동안 말썽이 되어온 교포재산 반입사건을 본격적으로 물고 늘어졌다. 교포재산 반입에 대한 야당의 시비는 '가장된 일본자본의 잠입과 반입품목에 따라 7백대1, 8백대1의 폭리를 보았다. 그래서 1달러당 커미션이 1백50원이며, 허가품목 총액에 대한 커미션만도 38억7천7백만원이나 된다'는 것이었다. 야당의 공격 초점은 '재무부가 발급하는 재일교포 재산 반입증의 하나로 일본재산이 무제한 유입되고 있으며, 이 공공연한 밀수 · 행위는 모당의 정치자금과 관계가 있다'는 것이다.

두 번째, 삼분 폭리사건은 1964년 초에 표면에 나타난 사건으로 특정재벌의 폭리를 정치권력이 묵인한 가장 대표적인 사례로서 정계에서 큰 파문을 일으켰다. 야당 측은 '업자들이 1부대 3백7원의 밀가루를 1천4백원에, 27원의 설탕 1근을 1백50원에, 1백40원의 시멘트 한 부대를 4백원에 팔고 폭리총액이 50억원이라고 주장했다. 재무부는 3분 의혹사건에 관련된 폭리행위를 조사한 결과 폭리에 대한 세제상의 제재규정이 없기 때문에 50% 이상의 초과이윤을 포

75) 김영무, "정치자금"(월간조선, 1981년 5월호), 365~367쪽.

착하였음에도 불구하고 10%에 해당하는 정상이득밖에 과세치 못하여 조세행정상의 맹점을 드러냈다.

세 번째, 금융특혜는 정치권력과 재벌이 결탁한 대표적인 사례로서 처음 화신산업에 대한 특혜로 말썽이 시작된 금융특혜는 삼호재벌, 환본재벌에 대한 특혜로 확대되었다. 야당은 '63년 선거 때 이 삼대재벌이 합계 15억원의 정치자금을 여당에 냈으며, 이들에 대한 특혜가 고위층에서 직접 지시되었다'고 주장했다. 1965년 1월 27일자 신문은 '정부가 특정재벌에 대해 20억원이 넘는 막대한 자금을 특혜융자해 주도록 금융기관에 대해 압력을 주고 있음이 밝혀졌다'고 보도했다. 상시 특혜금융에 사용된 대표적 수단으로서는 신탁자금, 지불보증, 그리고 부정대출의 세 가지 방법이 지적되었다. 국회 재경부 6인 소위원회가 검토한 자료에 의하면 1965년 2월말 현재 5억2천만원 이상 고액대출자는 판본, 화신, 삼호, 삼성, 대한양회, 금성 등 6개 업체로 총액은 54억9천만원이며, 이중 변태대출은 12억1천만원이다.

이 밖에 2천5백30대의 일제승용차(코로나) 도입사건은 야당이 이의 저지를 위해 극한투쟁을 벌였으나 실패하자 국회출석을 거부하기까지 했다. 당시 야당은 '약 8억원의 관세를 면제키로 함으로써, 수입회사인 신진자동차 공업회사에 특혜를 주었으니 여기에 흑막이 있다'고 주장했다. 그 후에 일부 관세를 부과했으나 의혹은 풀리지 않았다. 상업차관에 대한 지불보증은 일종의 금융특혜로서 21건 3억1천달러에 달하는 1966년도 재정차관 협정 및 상업차관에 대한 심의할 때 야당 측은 몇몇 건에 대해 정치적 흑막이었다고 주장했다.

1960년대와는 달리 1970년대에는 근대화를 내건 각종 건설공사와 차관의 도입에 따른 커미션에 힘입어 정치자금의 큰 타입을 몇

개 만들 수 있었고, 1971년의 선거는 중화학공업의 육성과 수출 프리미엄, 그리고 도시화의 추세에 따른 토지투기 등의 자금 공급 층이 확대된 반면 급속한 경제성장에 따른 부의 불균형은 그만큼 자금수요의 요인으로 작용한 것으로 평가된다.

제5공화국과 제6공화국에서는 장영자 · 이철희사건(1983년), 명성사건, 수서비리사건(1991년), 한보비리사건(1997), 각종 게이트 사건들이 있으며, 특히, 통치자들은 국정운영이라는 막강한 지위를 이용하여, 기업으로부터 정치헌금이라는 명목으로 뇌물을 받았으며, 전두환 · 노태우 전직 대통령이 각각 5천억이 넘는 정치자금을 조성한 것이 대표적인 예이며[76] 또한 통치자의 친인척간의 권력형 정경유착으로 이루어진 각종 로비자금 및 정치권과 관련된 뇌물수수 사건들이 있다.

2. 비합법적 정치자금과 부패의 상관성

정치자금조달과 관련된 의혹사건들을 분석하면 다음과 같은 형태로 나누어 볼 수 있다.

첫째, 특정자금을 이권을 목적으로 불하하는 경우(중석불사건 등)이다.

둘째, 거액의 자금을 융자해주고 이에 대해 커미션을 받아내는 방법(자유당하의 연계사건, 제3공화국하의 금융특혜 등)이다.

셋째, 특정상품을 수출토록 하거나 외국자본의 밀입 혜택을 주고 커미션을 받는 방법(중석파동, 교포재산 반입사건 등)이다.

76) 뇌물공화국 24시. http://www.ilyosisa.co.kr/Ilyo-/204/news/special/204180.html

넷째, 이권을 설정해주고 거액의 정치자금을 받아내는 방법(3분 폭리사건, 4대 의혹사건)이다.

다섯째, 권력형 정경유착 사건(제5공화국)이다.

여섯째, 로비 및 뇌물수수 사건(제6공화국)이다.

이와 같이 정치자금 조성과정에 있어서 부패의 수단은 1970년부터는 새로운 양상을 보이면서, 경제가 사회발전의 선도역할을 하는 현상이 더욱 두드러진 것으로 분석된다. 이는 1980년 6월 19일 계엄사가 발표한 권력형부정축재자에 대한 수사결과에서 다소나마 엿볼 수 있다. 그 내용은, 기업인들이 협조비 명목으로 정기 또는 기회가 있을 때마다 제공하는 금품수수, 기업상의 이권에 개입, 상당 비율의 금액 수뢰, 지역발전 사업추진을 구실로 모금한 기부금품으로 재단을 설립 후 사유화—공금착복, 의례적인 범주를 벗어나는 선물수수, 투기 붐이 조성되는 부동산 주식 · 고가서화류 · 골동품 등에 투자, 직무나 영향권내에 있는 관련기업에 고율의 사채놀이, 불하되는 정부 관리업체, 토지 등을 장기할부, 염가 수의계약 등의 특혜로 인수, 배후권력을 이용한 특혜조치에 의해 기업의 급성장, 육영사업을 빙자한 재단설립으로 개인명의 획득과 공적특혜마저 실질적인 이익을 추구한 것 등이다.

이들이 지난날의 정치자금과 관련된 의혹사건과 다른 양상을 보이는 것은 확보된 거액의 자금을 증식시켜 나가는 방안을 찾아 개개의 정치활동을 위한 발판을 확고히 하고 있다는 점이다. 이를 예시하면 투기 붐이 조성되는 부동산 · 주식 · 고가서화류 · 골동품 등에 투자하거나 직무나 영향권 내에 있는 관련기업에 고율의 사채놀이를 하는 것과 같은 것이다. 더욱 놀라운 것은 이렇게 모은 재산을 지능적으로 도피시키거나 탈세를 한다는 것인데, 계엄사 당국의 설명에 의하면, 형식상 장학재단기부와 타인명의로 위장 분산해 재산 추적을 피하면서 탈세를 했고, 금융기관에 비밀구좌를 개설해 놓고 고율의 이자를 받으며, 재산은 은닉했으며, '해외로 재산을 도피시킨 후 이민의 기회를 엿보는 자가 있는 등 파렴치 행위'라고 했다.77)

마지막으로 해방직후 제3공화국까지 한국의 제정당의 정치자금조성은 정부와 결탁한 여당을 중심으로 부정 · 부패의 소지를 남기며 전개되고 있는 연유로 야당은 여당의 거액의 정치자금과 비교하면 미약한 자금으로 정치활동을 해오고 있어 한국의 정치발전이 이루어질 여건이 전혀 조성되지 않고 있음을 알 수 있다. 그리하여 자유당, 민주당, 공화당 시절을 거치며, 평화적 정권교체란 전혀 찾아볼 수 없고 정권이 바뀌면 으레 기존 집권당은 해체되며, 야당은 만년 야당이라는 양상이 나타나는 것이 아닌가 한다.

1980년대부터는 통치자의 정경유착의 비자금 조성이 국민들에 알려짐으로써 국민들을 놀라게 했으며, 이와 관련된 통치자들은 "통치자금"이니 "대가성 없는 정치자금"이라는 새로운 주장을 펼쳤다.

위와 같이 지난날의 정치자금을 그 수입 · 지출 면에서 많은 의혹사건들은 유발하였으며, 정치자금 없이 정치활동을 하지 못하는 과거 한국 정당들은 그 제도의 수용과정과 형식면에서 한계점을 나타내고 있었다. 무엇보다 보수정당만의 경쟁으로서 정당의 유연성이 없어졌고, 집권정당과 권력자만이 정치권력을 장악하기 위한 수단으로 부패성 돈과 관련됨으로써 정당의 국민적 기반을 상실하고 있었다.

---

77) 한국일보, 1980년 6월 19일자.

▷ 질의 회답과 판례

1. 정당의 부대수입

당해 정당의 기관지인 당보나 인터넷홈페이지에 상업광고를 게재하는 것과 그 광고 수수료를 받는 것은 공선법 등 다른 법률에 위반되는지 여부는 별론으로 하고 "정치자금법"상 할 수 있으며, 정당의 부대수입의 종류를 당헌·당규에 규정하는 것은 정당이 스스로 정할 사항임. 또한 정당의 부대수입으로는 자산매각, 임대수입, 광고수입, 예금이자 등이 있음.

2003.04.23 중앙선관위 회답

2. 개인의 정치자금 모금

개인은 정치자금을 모금할 수 있는 법정주체가 아니며, 특정 공직의 입후보예정자에게 직접 기부할 수도 없음.

1991.05.27 중앙선관위 회답

3. 정당의 성금 모금

정당은 개인이나 단체가 선관위에 기탁한 정치자금을 배분·지급받을 수 있으나, 직접 일반인으로부터 성금 등을 받을 수는 없음.

1987.04.28 중앙선관위 회답

4. 당내경선 기탁금의 성격

정당 내 경선 등에 사용되는 기탁금은 정당의 당헌·당규에 의하여 정당의 당원이 부담하는 "정치자금법"의 당비에 해당한다고 할 것이고, 위 법률 제4조는 정당은 당비를 받을 수 있다고 규정하고 있으므로 정당은 지구당내 경선 등에 사용된 기탁금 명목의 당비에 관하여 지구당 내 운영위원회 결의를 통해 그 잔액의 반환 또는 당비 귀속 등 그 처리방법을 결정할 수 있다고 할 것이다.

2004.08.18 법원판결 2004나2104

5. 정치자금과 뇌물의 관계

정치자금, 선거자금, 성금 등의 명목으로 이루어진 금품의 수수라 할지라도 그것이 정치가인 공무원의 직무행위에 대한 대가로서의 실체를 갖는 한 뇌물로서의 성격을 잃지 않는다.

1997.04.17 법원판결 96도3378

6. 정당이 후보자에게 특별당비를 부과하는 행위

정당이 당헌·당규에 의거하여 공직선거 지역구후보자 또는 비례대표자후보자들에게 당해 선거의 선거경비를 조달목적으로 일정 금액의 특별당비를 부과하거나, 정당이 당헌·당규에 의거하여 공직선거 비례대표자후보자들에게 당해 선거에 소요될 선거비용제한액 범위 이내에서 이를 조달할 목적으로 일정금액의 기탁금을 정당의 비례대표 순위 확정 전 예비후보 등록 시 이를 납입하게 한 후 비례대표 정수 순위에 포함되지 못한 예비후보자들에게 반환할 수 있음. 다만, 공직선거에 있어 특정인을 후보자로 추천하는 일과 관련하여 특별당비 또는 기탁금을 기부하거나 받는다면 "정치자금법" 규정에 위반됨.

2006.05.04 중앙선관위 회답

7. 창당준비위원회에 기부한 당비의 면세혜택

"정치자금법"의 규정상 당비는 정당의 당원이 부담하는 것으로 창당준비위원회는 당비를 받을 수 없고, 직접 일반인으로부터 금품을 모집할 수 없음.

2004.05.01 중앙선관위 회답

8. 당비의 상·하한액

당비라 함은 명목여하에 불구하고 정당의 당헌·당규 등에 의하여 정당의 당원이 부담하는 금전이나 유가증권 기타 물건을 말하며 "정치자금법"에 당비납부한도액의 제한은 없음. 다만, 선거에 있어서 특정인을 후보자로 추천하는 일과 관련하여 정치자금을 기부하거나 받는 경우 또는 고용, 기타의 관계를 이용하여 부당하게 타인의 의사를 억압하는 방법으로 기부를 알선하는 경우에는 "정치자금법"규정에 위반됨.

1999.05.25 중앙선관위 회답

9. 법인의 당비 납부

법인은 당비를 납부할 수 없음.

1999.05.25 중앙선관위 회답

10. 은행지로를 통한 당비 납부

정당이 당비를 받고자 할 때 정당의 당헌·당규의 규정에 따라 정당의 은행지로에 의하여 수납할 수 있음.

1995.12.21 중앙선관위 회답

11. 창당준비위원회의 당비 모금

당비는 정당의 당원이 부담하는 것이므로 정당이 당원으로부터 당비를 받는 것은 무관할 것이나, 당원이 되려고 하는 자로부터 당비를 받는 것은 "정치자금법"에 저촉될 것이며, 당원의 자격은 중앙당이 등록을 필한 때로부터 생기므로 창당준비위원회는 당비를 받을 수 없음.

1987.04.28 중앙선관위 회답

12. 지방자치단체장 및 지방의원의 후원회 설립

지방의회의원 및 지방자치단체의 장(입후보등록을 한 자 포함)에 대한 정치자금의 기부를 목적으로 하는 후원회는 설립할 수 없으나, 시·도지사 후보자는 후원회를 둘 수 있음.

2005.08.04 정치자금법개정

13. 지역구국회의원 사무소와 국회의원후원회 사무소의 공동설치 시 간판 제한

국회의원사무소와 국회의원후원회사무소를 공동으로 설치하는 경우 간판은 각각 설치할 수 있음. 국회의원사무소는 간판은 1개를 설치할 수 있으며, 동 간판에는 후원회 지정권자인 후보자가 되고자 하는 국회의원의 사진이나 지지·선전하는 내용은 게재할 수 없으며, 애드벌룬을 이용하는 방법으로 설치·게시할 수 없음.

2004.08.03 중앙선관위 회답

14. 국회의원후원회의 회원모집 등

·국회의원후원회가 "정치자금법"에 정한 방법으로 회원모집을

고지 · 광고하거나 친교가 있는 자 등을 대상으로 입회를 권유할 수 있으나, 그 외에 인쇄물 · 시설물 또는 광고 등의 방법으로 회원모집을 고지하거나 정책후원을 위하여 회원을 모집하는 것은 후보자가 되고자 하는 당해 지정권자를 선전하는 행위가 되므로 같은 법 제45조 및 "공직선거법" 제90조 · 제93조 · 제94조 또는 제254조에 위반됨.

· 후원회는 후원금품을 모집하여 지정권자에게 기부할 목적으로 설립된 단체인바, 후원회의 대표자, 회계책임자 등 후원회 운영에 필요한 임원을 두는 외에 각 동별 사무장을 두는 등 선거구 안의 후원회 회원을 조직화하거나 선거구 밖의 회원이라 하더라도 조직을 광범위하게 구성하는 것은 행위 양태에 따라 "공직선거법" 제87조 또는 제89조에 위반됨.

· 후원회의 회원 수는 제한이 없으나 회원은 연간 1만원 또는 그에 상당한 가액 이상의 후원금을 기부하여야 하고, 후원회가 회원 모집을 위하여 회원 가입서류를 국회의원후원회 사무실에 비치하고 각 책임사무장이 회원 가입의사가 있는 사람들에게 안내하는 것은 불특정 다수의 선거구민을 대상으로 하지 아니하는 경우에는 가능함. 다만, 회원 모집의 기회를 이용하여 정당 또는 공직선거의 후보자, 후보자가 되고자 하는 자를 지지 · 추천하거나 그 밖에 선거운동에 이르는 행위를 하여서는 아니 됨.

· 후원회가 회원으로 가입한 자에게 "공직선거법" 제93조 제3항에 위반되지 아니하는 통상적인 회원증을 발급하거나, 후원회의 대표자, 회계책임자 또는 유급사무직원이 자신들의 명함을 제작 · 사용할 수 있으나 그 외의 자들이 후원회의 특정 직함을 제작 · 사용하는 것은 후보자가 되고자 하는 그 후원회 지정권

자를 선전하는 행위가 되어 "공직선거법" 제93조 또는 제254조에 위반됨.

2007.05.28 중앙선관위 회답

15. 후원회 회원가입

농업기반공사장은 국회의원후원회 회원이 되거나 후원회의 대표자 또는 임원에 선임될 수 있고, 한국도로공사 임·직원은 "정당법"의 규정에 의하여 정당의 발기인 및 당원이 될 수 있으며, "정치자금법"의 규정에 의하여 후원회의 회원이 될 수 있으나, 각급 선거관리위원회의 위원은 정당에 가입하거나 정치에 관여할 수 없으므로 "정치자금법"의 규정에 의한 후원회의 회원이 될 수 없음.

1999.10.15, 1996.03.02, 1996.01.29 중앙선관위 회답

16. 후원회의 사무소 유급사무직원 급여

후원회 사무소에 두는 유급사무직원의 급여한도를 제한하는 규정은 없음. 다만, 통상의 급여수준을 벗어나 과도하게 제공하거나, 수당·활동비 등 명목여하를 불문하고 선거운동(후보자를 선출하기 위한 당내경선운동을 포함함)과 관련하여 금품을 제공하는 경우에는 양태에 따라 "공직선거법" 및 "정치자금법"에 위반됨.

2007.06.26 중앙선관위 회답

17. 국회의원사무소 간판설치

국회의원사무소의 간판에 국회의원의 직명·성명과 업무에 관한 안내사항을 게재하는 외에 후보자가 되고자 하는 국회의원을 선전하는 구호나 그 사진을 게재하는 것은 후보자가 되고자 하는 자를

선전하는 행위가 되므로 행위 시기에 따라 "공직선거법" 제90조(시설물설치 등의 금지) 또는 제254조(선거운동기간위반죄)의 규정에 위반됨.

2005.10.25 중앙선관위 회답

18. 국회의원후원회의 지부 · 지회 설치

국회의원 후원회지부 또는 지회를 설치하는 것은 "정치자금법" 제30조(정치자금부정수수죄)규정에 위반됨. 다만, 지역구국회의원후원회가 같은 법 제6조(후원회의 기능) 및 제5조(후원회의 연락소와 연락소의 소재지 등)의 규정에 따라 후원회연락소 1개를 둘 수 있음.

2005.05.03 중앙선관위 회답

19. 후원회의 정기총회 개최

· 후원회의 정관 또는 규약에 따라 회원총회에서 정하여야 하는 안건의 처리를 위하여 선거기간이 아닌 때에 후원회 명부에 등재된 회원만을 대상으로 회원총회를 개최하는 것은 가능할 것이며, 식전행사로서 간단한 문화공연을 하거나, 선거운동에 이르지 아니하는 의례적인 축사 또는 당해 지정권자를 소개하는 영상물(의정활동보고용 영상물의 경우에는 선거일전 90일 전까지에 한함)을 상영할 수 있음. 다만, 정치자금 모금을 위하여 또는 후보자가 되고자 하는자인 지정권자의 선거운동에 이를 수 있는 집회를 개최하는 때에는 "정치자금법" 및 "공직선거법" 해당 각 법조에 위반됨.

· 후원회는 후원회 지정권자에 대한 정치자금의 기부를 목적으로 설립 · 운영되는 단체로서 후원회가 명사초청강연회를 개최하거

나 교양강좌를 운영할 수는 없으나, 후원회원들이 후보자가 되고자 하는 자인 지정권자를 선전하는 행위 없이 후원회와 무관하게 회원 간의 친목도모 등을 위한 활동을 할 수 있음.

· 후원회의 정기총회에 참석한 선거구민인 회원에게 다과류의 음식물을, 후원회가 제공하는 때에는 공선법 제114조에, 특정 후원회원이 제공하는 때에는 같은 법 제115조에 위반됨.

2007.01.31 중앙선관위 회답

20. 동창회 · 종교모임 등의 장소에서 후원금 모금

동창회 등과 같은 모임은 "정치자금법"의 규정에 의한 후원금 모금주체가 아니므로 후원금을 모금할 수 없음.

2004.12.01 중앙선관위 회답

21. 후원회 창립총회 현장에서 후원금 모금

"정치자금법"에 의한 후원회는 관할 선거관리위원회에 등록한 후부터 후원금품을 모집할 수 있으므로 관할 선거관리위원회에 등록하기 전에는 후원금품을 모집할 수 없음.

2004.11.08 중앙선관위 회답

22. 후원회 회원을 대상으로 공연티켓 판매

후원회는 회원으로부터 후원금을 받거나 회원 이외의 자로부터 금품을 모집하여 지정권자에게 이를 기부함을 목적으로 설립 · 운영되는 단체이므로 후원회에서 공연티켓을 구입하여 후원회 회원에게 판매하는 것은 "정치자금법" 제3조(정의) 및 제6조(후원회의 기능) 규정에 위반됨.

1995.11.17 중앙선관위 회답

23. 후원회의 활동범위

후원회는 등록을 한 후 회원으로부터 후원금을 받거나 관할위원회에 신고한 후 회원이 아닌 자로부터 금품을 모집하여 당해 정당 등에 기부하는 외에 수익사업(예: 서화전, 농산물 판매대행, 바자회 등), 공익사업(예: 국민성금모집시 후원회명의의 참가, 지역자율방범대 등에 장비기증, 양로원 · 고아원 등에 금품제공 또는 제공을 위한 모집활동 등), 캠페인활동(예: 자연보호, 쓰레기분리수거, 교통질서 등) 또는 후원회회원들에 의한 무료진료, 법률상담, 농가의 일손돕기 등 봉사활동은 할 수 없음. 다만, 후원회의 정관 또는 규약이 정하는 바에 의하여 회원만을 대상으로 후원회의 소식지 · 자료집 발간 및 세미나 · 강좌 등은 할 수 있음.

1994.04.30 중앙선관위 회답

24. 후원인의 연간 기부한도액의 의미

"정치자금법"에 규정된 후원회회원 등의 납입(기부)한도액은 각각의 후원회에 대한 연간한도액이 아니라, 개인이 수개의 후원회에 대하여 각각 납입(기부)하는 금품의 연간합계액을 말함.

1993.04.27 중앙선관위 회답

25. 후원회의 후원금 모금한도액

지역구국회의원 예비후보자후원회와 지역구국회의원후보자후원회는 합하여 연간 1억5천만원까지 후원금을 모금할 수 있으며, 국회의원후원회로 변경 등록한 경우 추가로 연간 1억5천만원까지 모금할 수 있음.

2006.06.07 중앙선관위 회답

26. 우편 · 통신에 의한 금품모금의 제한시기

후원회가 우편 · 통신에 의한 방법으로 금품을 모집할 수 있는 기간에 관한 제한은 없으나, "정치자금법"에 규정된 후원회의 연간모금 및 기부한도액을 준수하여야 함.

1998.04.23 중앙선관위 회답

27. 공직선거가 있는 연도의 의미

"공직선거가 있는 연도"라 함은 대통령선거(일부재선거, 천재지변 등으로 인한 재투표의 경우를 제외함) 또는 임기만료로 인한 각종 공직선거로서 정당이 후보자를 추천할 수 있는 선거의 선거일이 속하는 연도를 말하며, 재 · 보궐선거는 여기에 해당되지 않음.

1999.05.25 중앙선관위 회답

28. 후원회지정권자의 수첩 제작 · 배부

후원회지정권자인 국회의원이 후원회로부터 기부 받은 후원금으로 지정권자의 인사말 · 사진 · 경력 · 후원회의 정치자금 수입계좌번호 및 연락처 등을 게재한 수첩을 제작하여 선거구민이나 선거구민과 연고가 있는 자가 아닌 후원회의 회원에게 배부할 수 있음.

2007.11.09 중앙선관위 회답

29. 모바일 블로그를 이용한 정치자금 모금

"정치자금법" 제7조에 따라 등록된 후원회는 모바일 블로그를 이용하여 소액결재를 하는 방법으로 후원금을 모금할 수 있으며, 이 경우 후원인에게는 후원인이 결제한 금액이 기재된 정치자금영수증을 교부하고 통신사 등에 지급된 수수료는 후원금 모금경비로 처리하여야 함.

2006.11.22 중앙선관위 회답

30. 신용카드 조회기(단말기)를 이용한 후원금 모금

이동시 가지고 다닐 수 있는 신용카드 체크기(단말기)를 이용하여 정치자금을 모금할 수 있음.

다만, 정당이나 후보자(후보자가 되고자 하는 자를 포함)를 지지·추천하거나 집회에 의한 모금 등 "공선법" 또는 "정치자금법"에 위반되는 방법으로 모금하여서는 아니 됨.

2005.10.19 중앙선관위 회답

31. 후원회의 회원모집 등

- 후원회가 후원금의 모금·회원의 모집을 위한 안내장을 작성하여 후원회의 사무소에서 방문객에게 배부하는 경우 그 배부수량은"정치자금사무관 규칙" 제19조(후원금 모금 등의 고지·광고)의 규정에 의한 안내장의 발송통수에 포함됨.

2005.09.27 중앙선관위 회답

32. 후원회의 선거운동

"정치자금법"에 의하여 설립된 후원회는 "공선법"과 "정치자금법"에 위반되지 아니하는 방법으로 선거운동 기간 중에 후원회의 명의 또는 그 대표의 명의로 선거운동을 할 수 있음. 이 경우 후원회의 모집금품을 선거운동을 위한 경비로 지출하거나 금품모집의 기회를 이용하여 후보자(후보자가 되고자 하는 자를 포함함)를 지지·선전하거나 기타 선거운동에 이르는 행위를 할 수 없음.

2004.11.16 중앙선관위 회답

33. 후원회 창립총회에서 의정보고서 배부 및 동료 국회의원의 축사

후원회지정권자인 국회의원이 후원회의 회원의 경조사에 자신의 지지·선전에 이르지 아니하는 의례적인 내용의 전보나 편지를 보낼 수 있으며, 의정활동상황을 알리기 위한 의정활동보고서(전자우편을 포함함)를 선거일전 90일전까지 발송할 수 있음.

2004.08.13 중앙선관위 회답

34. 동창회보 등에 후원회 연락처 등의 게재

동창회보에 단순한 소속 회원인 국회의원의 후원회 연락처와 후원금 기부를 안내하는 내용을 게재할 수 있음. 다만, 동창회보 등에 후원회 금품모집의 고지 목적을 넘어 필요이상으로 자주 게재하거나 당해 국회의원의 성명을 부각시키거나, 사진·학력·경력 등을 게재하는 때에는 후보자가 되고자 하는 자를 선전하는 행위가 되므로 행위 시기에 따라 공선법 제93조(탈법방법에 의한 문서·도화의 배부·게시 등 금지) 또는 제254조(선거운동기간위반죄)의 규정에 위반됨.

2004.11.10 중앙선관위 회답

35. 후원금의 휴대폰 및 신용카드 결제방식

"정치자금법" 제7조(정치자금영수증)의 규정에 의하면 후원회가 금품을 기부받은 때에 정치자금영수증을 교부하도록 규정하고 있으며, 후원인이 휴대폰 또는 신용카드 결제방식에 의하여 후원회에 정치자금을 기부한 경우 당해 후원회에 입금(도달)된 날짜를 기준으로 정치자금영수증을 발행하여 후원인에게 교부하여야 함.

2004.12.15 중앙선관위 회답

36. 후원회 해산 후 반환할 수 없는 후원금의 처리

회계보고 후에 기부된 후원금은 후원인에게 반환하여야 하나, 이를 반환할 수 없는 경우에는 "정치자금법" 제21조 제5항 후문의 규정에 따라 국고에 귀속시켜야 함.

2007.09.13 중앙선관위 회답

37. 후원회 해산 후 입금된 후원금의 처리

후원회가 해산된 후 ARS 등으로 기부된 후원금은 "정치자금법" 제21조 제5항에 따라 지체 없이 후원인에게 반환하여야 하고, 같은 법 제40조의 규정에 의한 회계보고 전까지 이를 반환하지 아니하는 때에는 국고에 귀속시켜야 하고, 회계보고 후에 ARS 등으로 기부된 후원금은 후원인에게 반환하여야 함.

2007.08.23 중앙선관위 회답

38. 후원회 지정권자의 잔여재산 처분

국회의원이 후원회를 둘 수 있는 자격을 상실한 경우에 후원회로부터 기부받은 정치자금으로 구입한 차량은 "정치자금법" 제21조 제2항의 규정에 따라, 정당의 당원인 때에는 소속 정당에 인계하고, 당원이 아닌 때에는 "공익법인의 설립 · 운영에 관한법률"에 의하여 등록된 공익법인(학교법인 포함) 또는 사회복지시설에 인계하여야 함. 다만, 국회의원이 차기 국회의원으로 당선된 경우에는 그 차량을 정치활동을 위하여 계속 사용할 수 있음.

2007.04.07 중앙선관위 회답

39. 국회의원의 자격상실시 후원회와 국회의원의 잔여재산 처분

정당의 당원으로서 후원회를 둔 국회의원이 후원회를 둘 수 있는 자격을 상실한 경우 그 후원회의 잔여재산 및 국회의원이 후원회로부터 기부 받아 사용하고 남은 잔여재산은 "정치자금법" 제21조 제1항 및 제2항의 규정에 따라 해산 당시의 소속 정당에 인계하여야 함.

2006.04.19 중앙선관위 회답

40. 정치자금의 기탁절차 및 납입한도

정치자금을 기탁하고자 하는 자는 각급 선거관리위원회에 기탁하여야 하며, 개인(당원이 될 수 없는 공무원 · 사립학교 교원 포함)은 1회 1만원 이상, 연간 1억원 또는 전년도 소득의 100분의 5중 다액을 한도로 기탁할 수 있음. 다만, 외국인, 국내 · 외 법인 또는 단체와 같이 기부의 제한(법 제12조) 규정된 자와 차명 또는 익명으로 정치자금을 기탁할 수 없음.

1999.05.25 중앙선관위 회답

41. 선관위에 기탁하지 아니하고 정치자금수수

정치자금은 "정치자금법"에 규정된 바에 따라 관할 선거관리위원회에 기탁하는 방법으로 받아야 함에도 불구하고 국회의원후보로 출마할 예정인 자가 개인에게 정치자금을 지원해달라고 부탁하여 개인이 향후 국회의원선거에 당선되면 도와달라는 부탁과 함께 억대의 돈이 입금된 예금통장과 도장을 건네받아 인출한 것은 "정치자금법"에 위반됨.

1994.09.04 법원판결 93노1272

42. 정당의 기능과 보조금 제도

정당은 정치적 결사로서 국민의 의사를 적극적으로 형성하고 각계각층의 이익을 대변하며, 정부를 비판하고 정책적 대안을 제시할 뿐만 아니라, 국민 일반이 정치나 국가작용에 영향력을 행사하는 매개체의 역할을 수행하는 등 현대의 대의제민주주의에 없어서는 안 될 중요한 공적기능을 수행하고 있다. 때문에 헌법도 정당의 기능에 상응하는 지위와 권한을 보장하고 있는데, 우리 헌법상 정당설립의 자유와 복수정당제는 보장되고, 정당의 목적 · 조직 · 활동이 민주적인 한, 정당은 국가의 보호를 받으며, 정당운영에 필요한 자금을 보조받을 수 있다.

헌법 제7조 제3항의 근거하여 1980.12.31 제3차 "정치자금법" 개정시 처음 신설된 보조금제도는 정당이 위와 같은 역할을 수행하는데 소요되는 정치자금을 마련함에 있어 정치자금의 기부자인 각종 이익집단으로부터의 부당한 영향력을 배제함으로써 정치부패를 방지하고, 정당간의 자금조달의 격차를 줄여 공평한 경쟁을 유도하며, 선거비용과 정당의 경비지출의 증가추세에 따른 재정압박을 완화하여 정당의 원만한 기능을 보장하고 유능한 후보자의 당선가능성을 높이는데 그 입법목적이 있다.

2006.07.27 헌재결정 2004헌마655

43. 정책연구소에 국고보조금 배분 · 지급

정책연구소의 설립허가 전에 중앙당이 경상보조금으로 정책연구소의 사무실 보증금과 집기구입비 등 소요비용을 지출한 경우 그 금액은 "정치자금법" 규정에 따라 정당이 정책연구소에 배분 · 지급한 것으로 볼 수 있으며, 경상보조금을 지급받은 정당은 "정치자금법” 규정에 따라 분기별 균등하게 지급함이 없이 그 경상보조금 연간 총액의 100분의 30 이상을 정책연구소에 배분 · 지급하면 됨.

2006.08.02 중앙선관위 회답

44. 회계책임자가 아닌 자의 선거비용 수입 · 지출

공선법 제258조 제127조 제3항 소정의 선거비용부정지출죄는 회계책임자가 아닌 자가 선거비용을 지출한 경우에 성립되는 죄인바, 후보자가 그와 같은 행위가 죄가 되는지 몰랐다고 하더라도 회계책임자가 후에 후보자의 선거비용지출을 추인하였다거나 법이 허용하는 한도 내에서 선거비용을 지출하고 그에 대한 지출보고서를 사실 그대로 작성하여 관할 선거관리위원회에 제출하였다 하더라도 그 위법성이 조각되는 것도 아니다.

1999.12.24 대법원판결 99도3272

45. 영수증 허위기재

선거비용의 수입과 지출을 할 때 구비하여야 하는 영수증 기타 증빙서류를 허위 기재 · 위조 · 변조하거나 하게 하여서는 아니 됨에도 불구하고, 식당업주로부터 백지 간이영수증을 받아 품목에 중식 이라고 기재하는 등 실거래와는 무관하게 그 작성일, 금액란을 기재하는 방법으로 허위영수증을 작성한 후 이를 토대로 선거비용의 수입과 지출보고서를 작성함으로써 영수증 기타 증빙서류를 허위기재하였다.

2004.10.20 법원판결 2004고합677

46. 영수증 구비 예외규정의 취지

선거비용의 수입과 지출을 하는 때에 영수증 기타 증빙서류를 구비하지 아니할 수 있는 경우를 규정한 규칙 제55조 제3항의 취지는 공선법 제130조의 규정에 따라 원칙적으로는 모든 선거비용의 수입과 지출은 영수증 기타 증빙서류를 첨부하여야 하지만 봉사료와 격려금 등 사회통념상 영수증을 받기가 곤란하거나 받을 수 없는 불가피한 사유가 있는 경우에는 영수증 등을 첨부하지 않아도 된다는 뜻을 규정한 것일 뿐, 실제로 청소를 하였는지 여부나 격려금인지의 여부를 불문하고 금 100,000원의 범위 내에서 무조건 봉사료와 격려금 등의 명목으로 비용을 지출할 수 있다는 의미는 아니라고 할 것이다.

1996.12.10 **대법원판결** 96도1768

47. 선거비용의 수입과 지출보고서 허위작성 죄

선거비용의 수입 · 지출보고서를 허위로 제출하지 못하도록 한 취지는 선거비용의 과소계상을 방지하여 법정선거비용 범위 내에서 선거운동을 하도록 유도하는 한편, 선거비용에 관하여 정직하고 성실한 신고를 하도록 하는 취지도 포함되어 있는 것이므로 공선법 제258조 제1항 제2호는 회계책임자가 수입과 지출보고서를 사실과 다르게 허위로 작성하여 선거관리위원회에 제출함으로써 성립되고, 보고서에 지출한 것으로 허위 기재된 선거비용이 실제지급액보다 많거나 적거나를 불문한다 할 것이다.

1996.07.12 **대법원판결** 96도1242

48. 타인의 의사를 억압하는 방법의 의미

업무, 고용, 기타의 관계를 이용하여 부당하게 '타인의 의사를 억압하는 방법'으로 정치자금의 기부를 알선한다는 의미는, 상대방에게는 정치자금의 기부를 할 의사가 없는데도 알선행위자와의 업무, 고용,

기타의 관계로 불이익을 받을 것을 염려하여 상대방이 자유로운 의사결정을 하지 못한 채 마지못해 정치자금을 내게 된다는 인식을 하면서도 부당하게 정치자금의 기부를 하도록 알선하는 것을 의미함.

2004.04.27 **대법원판결 2004도482**

49. 불법후원금의 수수 책임 및 기수시기

국회의원이 후원회를 통하지 않고 개인이나 법인으로부터 직접 정치자금을 받은 경우에는 후원회 명의의 영수증을 교부하였는지 여부와 상관없이 후원회를 통하지 않고 정치자금을 받은 행위 그 자체에 의하여 정치자금에 의한 책임을 면할 수 없으며, 후원회를 통하지 않고 직접 정치자금을 받은 경우, 곧바로 정치자금법 위반죄의 기수에 이르게 되는 것이므로, 나중에 영수증을 교부하였다거나 제공자에게 반환하였다고 하더라도 이미 성립된 범죄에 영향이 없다고 판시함.

2006.02.10 **대법원판결 2004도7670**

50. "이 법에 정하지 아니한 방법"에 의한 수수행위 금지

음성적 정치자금의 수수행위는 그 개별적 구체적 행위를 일일이 나열하는 방법으로는 규제가 불가능한 속성을 가지고 있으며, 포괄적으로 금지하는 입법형식이 아니라면 입법목적의 달성이 불가능할 것이기 때문에 소극적인 방법으로 구성요건을 정할 이유가 충분하다. 따라서 정치자금을 수수하고자 한다면 정치자금법에 정해진 방법대로 하지 아니하면 처벌된다는 점은 법률조항에 의해 명백하다고 합헌 결정.

2004.06.24 **헌재결정 2004헌바16**

51. 불법정치자금 수수내역 신고의무

회계책임자로 하여금 적법·불법을 불문하고 모든 정치자금의 수입·지출에 관한 기록을 작성하여 신고하도록 하고 이를 위반한 경우 형사처벌하는 정치자금법 조항은 정치자금법의 입법목적을 달성하기 위한 필수불가결한 조치이며, 정치자금의 투명한 공개라는 공익이 진술거부권이라는 사익보다 우월하므로 헌법 제12조 제2항이 보장하는 진술거부권을 침해하지 않는다가고 합헌결정.

2005.12.22 **헌재결정** 2004**헌바**25

52. 공천헌금 수수

당 공천 또는 경선과 관련하여 영향력을 행사해 달라는 명목으로 금품을 주고받거나, 공천을 대가로 정당 또는 정치활동을 하는 자에게 특별당비 명목의 거액의 당비 또는 후원금을 제공하거나 받는 행위는 정치자금법 제32조, 제45조에 위반됨.

2008 **중앙선관위 법규운용자료**

53. 회계책임자를 통하지 않은 불법지출

후원회의 회계책임자가 아님에도 후원회 경비를 지출하거나, 후원회의 지출경비를 후원회 예금계좌에서 지출하지 않고 국회의원의 정치자금 계좌에서 지출하는 행위와 정당 정책홍보물의 인쇄비를 회계책임자가 아닌 자의 카드로 지출한 후 이를 정치자금으로 보전하거나, 정당의 사업부서에서 식대, 간담회비 등을 당직자 개인카드로 일괄지출하게 한 후 정치자금으로 보전하는 행위는 정치자금법 제36조, 제47조에 위반됨.

2008 **중앙선관위 법규운용자료**

54. 축소 · 누락 등 허위보고

정치자금 수입 · 지출보고서를 제출하지 않거나 수입 · 지출 내역을 축소 · 누락(수입 · 지출을 은닉하기 위하여 누락하는 경우를 말함). 허위로 보고하는 행위와 정치자금을 실제 지출액보다 과다하게 지급한 후 차액을 환급받아 부정한 용도로 사용하는 행위와 국고보조금으로 당원집회 시 기념품을 제작하여 당원들에게 배부하고는 당원교육용 교재를 인쇄 · 제공한 것으로 허위보고하는 행위는 정치자금법 제46조, 제49조에 위반됨.

2008 중앙선관위 법규운용자료

55. 정치자금법 개정 시기별 주요내용

- 법 제정 (1965.02.09)

  목적, 정치자금의 정의, 기탁금, 정치자금의 면세규정

- 제1차 개정(1969.01.23)

  기탁금 배분 · 지급방법 및 시기 변경

- 제2차 개정(1973.06.14)

  기탁금 배분 · 지급방법 및 시기 변경, 유정회 배분규정

- 제3차 개정(1980.12.31)

  국고보조금제도 도입, 정치자금에 관한 기본원칙, 당비, 후원회제도, 정치자금기부에 대한 면세, 정당 · 후원회의 회계보고, 벌칙규정 신설 등

- 제4차 개정(1989.12.30)

  후원회 구성범위의 확대, 예산범위 안에서 지급할 수 있었던 국고보조금을 매년 정액화(최근 실시한 국회의원총선거의 선거권자 총수에 400원을 곱한 금액)

- **제5차 개정**(1991.12.31)
  지구당 등의 후원회 회원수 증원, 집회 · 광고에 의한 모금방법의 구체화, 국고보조금 계상액 증액(400원에서 600원으로) 및 공직선거가 있는 연도에는 그 선거마다 300원을 추가 계상
- **제6차 개정**(1992.11.11)
  후원회 회원이 아닌 자에 대하여 1회 100만원 범위 내에서의 익명기부허용, 공직선거가 있는 연도에 추가로 지급하는 국고보조금의 계상액을 증액(300원에서 600원으로)
- **제7차 개정**(1994.03.16)
  기본원칙을 보완, 모든 지구당에 후원회 구성허용, 후원회의 회원수 상향조정, 정치자금 영수증용지 및 정액영수증제도의 신설, 경상보조금계상액을 증액(600원에서 800원으로), 공직선거가 있는 연도에는 각 선거마다 800원씩(지방의회의원 및 지방자치단체의 장의 동시선거의 경우에는 각 선거마다 800원씩(지방의회의원 및 지방자치단체의 장의 동시선거의 경우에는 각 선거마다 600원씩)을 추가 계상, 공직선거에 참여한 정당의 회계보고 의무화, 열람 · 이의 신청제도 신설 등
- **제8차 개정**(1995.12.30)
  중앙당후원회의 회원수 제한규정 폐지, 후원인이 중앙당후원회에 납입 · 기부할 수 있는 한도액과 중앙당후원회의 연간기부한도액 상향조정, 후원회의 금품모집방법에 우편에 의한 모금방법 추가
- **제9차 개정**(1997.01.13)
  모든 후원회의 회원수 제한규정 폐지, 후원회의 집회에 의한 금품모집시 바자회 · 서화전 등 병행허용, 정액영수증의 종류와

그 사용대상 후원회의 확대, 국고보조금의 배분비율 조정

- 제10차 개정(1997.11.14)

  후원인의 지구당 등 후원회에 대한 연간납입 · 기부한도액 상향조정, 후원회의 연간모금 · 기부한도액 상향조정, 후원회의 금품모집방법 확대, 지정기탁금제도 폐지, 국고보조금의 정책개발비 사용 의무화, "정치자금법"에서 정하지 아니한 방법으로 정치자금을 주거나 받은 자와 후원회를 둘 수 없는 자가 후원회나 그 유사기구를 설치 · 운영한 경우의 처벌규정 신설

- 제11차 개정(2000.02.16)

  집회에 의한 정치자금 모금방법으로 바자회 · 서화전 외에 출판기념회와 음악회를 추가, 하나의 후원회에 대한 연간 기부한도액 조정, 후원인의 1회 1만원이상 기부하한액 폐지, 정치자금영수증 미교부 범위확대, 정액영수증의 계속 사용, 사업 또는 사업장별로 조직된 단위노동조합을 제외한 노동조합의 정치자금 기부 허용(별도의 기금을 설치 · 관리)

- 제12차 개정(2001.09.27)

  특정금융거래정보의보고및이용등에관한법률의 제정(2001.09.27 법률 제6516호)으로 그 부칙 제3항에서 특정금융거래정보의 조사에 관한 규정 신설

- 제13차 개정(2002.03.07)

  공직후보자여성추천보조금 신설, 대통령령으로 정한 보조금의 감액 등에 관한 사항을 법률에 직접 규정, 보조금 감액지급의 요건 일부 조정

- 제14차 개정(2004.03.12)

  정치자금기부자에 대한 면세혜택 강화, 집회에 의한 모금방법

의 폐지, 지역구국회의원예비후보자와 대통령선거경선예비후보자 및 당대표경선후보자의후원회 허용, 법인 · 단체의 정치자금 기부금지, 후원회의 연간모금 · 기부한도액의 축소, 정치자금고액기부자의 명단공개, 정치자금 수입 · 지출시 수표 · 신용카드 등 사용 및 예금계좌사용 의무화, 회계보고의 주체 확대 및 회계보고주기의 단축, 정치자금영수증제도 개선, 정당의 회계처리 시 국가회계처리준용, 정치자금의 인계 · 인수의무강화, 국고보조금 배분방식 개선, 전국동시지방선거의 선거보조금 규모 축소, 정책정당화를 위한 보조금의 지원강화, 양벌규정 · 공무담임권의 제한 · 정치자금범죄 신고자의 보호 및 포상금 지급 · 궐석재판제도 · 정치자금 범죄에 대한 기소 · 판결의 통지제도 등의 도입, 개정 "정치자금법" 위반에 대한 벌칙을 신설 및 기존 벌칙의 형량 강화, 각종 신고 · 보고 등을 해태한 행위에 대하여 과태료 부과제도 신설

- 제15차 개정(2005.01.17)

  "특정 금융거래정보의 보고 및 이용 등에 관한법률"의 개정으로 제24조의4(특정금융거래정보의 조사)삭제

- 제16차 개정(2005.08.04)

  법의 제명변경(정치자금에 관한 법률을 정치자금법으로) 및 법률규정을 "장"으로 구분 편성, 정치자금으로 지출할 수 없는 사적용도 명확화, 여성추천보조금지급기준 및 시기 변경, 불법후원금반환의무규정, 선거관리위원회와 방송사에 정치자금 기부 · 기탁촉진을 위한 홍보 · 광고의무규정, 공직선거후보자가 반환 · 보전 받은 기탁금 · 선거비용 중 자신의 재산을 제외한 금액은 정당 · 사회복지시설 등에 인계(미인계시 국고귀속)

- 제17차 개정(2006.03.02)

  연간모금 · 기부한도액에서 전년도 이월금을 포함하지 않도록 개정

- 제18차 개정(2006.03.24)

  제62조의 제목 및 본문 중 "기부금품모집규제법"을 "기부금의 모집 및 사용에 관한 법률"로 개정

- 제19차 개정(2006.04.28)

  여성추천보조금을 지급대상 선거를 지역구자치구시군의원선거까지 확대 및 여성추천보조금의 용도위반에 대한 회수 2배 감액제도 도입

- 제20차 개정(2008.02.29)

  연간 10만원 이하의 당비는 당원이 영수증 수령을 원하지 않을 경우에는 발행하지 아니 하며, 당비 영수증은 전자적 형태로 제작하여 인터넷을 통하여 발행 · 교부가능, 기탁금 1회 300만원 초과 기탁자 공개, 후원회 지정권자 지정 범위확대

정치자금 수급체계의 논점 분석

1. 정치자금 수급체계의 제도화 영향요인
2. 정치자금의 수요측면의 논점
3. 정치자금의 공급측면의 논점

정치자금 수급체계의 제도화 영향요인

1. 정치자금 수급의 법적 규제

정치와 돈은 언제나 함께하는 것으로써, 돈 없이 정치는 불가능한 현실이 되었으므로 현대 정치의 이슈는 정치활동에 필요한 정치자금을 어떻게 조달하느냐로 초점이 모아지고 있다. 과거엔 정당과 정치인의 정치자금에 따른 음성적 수수에서 오는 폐단과 부작용으로 정치 전반에 대한 국민의 정치의식 불신이 국가 발전적 요소에 암적인 존재가 되었다.

정치와 돈의 관계에서 기부하는 사람에게는 많은 부담을 주는 대신에 받는 사람은 써야할 사용처가 많아서 결핍감이 들기 마련이다. 그렇기 때문에 정치자금의 기부는 순수한 마음으로 건전한 정치발전을 위한다는 차원에서 행사되어야 하며, 기부를 투자와 관련된 것으로 여기고 무엇인가 이권이 돌아올 수 있다고 기대를 한다면 정치부패는 여기에서부터 비롯될 것이다.

과거 정치자금의 수수 과정에서 야기되는 부패적 요소는 정치권력의 작용과 관료적 권위주의 행태가 결합되어 나타났으며, 특히 아직 민주화 수준에 도달하지 못한 정치적 개발도상국에서는 정치적 참여와 정치적 제도화간의 괴리현상이 나타나게 되었다. 해방이후 오늘날까지 역대 정당들의 정치자금과 관련된 많은 의혹사건들은 기업과 정치인들이 공공연하게 이권과 결탁하여 부정 · 부패의 소지를 만들었기 때문이다. 이러한 검은돈으로부터 파생된 정치부패를 차단하기 위해서는 정당의 정치자금 조달을 위해 여러 각도에서 국민참여를 확대시키고, 적정한 제공의 보장과 자금의 수급 상황에 대한 공개를 통해 돈의 흐름의 투명성을 확보할 수 있도록 제도적으로 그 틀을 확고히 정립시켜야 한다.

투명하고 공정한 정치과정을 보장하기 위해서는 정치자금의 수급(minimization) 등의 관점에서 살펴볼 수 있다. 즉, 정치자금 조달과 사용은 종속이나 강제가 아닌 자율적인 구조 하에서 사용내역을 공개하여 국민의 신뢰를 높이고, 공정한 경기규칙처럼 관계 법규를 공정하게 적용하며, 조달과 배분에 있어서는 균형을 유지하고 사용은 최소화할 필요가 있다.[78] 이러한 의미에서 현행 정치자금법은 국회의원이나 후보자 중심의 후원회에 대한 법인과 단체의 자금기부를 금지시키고 있으며, 다수인이 소액으로 기부할 수 있도록 그 한도액을 제한하고 있다. 특히 정당에 대해서는 특정 혜택을 목적으로 한 고액의 정치자금 기부를 금지시키고 있다.

그러나 음성적인 정치자금 수수의 차단이 목적인 과도한 제한은 다당제를 지향하는 우리의 정당현실을 보더라도 정당의 재정난을 초래하여 정당정치를 위축시킬 수도 있다. 또한 기존 정치권에서 활동해온 후보자 또는 당선 가능한 현직 후보자에게만 정치자금의 기부가 편중될 수 있어 정치 신인은 종자돈(seed money)조차 마련하기 어려울 상황도 나타난다.

현실 정치에서 무엇보다 중요한 것은 음성적 정치자금의 수수동

---

78) 김영래, "개정정치자금법 문제 많다", 『경제정의』, 1992.1, 60~61쪽.

기를 법제도적으로 최소화시킬 필요성은 있다하더라도 규제는 오히려 부패자금의 수수를 유발시킬 우려가 있다. 그러므로 제도적으로 정당과 정치인의 자금 흐름을 투명하게 국민이 쉽게 알 수 있도록 수급 상황을 공개하여 위반 시에는 강한 처벌을 하여야 한다. 또한 적발 및 처벌을 위한 감독기관의 기능강화는 물론 국민의 눈과 입의 역할을 하는 언론의 부단한 노력이 필요하다고 본다. 이점과 관련하여 Walecki는 정당의 내적 통제(effective internal control)와 외부의 제3자 감시(external stakeholder oversight)가 중요한 역할을 해야 한다고 주장한다.[79] 여기에 독립적인 정치자금 감독기관이 집행규제를 행사함으로써 투명성을 제고해야 해야 할 것이다.[80]

2. 정당민주화의 정도

오늘날 민주정치는 정당정치이며, 현대 국가는 정당국가의 형태로 나타난다.[81] 따라서 민주주의는 정당과 불과분의 관계에 있고,[82] 정당은 민주정치를 만든다[83]는 말이 일면 정당성을 갖게 된다.

우리나라는 해방 후 지금까지 민주주의제도 하에서 정당정치가 이루어졌다고 하지만, 실제 정치현실을 살펴보면 정당정치가 민주적으로 순탄하게 성취되지는 않았다. 헌정사에서 제1공화국부터 제5공화국까지만 보더라도 장기집권—반체제 도전—군정—신체제 시

79) Walecki(2007), 82~83, 88~89쪽.

80) Khayyam Z. Paltiel, *Party, Candidate and Election* (Ottawa, Ont.: Queen's Printer, 1976), pp. 108~109.

81) 한승조, 『한국민주주의와 정치발전』(서울:법문사, 1984), 195쪽.

82) Bryce(1921), p. 119.

83) Elmer E. Schattschneider, *Party Government* (New York: Rinehart, 1942), p. 1.

도의 회전을 반복함으로써 정치권력의 정통성 문제가 끊임없이 제기되어왔다.[84] 이러한 과정에서 헌정의 주체로 등장한 정치권력은 늘 금권과 부패의 오명을 뒤집어 쓸 수밖에 없었고, 이는 정책과 제도가 정당정치를 이끌었다기보다는 인물 중심 정당의 내적 역학이 그러한 상황을 연출토록 한 측면이 강하다.

인물 중심의 정당은 당원의 총의를 근간으로 하는 강령의 중요성이 무시 또는 간과되고 정당 지도자의 권위에 의존하여 운영됨으로써 민주적 절차가 무시되고 정당이 독단적으로 운영되기 때문에, 정당의 지도는 항상 자신의 권위를 높이려는 필요성을 느끼게 된다. 그로 인해 당내에서 카리스마 유지와 측근자나 추종자 관리를 중시하게 되기 때문에, 자신을 위한 파벌을 조성하며, 최고 권력자로서 위치를 유지하기 위한 수단으로 정치자금 조성에 많은 관여를 하게 된다.

정당정치가 민주적으로 운영되기 위해서는 정당조직 구성원을 최고의 교육을 받고 사회적으로 존경받는 엘리트로 충원하여 정당 지도자의 독단을 사전에 예방, 차단할 수밖에 없다. 특히, 해방 후 지금까지 정치지도자의 가치관, 행태, 정책추진 등이 정치발전에 직·간접적으로 영향을 미쳤으며, 정치 지도자가 권위주의적 가치관에 함몰되어 있는 경우에는 정당정치 발전에 많은 제약을 가져오기도 했다.

우리나라 정당의 구성은 인물중심으로 급조되었다가 인물이 사라지면 정당운명도 함께 사라지는 과정이 흔히 발생하곤 했다. 이런 인물중심의 정당결성은 개혁적 정당의 빈곤 속에서 비정책적 탈이

---

84) 안병준, 『한국에 있어서 정치변동과 제도화』(한국정치학회 논문집, 1981), 115쪽.

념화 현상을 보이면서, 특수계층의 권익을 위한 보수정당만이 살아 남게 되는 정당 보수화 경향을 주도하게 되었다. 이에 따라 빈번한 권력변동으로 집권당이 생겨날 때마다 정치권력을 이용하여 막대한 선거자금과 정당활동 자금을 재벌과 기업에서 염출하는 금권·부패 정치가 지속될 수밖에 없었다.

무엇보다도 민주적 정당정치의 운영과 정착을 위해서는 미국과 영국의 경우처럼, 이념과 정책을 중심으로 하는 양당제도의 건설적 발전이 필요하다. 양당정치는 여·야당이 정책에 대한 상호간의 비판과 수용 또는 상호 견제하는 경쟁적 정치과정이 형성될 수 있으므로, 정치권력의 불균형을 없애고 정치적 안정을 가져와 건전한 정당육성에 필요한 정당재정을 정제된 자금만으로도 운용 가능하게 할 수 있을 것이다. 이는 한국의 정당정치가 아직까지도 정치후진국 특유의 정당 형태를 벗어나지 못하고, 정책과 이념의 차이가 크지 않는 몇 개의 보수정당과 이념정향이 뚜렷한 소수의 정당들이 난립해 있는 다당제 형태로서 비민주적인 정치과정을 보여주고 있다는 점에서 시사하는 바가 크다고 할 것이다.

3. 선거제도와 비용

바람직한 선거제도는 자유로운 국민의 의사가 투표로서 공정하게 나타날 수 있도록 하는 것이다. 그러나 불합리한 선거제도는 후보자로 하여금 거액의 정치자금을 필연적으로 소요하도록 하고, 불균형된 선거구제도와 선거운동방법을 통해 금력이 선거 전반을 지배할 수 있도록 하는 구조를 낳을 수밖에 없게 한다.

우리나라의 국회의원 선거구제는 유정회(제9대, 제10대)와 중선거구제(제11대, 제12대)를 제외하고는 지금까지 소선거구제를 채택함으로써, 지역대표성에 따른 인구분포의 불평등성 문제가 제기될 뿐만 아니라, 지역선거구의 범위는 넓다 해도 사는 인구가 적어 선거가 과열해질 경우, 유권자에 대한 매표행위로 인한 음성적인 선거비용이 많이 들게 하는 경향이 있었다. 더욱이 현행 정당법에서 정치비용의 절감이라는 차원에서 지구당마저 폐지하였으나, 표면적으로는 지구당이 존재하지 않다고 하더라도 각 정당은 종래의 지구당과 같은 당원협의회 또는 지역위원회 등 유사한 지구당과 기구를 사실상 운영하다보니 음성적으로 정치자금이 집행되고 있는 것이 엄연한 현실이다.

이로 인해 평상시는 물론 선거 시에도 정당중심의 선거운동이 될 수밖에 없으며, 지구당이 없는 소선거구제는 정당으로서 선거비용 절감의 도구(cost-saving device)가 되지 못하고, 후보자들에게 정치자금 마련에 대한 불필요한 부담만 안겨주는 꼴이 되었다. 소선거구라는 좁은 지역에서 국회의원선거, 기초지방자치단체장선거, 지방의회의원선거가 과열 실시되면 음성적인 선거비용이 많이 드는 금권선거가 될 뿐만 아니라, 선거가 끝난 후에도 정치적 갈등과 대립이 심화되고, 후보자 선거운동을 달리한 사람들의 상호간 인간관계는 오래도록 감정적인 앙금을 남기는 결과가 되기도 했다.

아직까지 우리나라는 장기적인 건전한 정당의 틀이 정착되지 않은 관계로 새로운 정당의 출현 · 등록, 합당 · 소멸이 너무나 빈번하여, 정당의 정체성에 대하여 많은 혼돈을 가져왔다. 그러므로 현행 선거구제도를 시급히 개선할 필요성이 있으며, 새로운 선거구제를 선택함으로써, 인구수에 따른 선거구의 불평등성을 해소하고 이념정당의 출현을 용이하게 할 뿐만 아니라, 현행보다 소액의 정치비용으로서 정치발전에 새로운 원동력이 될 수 있을 것이다.

특히 소선거구제가 우리에게 오랫동안 익숙해진 제도이고 한때는 민주화와 정권교체의 보도(寶刀)였다 하더라도 과감히 버려야 한다. 소선거구는 공천권자에게 맹목적일 수밖에 없고 지역감정이 찌들어 있다는 현실을 직시해서 이제는 그 미련을 버릴 때가 되었다고 본다.[85)]

이 밖에 현행 선거법은 선거제도를 개선하고 시행하고 있지만 정당이나 후보자의 선거운동 방식에 있어서 정치비용은 계속적으로 늘어나는 추세이다. 선거비용으로 인정된다 하더라도 보전받지 못하는 비용은(홍보물, 명함 등) 선거운동기구 설치비용(사무실 임대료, 운영비, 전기 · 수도료 등의 운영비 등), 정당 후보자 경선에 따른 선거운동 비용(기탁금, 홍보물, 사무실 운영비 등)등이 있으나, 정당의 공천을 받기 위한 예비후보자의 비합법적인 비용은 본 선거운동에 들어가는 비용보다 음성적으로 더 많이 소요된다는 것이 현실이다.

합법적 선거운동으로 후보자등록 후에는 선전벽보, 선거공보, 소형인쇄물, 현수막, 어깨띠, 후보자 등의 방송연설, 공개 장소에서 연설 · 대담, 정보통신망을 이용한 선거운동(컴퓨터 통신, 전자우편방송, 선거포털사이트 운영), 언론기관의 초청 대담 · 토론회, 선거방송토론 위원회주관 대담 · 토론회, 정책토론회 등이 있으나, 무엇보다도 선거비용으로 인정하되 보전해주지 않는 예비후보자의 경선비용 중에서 홍보물과 후보자의 사무실 임차 · 운영비등은 공명선거 차원에서 제한액을 규정해 보전해주어야 한다.

정당의 후보자 경선비용과 후보자의 사전 선거운동을 위한 유사

---

85) 박상철(1999), 83~84쪽.

기관 설치, 선거조직을 위한 사조직 운영, 형식적인 자원봉사자 운영, 비밀 접촉되는 호별 방문과 면담, 당원 모집에 의한 유권자의 매수 및 이해관계 유도 등 비합법적인 검은돈의 흐름에 주목할 필요가 있다.

고비용 선거제도를 청산하려면 법을 바꾸기 꺼리는 정치권의 각성이 무엇보다 필요하며, 합법적인 선거비용도 한 푼이라도 아끼기 위한 심정으로 불필요한 비용의 중복성을 피하고 점진적으로 선거공영제를 확대 실시하는 방향으로 나아가야 한다.

선거공영제 실시는 선거가 끝난 후 부정하게 조성된 선거자금의 배후와 관련된 논공행상의 폐단을 줄이는 등 부정부패의 소지를 크게 줄일 수 있는 방법이 될 수 있다. 예를 들면, 합법적인 홍보물도 선거공보와 소형인쇄물 중에서 하나만 택하고 홍보효과가 없는 선전벽보는 없앨 필요가 있다. 특히, 정치후진국에서만 볼 수 있는 집중식 개표를 투표소 개표로 바꿔야만 한다. 왜냐하면, 선거후 개표장에서 집중개표를 함으로써, 투표함의 운송·개표에 따른 많은 인력과 장비 그리고 시간을 낭비하여 엄청난 국고를 소비하기 때문이다.

중앙선거관리위원회가 지금까지 집중개표에 따른 투·개표를 위한 실효성이 적은 장비개발(가인기, 투표용지분리기, 터치형 전자투표기 등)로 수백억원의 국고를 소비할 것이 아니라, 선거제도를 개선하여 집중식 개표를 분산식 개표 즉, 투표소 개표를 실시한다면, 투표가 끝난 즉시 투표사무종사원이 바로 개표·집계하여 상급위원회에 보고함으로써, 투표함 운송과 개표장 개표에 따른 많은 인력과 시간을 절약할 뿐만 아니라 거액의 국고 예산절감의 효과를 가져올 수 있을 것이다.

4. 정치의식과 선거문화

현대 정치는 유권자들의 정치의식이 매우 중요한 비중을 차지하고 있다. 사람들의 정치행동을 결정케 하는 정신작용을 정치의식이라고 하는데, 이것은 유권자들이 일반적으로 정치적 사상과 특정한 정치문제에 대해서 가지는 의식, 평가, 태도를 총칭하며, 정책에 대한 자기 나름대로의 의견, 정치상황에 대한 판단, 정치권력에 대한 인상, 정치적 요구에 대한 감각적 반응 등으로 개인으로 하여금 일정한 태도를 취하게 하며 또한 일정한 행동을 선택하는 것이다.

유권자들의 실질적인 정치의식 상황은 선거에서 정당이나 후보자에 대한 판단과 선택을 투표의 행태로 표출되어 나타난다. 중앙선거관리위원회는 2006년 5월 31일 실시된 제4대 전국동시지방선거에서 국민의 정치의식이 어떻게 나타나는지에 관해 유권자의 정치의식조사를 실시하였는데, 그 결과는 다음과 같다.[86)]

우선 국민의 정치참여에 따른 유권자의 지방선거의 관심도는 유권자의 절반정도(51.2%)가 관심이 있고, 47.4%는 관심이 없다고 했다. 이것은 아직도 국민들의 정치의식은 정치적 무관심에서 벗어나지 못하고 있으며, 관심도에서는 연령이 높을수록(50대 이상 68.6%), 학력 수준이 낮을수록(중졸 이하 60.8%), 농림수산업 종사자일수록(69.9%) 높은 반면에, 관심이 없다는 계층은 연령이 낮을수록(20대 이하 69.2%), 학력수준이 높을수록(대재 이상 51.8%) 높게 나타난 특징을 보여주었다.

그리고 선거가 공명하지 못하다는 유권자의 생각은 정당, 후보자

---

86) http://www.nec.go.kr/new_report/info-exp/information/ 2006.4.6~7 실시 조사 참조.

측의 금품제공과 상호비방 등 불법선거운동 때문이라는 것이 38.2%로 가장 높았고, 언론기관의 불공정보도, 선거사범의 소극적 단속과 공무원 등의 선거개입 등이었으며, 유권자들이 정당이나 후보자들에게 금품이나 향응을 제공받은 경우가 8.2%나 되었다.

또한 선거가 혼탁하게 치러지는 이유는 상호비방, 흑색선전(65.3%), 금품, 향응제공(27.4%) 등으로 조사된 것만 보더라도 우리 국민의 정치의식 수준은 엘리트 계층일수록 정치참여의 관심도가 낮으며, 아직도 선거라면 '돈 잔치'라는 생각을 버리지 못하는 것으로 조사되었다. 우리 국민의 정치의식은 자기와 직접적인 관계가 없으면 무관심한 것이 선거 때에도 나타나는데, 유권자의 96.8%가 불법선거운동을 경험했을 때의 행동행태는 전반적으로 모른 체한다는 응답이 가장 높았고, 항의 및 저지(1.9%), 신고(1.3%)로 조사됐다.

한편 중앙선거관리위원회가 2008년 4월 9일 제18대 국회의원선거에 대해 실시한 유권자 의식조사를 보면, 투표에 적극적으로 참여할 의향 층은 51.9%로서, 지난 제17대 61.5%보다 10%정도 낮게 나타났으며, 제17대보다 유권자들은 인물, 능력, 소속정당보다 정책공약을 중시하였으며, 깨끗한 선거정착을 위한 책임은 유권자 42.9%, 정당 및 후보자 38.1%, 언론매체 5.7%, 선거관리위원회 5.5%, 시민단체 3.4%로 나타난 것만 봐도 유권자의 정치의식 제고와 공명선거문화의 정착이 매우 중요함을 알 수 있다.[87]

위의 유권자 정치의식 조사에서 보듯이 우리 국민의 정치의식은 정치참여의 수준이 적극적이지 못할 뿐만 아니라, 선거 시에는 금품, 향응제공 등 불의에 대해 지나치게 관대하고 무관심함을 알 수

87) http://www.nec.go.kr/new_report/info-exp/information/ 2008.3.15~16 실시 조사 참조.

있다. 정치적 무관심(political indifference or apathy)은 정치과정으로부터 은퇴하는 비정치적 태도를 의미한다. Lasswell은 현대인이 정치과정으로부터 은퇴하는 형태를 탈정치적(depolitical), 무정치적(apolitical), 반정치적(antipolitical) 등으로 구별하였다.[88]

정치적 무관심은 유권자 본인의 자유의사에 따른 것일 수도 있으나, 사회 구성원 전반적으로 무관심 상황이 확산되는 경우, 이는 정치체제의 유지에 매우 위험한 상황을 초래할 수도 있다. 더 나아가 무관심 상황이 고착화되면 비합리적인 행동주의로 역행하여 파시즘 독재의 유력한 기반이 되는 것임은 역사적 증명으로 확인된 바 있다.[89] 유권자의 정치적 적극성은 정치과정을 건전하게 유지하는 원동력이 될 뿐만 아니라, 정치자금의 건전한 수급체계를 도모하여 정치적 혈류의 흐름을 원활히 해주는 매우 중요한 정치행태적 요건이라 할 수 있다.

---

88) Harold D. Lasswell and Abraham Kaplan, *Power and Society* (London: Routledge and Kegan Paul, 1952) 참조.

89) MacIver는 이런 상황을 초래하는 것은 아노미적 상황으로, 모든 사회에 연결되는 개인의식의 붕괴상태라고 규정한다. R.M. MacIver, *The Ramparts We Guard* (New York: The Macmillan Company, 1956, p. 84.

정치자금의 수요측면의 논점

1. 당내 경선제도

정당의 주요기능 중의 하나가 공직선거 시에 자당의 후보자를 내세워 선거에서 승리하여 정치권력을 장악하는 것이라 할 수 있다. Downs는 '정당의 존재 이유 가운데 하나가 권력의 장악이며, 정당은 정책을 실현시키기 위해 선거에서 승리하는 것이 아니라, 선거에서 승리하기 위해 정책을 만든다'고 한 바 있다.[90]

우리나라 정당의 공직후보자 경선에 관한 사항은 당초 정당법상(제31조, 제31조의6 등) 규정되어 있었으나, 현재로는 공직선거법(제57조의2, 제57조의3, 제57조의4, 제57조의5 등)에 규정하고 있다. 정당의 당내 경선은 정당이 공직선거 후보자를 추천하기 위하여 2인 이상의 경선후보자를 대상으로 당해 정당의 당헌·당규가 정하는 바에 따라 선거권자로 구성된 선거인단의 선거를 통하여 선출하는 방법(정당의 당헌·당규 또는 경선후보자간의 서면합의에 따라 당내 경선을 대체하는 여론조사 포함)에 한정하며, 후보자로 선출되지 아니한 자는 당해 선거의 같은 선거구에서는 후보자로 등

90) Anthony Downs, *An Economic Theory of Democracy* (New York: Harper Collins, 1957), p. 28. 강원택, "정당의 공직후보 선출과 당내 민주화", 심지현 편저, 『현대 정당정치의 이해』(서울: 백산서당, 2004), 225쪽 참조.

록할 수 없도록 하고 있다. 다만, 면접 또는 후보자간 토론회 등의 방법은 당내 경선으로 간주하지 않으며, 후보자로 선출된 자가 사퇴·사망·피선거권 상실 또는 당적 이탈, 변경 등 그 자격을 상실한 때에는 제외시켰다.

정당의 경선후보자는 정당의 당원과 당원이 아닌 자에게 투표권을 부여하여 실시하는 당내 경선에서 선거운동 기구설치, 명함, 전자우편, 경선홍보물, 옥내의 합동연설회, 합동토론회 등 경선운동에 필요한 많은 정치비용이 들기 마련이다. 정당공천제가 하향식이 아닌, 상향식의 민주적인 방향으로 이루어지고, 정치문화의 성숙과 함께 상향식 공천이 주민의 의사를 반영하여 제대로 이행되기만 한다면, 하향식 공천에 따른 공천헌금의 관행은 사라지게 될 것이다.[91]

지난날의 우리나라 정당의 공천권은 검은돈과 연계되고 부수적으로 온갖 계파와 학연, 지연, 혈연이 동원되어, 정당의 당수나 대표자 1인의 독단에 의해 비민주적이고 가장 폐쇄적인 형태로 공천권을 행사함으로써 '밀실공천'이란 말이 생겨났다. 이런 폐단을 없애기 위해 국민의 의사형성을 반영하고 당내 민주화를 실현시킬 수 있는 제도로서, 각 정당마다 공직후보자에 대한 후보자 경선 규정을 두고 있다.

우리나라 정당의 공직후보자 선출 과정에서의 경선은 1970년과 1979년도 야당의 전당대회에서 대통령후보 선출과 당 총재 선출이 민주적인 경선을 통해 실시된 전례가 있고, 민주화 이후인 1997년 신한국당의 대통령 후보선출도 경선과정을 거쳤다. 그러나 한국 정당의 민주화와 공직후보의 선출 과정을 획기적으로 변화시킨 것은 2002년에 실시된 새천년민주당의 국민참여 경선제라고 할 수 있다.[92]

---

91) 오일환, 『지방자치단체장의 부정부패』(파주: 집문당, 2004), 89쪽.

92) 강원택(2002), 244~246쪽 참조.

지금은 각 정당들이 모든 공직선거에서 경선 과정을 통해 후보자를 선출하는 만큼, 이에 따른 비용은 상상을 초월할 수도 있다. 지역 선거만 하더라도 '본 선거에 들어가기 전에 당내 경선에서 선거자금으로 다 날릴 판'이라고 흔히 후보자들은 말하고 있다. 정치 신인일수록 현역의원에 맞서 사조직 가동비가 엄청나게 들어가는 것이 현실이며, 정치 개혁의 상징처럼 되어 있는 당내 공직후보자 경선제가 제도적으로 시행할 수 있는 여건과 정치풍토가 조성돼 있지 않는 상태에서는 '돈 먹는 하마'일 뿐이다. 각 정당마다 공직선거를 위해서 사전에 자당의 후보자 선출을 위한 당내 경선을 한다. 정당경선에 참여하는 예비후보자들은 일정금액을 기탁금 형식으로 정당에 납입하면, 그 경비와 정당의 고유경비인 정당비용으로써 경선에 소요되는 비용을 충당하고 있다.

경선이 끝난 정당은 정당 회계보고에 있어서, 당내 경선에 소요된 비용 중에 정치자금으로 수입된 부분은 지출로 처리하고 있으나, 후보자 경선에 직접 참여한 자의 기탁금 등의 비용은 그 내역이 공개되지 않을 뿐만 아니라, 선거비용으로 포함되지 않고 회계보고도 하지 않음으로써 경선후보자의 정치비용에 대해서는 투명성이 확보되어 있지 않은 것이 현실이다.

2. 공직후보자의 선거비용

공직선거에서 선거비용 제한액을 설정하는 것은 선거의 공명성을 확보하자는데 그 입법 취지가 있다. 즉, 공직선거에서 선거비용으로 지출할 금액의 최고 한도를 정하고 그 제한액을 초과하여 선거비용을 지출할 수 없게 함과 동시에, 그 지출액을 선거관리위원회에 보고 · 공개하게 됨에 따라 회계의 구분을 명확히 하기 위하여 공직선거에 관련되는 비용 중 선거비용으로 보지 않는 용도의 비용을 정한 것이다.[93] 그 주요 내용은 공직선거 시에 선거비용으로 인정되지 아니하는 비용으로 아래와 같다.[94]

선거권자의 추천을 받는데 소요된 비용 등 선거운동을 위한 준비행위에 소요되는 비용, 정당의 후보자선출대회 비용과 기타 선거와 관련한 정당활동에 소요되는 정당비용, 선거에 관하여 국가 · 지방자치단체 또는 선거관리위원회에 납부하거나 지급하는 기탁금과 모든 납부금 및 수수료, 넷째, 선거사무소와 선거연락소의 전화료 · 전기료 및 수도료 기타의 유지비로서 선거기간 전부터 정당 또는 후보자가 지출하여 온 경비,[95] 선거사무소와 선거연락소의 설치 및 유지비용,[96] 정당, 후보자, 선거사무장, 선거연락소장, 선거사무원, 회계책임자, 연설원 및 대담 · 토론자가 승용하는 자동차[제91조(확성장치와 자동차 등의 사용제한) 제4항의 규정에 의한 자동차와 선박을 포함함]의 운영비용, 제3자가 정당 · 후보자 · 선거사무장 · 선거연락소장 또는 회계책임자와 통모함이 없이 특정 후보자의 선거운동을 위하여 지출한 전신료 등의 비용, 제11조(기부행위의 정의 등) 제2항의 규정에 의하여 기부행위로 보지 아니하는 행위에 소요되는

93) 한원도, 『공직선거 및 선거부정방지법』(서울: 법전출판사, 1996), 367쪽.

94) 중앙선거관리위원회, 『2004년 공직선거법규 운용자료』 참조.

95) 이에 해당하는 경비는 선거사무소 · 선거연락소 설치 이전부터 정당사무소 또는 직업상 · 직무상의 사무소 등 선거운동과 관련 없이 정당활동 · 직업활동 등 통상적인 사무를 위하여 지출하여 온 경비를 말하는 것이다.

96) 선거사무소 등의 설치를 위한 임대료 · 집기구입비 등과 유지를 위한 사무소 등의 개 · 보수비, 집기수선비, 선거운동을 위한 사무용품 외의 일반 사무용품 구입비 등을 말하며, 선거운동을 위한 컴퓨터 등 기계장치 설치 · 운영비, 선거운동용품 구입비, 선거사무원의 수당 · 실비 등 선거운동을 위하여 소요되는 비용은 선거비용에 포함된다.

비용,[97] 선거일 후에 지출원인이 발생한 잔무정리비용 등으로 모두 선거비용으로 인정되지 않는다.

그러나 특정 후보자의 선거운동을 위한 기획에 소요되는 비용은 정당이나 다른 사람이 부담하더라도 후보자가 부담하여야 할 비용으로서 선거비용에 삽입해야할 것이다. 단, 후보자가 선거 기획회사 등과 계약을 맺고 선거운동을 위한 기획의 용역을 의뢰하는 경우에는 그에 소요되는 모든 비용은 선거비용에 포함된다.[98] 특히, 공직후보자가 선거를 위한 준비 또는 실시 비용에 따른 모든 비용은 선거비용으로 보전해주지 않더라도 마땅히 선거비용으로 잡아야 하는데 선거비용으로 보지 않는데 문제가 있다.

정당은 물론 공직후보자로서 선거비용과 비용이 아닌 비용의 사용처의 구분이 불명확할 뿐만 아니라, 혼동하기 쉬운 구조이다. 선거비용의 용도 간의 균형과 중복 등이 선거비용 제한액에서 작용하여 실제적으로 선거에 소요되는 비용보다 적게 산정될 수 있다. 특히, 선거비용에 포함되지 않는 선거운동을 목적으로 하는 선거준비 비용이나 정당의 후보자 선출대회 비용 등의 정당활동 비용은 선거비용으로 보아야 한다.

---

97) 여기에는 선거사무소 · 선거연락소 또는 정당의 사무소를 방문하는 자에게 제공하는 다과류의 음식물 비용과 선거운동을 위하여 후보자와 함께 다니는 자에게 제공하는 식사류의 음식물 비용 등이 포함된다.

98) 중앙선거관리위원회 질의회답(1996.02.29) 참조.

3. 정당활동 비용

Max Weber는 정당에 대한 정의를 "그 활동적 구성원을 위한 이상적 혹은 물질적 이익의 획득을 위해 권력을 확보하려는 목적을 가진 조직이며, 그 이익이란 일정한 객관적 정책의 실현이나 개인적 이익의 획득 혹은 그 양자로 구성된다"[99]고 했다. 여기에는 반드시 정당의 정치활동뿐만 아니라 선거에서 유권자의 표심을 얻기 위한 정책활동도 중심적으로 포함된다고 볼 수 있다. 다시 말해서, 정당의 본질적 목표는 권력추구에 있고 권력을 얻기 위한 구체적인 방편은 바로 공직 선거에서 더 많은 표를 얻어서 승리하는데 있는데, 이를 위해서 정당은 평상시 부단한 조직활동과 정책활동 등을 경주해야 한다는 점이다.

선거라는 정치무대는 정당의 가장 본질적인 정치활동이 이루어지는 터전이라고 하겠다.[100] 우리나라 정당이 정당활동에 소요되는 정치비용은 정책개발비, 당원교육 훈련비, 조직활동비, 선전비, 선거비, 의정활동비, 여성정치발전비, 기타경비 등이다. 〈표 5-1〉에서 〈표 5-6〉은 2003년도에서 2008년도까지 연도별 우리나라 정당들의 기본경비를 포함한 정당활동비의 지출현황이다.[101]

---

99) Max Weber, "Politics as a Vocation", H.H.Gerth and C.Wright Mills(Translated and edited), *From Max Weber: Essays in Sociology*(New York: Oxford University Press, 1946), pp. 77~128 참조.

100) 심지연(2004), 172쪽.

101) 중앙선거관리위원회, 『정당의 활동개황 및 회계보고 자료』(2003, 2004, 2005, 2006, 2007, 2008) 참조.

〈표 5-1〉 2003년 정당의 지출총괄

(단위: 백만원)

구분 / 정당별	기본경비	정책개발비	당원교육훈련비	조직활동비	선전비	선거비	의정활동비	기타경비	합계
합계	63,296	12,186	2,512	12,728	9,208	11,851	3,920	35,726	151,427
한나라당	30,325	7,142	1,012	6,956	1,787	4,279	2,674	9,354	63,529
새천년민주당	18,439	3,216	571	3,187	2,972	7,352	1,167	23,551	60,445
열린우리당	3,305	340	50	443	485	0	13	71	4,707
기타정당	11,227	1,488	879	2,142	3,964	220	76	2,750	22,746

〈표 5-2〉 2004년 정당의 지출총괄

(단위: 백만원)

구분 / 정당별	기본경비	정책개발비	당원교육훈련비	조직활동비	선전비	선거비	여성정치발전비	기타경비	합계
합계	79,001	8,885	658	15,246	7,022	15,618	2,078	18,137	146,645
열린우리당	13,100	3,012	217	5,505	2,949	2,617	747	4,373	32,520
한나라당	52,536	4,402	24	4,126	1,679	5,459	895	7,645	76,766
민주노동당	2,905	364	352	4,352	323	1,751	160	952	11,159
기타정당	10,460	1,107	65	1,263	2,071	5,791	276	5,167	26,200

〈표 5-3〉 2005년 정당의 지출 총괄

(단위: 백만원)

구분 / 정당별	기본경비	정책개발비	조직활동비	여성정치발전비	기타경비	합계
합계	27,847	8,616	16,878	2,907	5,315	61,563
한나라당	78,123	3,713	4,633	1,193	686	18,048
열린우리당	10,910	3,393	5,942	1,084	1,020	22,349
민주당	2,302	615	1,229	260	213	4,619
민주노동당	5,550	621	4,835	269	696	11,971
자유민주연합	1,262	274	239	101	2,700	4,576

〈표 5-4〉 2006년 정당의 지출 총괄

(단위: 백만원)

구분 / 정당별	기본 경비	정책 개발비	조직 활동비	선거 비용	여성정치 발전비	기타 경비	합계
합계	46,851	7,595	59,091	16374	3,330	18,784	152,025
열린우리당	18,227	2,347	19,022	6,412	1,592	10,445	58,045
한나라당	14,482	3,337	20,097	4,750	853	3,655	47,114
민주당	4,632	582	6,781	1,363	374	2,184	15,926
민주노동당	7,549	1,165	11,446	3,059	357	1,500	25,076
국민중심당	1,961	164	1,745	790	154	990	5,804

〈표 5-5〉 2007년 정당의 지출 총괄

(단위: 백만원)

구분 / 정당별	기본 경비	정책 개발비	조직 활동비	선거 비용	여성정치 발전비	기타 경비	합계
합계	58,471	7,574	45,655	90,352	2,857	12,074	216,983
대통합민주신당	18,809	1,260	14,945	39,930	1,158	6,591	82,693
한나라당	22,847	3,638	22,142	37,399	866	2,818	89,710
민주노동당	8,373	983	4,683	3,921	252	951	19,163
민주당	5,988	253	3,414	1,242	405	353	11,653
국민중심당	1,643	76	435	923	170	1,082	4,329
한국창조당	811	1,364	36	6,937	6	279	8,205

〈표 5-6〉 2008년 정당의 지출 총괄

(단위: 백만원)

구분 / 정당별	기본 경비	정책 개발비	조직 활동비	선거 비용	여성정치 발전비	기타 경비	합계
합계	54,299	6,996	36,278	45,147	2,304	70,756	215,780
한나라당	21,784	3,452	18,442	8,310	1,415	33,041	86,444
민주당	16,614	1,840	9,606	20,812	126	29,325	78,323
자유선진당	2,867	52	1,122	3,129	248	4,208	11,626
친박연대	3,012	518	36	5,906	140	2,453	12,065
민주노동당	8,654	924	6,478	6,175	321	1,059	23,611
창조한국당	1,368	210	594	815	54	670	3,711

위의 표들에서 알 수 있듯이 정당의 지출총액 중에서 기타 경비가 2003년도 23.6%, 2004년도 12.4%, 2005년도 8.6%, 2006년도 12.3%, 2007년도 5.5%, 2008년도 32.7%로서 정당의 본래의 목적인 정책개발비와 조직활동비 그리고 의정활동비보다 많이 사용한다는 점이다. 더욱이 의정활동비는 2003년까지 존속하다가 없어졌고 대신 여성정치발전비가 추가되었다. 정당의 기타경비 지출이 많다는 것은 돈의 사용에서 투명하지 못하고 밝히기 곤란한 어두운 곳이 많다는 것이다. 특히, 선거관리위원회는 선거시에 기타경비의 지출이 많이 늘어나는 연유에 대해서 정당의 회계보고를 형식적인 검토를 할 것이 아니라 면밀히 실사조사를 하여야 할 것이다.

이는 정당이 당비, 국고보조금, 후원금, 기부금 등을 받아 정당의 운영 경비와 정당의 선거비에 과다하게 사용된다는 점이다. 특히, 정당의 지출액 총괄에서 정당의 고유기능인 의정활동이나 당원 교육훈련, 정책개발보다도 정당 운영의 기본 경비와 용도가 불분명한 기타 경비에 많은 비용을 사용했음을 알 수 있다. 이는 보수정당인 열린우리당, 한나라당, 새천년민주당, 국민중심당이 다른 군소정당들보다 더욱 뚜렷하게 많은 현상을 나타내고 있다.

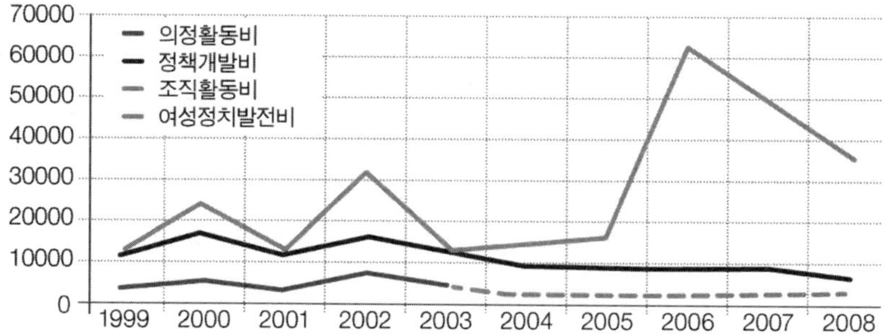

※ 출처: 중앙선거관리위원회, 정당활동 및 회계보고 자료집(1999~2008)

〈그림 1〉 정당의 주요 정당활동비 추이(1999~2008)[102]

〈그림 1〉에서 정당의 주요 정당활동비인 정책개발비, 조직활동비, 의정활동비의 추이상황을 보더라도, 각 정당들은 평년보다 선거가 있는 연도(2000년, 2002년, 2006년, 2007년)에는 정치비용 지출액이 너무 차이가 나고 2004년도부터는 의정활동비 대신에 여성정치발전비를 대체함으로써 여성정치 활동의 폭을 넓혀 여성정치시대의 장을 만들어 준 특징이 있다.

특히, 2006년 4월 28일 정치자금법 제26조 개정으로 지역구 광역의원선거와 지역기초의원선거에서 여성추천 보조금의 100분의 50을 각 선거의 여성추천 보조금으로 총액하였는데, 여성추천 보조금이 여성후보자의 선거경비로 사용되지 아니하는 경우, 용도위반으로 보조금의 2배에 상당하는 금액을 회수하거나(정치자금법 제29조), 회수가 어려울 경우 그 이후 당해 정당에 지급할 보조금에서 감액지급하도록 엄하게 규정하고 있는 것만 보아도 여성의 정치참여를 확대하려는데 그 제도적 취지가 있다고 할 것이다.

그러나, 한국정당의 정치발전에 저해 요인이 될 수 있다고 보는 것은 위의 〈그림 1〉에서 알 수 있듯이, 선거를 위한 조직활동비는 선거가 있는 연도에는 뚜렷하게 증가하였으나, 정당의 기능과 역할에서 중요시되는 의정활동비나 정책개발비의 사용에 있어서는 평년에 비해 큰 차이가 없다는 점을 볼 때, 정당이 책임있는 정치적 주장이나 정책을 개발하여 추진 · 수행할 수 있도록 하는 정당의 기능을 다하지 못한 것으로도 볼 수 있다.

---

102) 중앙선거관리위원회, 『정당의 활동개황 및 회계보고 자료』 참조.

정치자금의 공급측면의 논점

1. 정당의 당비제도

정당은 '법률상의 정부에 지배권을 행사하는 제2의 비법률적 정부', '정당의 존재는 한 나라에 있어서의 민주정치의 존재유무를 가늠하는 리트머스 시험지의 테스트', '정당은 현대정치의 생명선' 등의 표현은 정당이론가들이 정당을 강조하는 좋은 예일 뿐만 아니라 정치와 권력관계에 있어서 차지하는 정당의 역할을 적확하게 지적한 것이다.[103)]

오늘날의 정당은 동일한 정치적 공감대를 형성한 사람들이 모인 결사체로서, 그들의 정치적 정견이나 정책을 실현시키기 위해 정치적 활동을 계속적으로 지속하는 단체라 할 수 있다. 이렇게 막대한 조직을 가진 정당이 그 기능과 역할을 다하기 위해서는 무엇이 과연 필요할 것인가. 이것은 무엇보다도 정당의 조직체를 움직이고 운영하는데 자금이 필요하듯이, 우리가 아무리 좋은 자동차를 샀다

103) 박상철(1999), 32쪽. 이 외에도 정당의 기능과 역할에 대한 대표적 규정은 다음을 참조. James Bryce, *Modern Democracies*, Vol. 1(New York: Macmillan, 1921); Elmer E. Schattschneider, *Party Government*(New York: Rinehart, 1942); Robert A. Dahl, *Pluralist Democracy in the United States*(Chicago: Rond McNally, 1969); Sigmund Neumann(ed), *Modern Political Parties: Approaches to Comparative Politics*(Chicago: Univ. of Chicago Press, 1956)

하더라도 움직이게 하기 위해서는 운전기술도 필요하지만 휘발유를 주입하여야 자동차가 움직이는 원리와 같아, 흔히들 정당의 정치자금을 '윤활유'라고 비유하는 이유가 여기에 있다.

정치자금제도 중에서 가장 바람직한 것은 대가성이 적은 정당의 당비제도라고 할 수 있는데, 외국의 경우, 특히 영국의 노동당은 수입의 약 90%는 연례회비(Annual Affiliation Fee)[104]로 충당하고 있다. 우리나라의 경우 정당의 자금원으로서 당비를 처음 규정한 것은 1986년 12월 31일 「정치자금에관한법률」의 제3차 개정시(법률 제3302호)에 당비를 규정한 이래, 현재에 이르러서도 「정당법」(제21조)상으로 정당은 당원의 정예화와 정당의 재정자립을 도모하기 위하여 당비납부제도를 선정·운영하도록 규정하고 있으며, 정당의 당원이 당비납부의무를 이행하지 아니하는 당원에 대한 권리행사의 제한, 제명, 규정에 의한 당원자격의 정지 등 필요한 사항을 당헌에서 정하도록 했다.

이에 따라 정치자금법상 모든 정당은 소속 당원으로부터 정당의 당헌·당규 등에 의하여 당비를 받을 수 있도록 규정하고 있으며, 당비를 받을 수 있는 정당의 구성과 성질은 수도에 소재하는 중앙당과 특별시·광역시·도에 각각 소재하는 시·도당으로 구성하여, 당비를 징수할 수 있도록 했다. 종전에는 지구당까지 구성되어 있었으나, 고비용 정치구조를 없앤다는 입법취지에 지구당마저 없어진 상황에서는 지역구 국회의원 또는 종전의 지구당 위원장 등이 지역 정치활동에 경제적으로 많은 애로가 있는 것이 사실이다. 왜냐하면, 정당법상으로는 지구당은 없지만 실제적으로 우리나라 모든 정당이 지역의

104) 중앙선거관리위원회, 『외국정당과 정치자금제도 자료집』(2003), 14쪽.

정치활동을 위해 당원협의회, 지역위원회, 운영위원회 등의 명칭으로 종전의 정당조직과 동일한 조직을 운영하고 있기 때문이다.

종전의 지역구의 정당조직과 기능면에서 현재에도 여전히 동일한 정치조직의 운영을 위해 정치자금이 필요한데, 이러한 자금원을 어디에서 충당할 것인가 하는 문제는 매우 중요한 문제로 대두된다.

현재 정당의 당원이 당헌·당규의 규정에 의하여 당비를 시·도당에 타인의 명의나 가명으로 납부할 수 없으므로 직접 본인의 명의로 납부하고 있는데, 실질적으로 정당은 시·도당 위주로 운영됨으로써 지역구를 관리하는 국회의원이나 원외 위원장 등은 재정난에 곤란을 받게 된 것이 사실이다.

과거의 정치자금이 정계의 '지하수도'로 비유되는 것도 이러한 연유에서 생긴 말이라 볼 때, 과연 지금도 아무도 모르는 부패성 자금줄의 연결고리를 차단했다고 할 수 있는지 의문시 된다.

우리나라 정당의 당비규정은 보편적으로 일반당비, 직책당비, 특별당비 등으로 구분되는데, 우선 여기에서 최근 몇 년간 각 정당의 당비수입상황을 보면 제3장에서 제시한 〈표 1〉과 같다. 〈표 1〉에서 알 수 있듯이 우리나라 정당의 당비는 외국의 경우와는 다르게 보수정당일수록 당비 조달이 용이하다는 것을 알 수 있으며, 아울러 국민정치 의식수준의 향상에 따른 영향으로 진보정당인 민주노동당의 당비가 2000년도 361백만원이 2007년도에는 11,236백만원으로 320%로서 당비가 매년 증가되는 현상도 보이고 있다.

여기에서 문제가 되는 것은 규모가 작은 정당일수록 일반당원이 차지하는 금액이 적다는 것이고, 정당이 당원으로부터 조달하는 당비는 조세감면 혜택도 없고 당비수납에서 개인이 납부해야 할 상한선도 없다는 것이다. 또한 당내행사나 공직선거 시에 공직후보자가 공천과 관련하여 부담하는 특별당비가 비밀리에 개인과 정당 간에 거래되고 있다는 점이다.

지난날에는 당선이 유력한 특정지역에서 정당공천을 받기 위해서는 정치지망생들이 공천권을 행사하는 정당의 권력자에게 막대한 공천헌금을 주고 줄서는 이른바 '밧줄정치'를 자행해온 것이 사실이다. 검은돈의 거래는 사람의 손을 거칠 때마다 지하수의 유실이 생기듯이 옆 주머니로 새어나가기 마련이며, 본래의 취지에 맞게 공식적으로 사용되는 돈은 극히 소액에 불과했다는 것이 정치권에서 회자된다.

막대한 공천헌금을 주고 정당의 공천을 받아 공직선거에서 당선되었다고 하더라도 특별당비의 명목아래 납부한 당비가 너무 아까운 생각에 많은 사람들이 직무와 관련하여 대가성 금품을 받아 불명예스러운 일이 발생한 것이라든지 선거 시에 정당들이 비례대표 후보자들에게 특별 당비 명목으로 받아 정당운영비로 사용하는 것은 순수한 의미의 당비라 할 수 없다.

지금은 각 정당들이 당내경선이라는 규정으로 두고 공직후보자를 선출한다고 하지만, 강제입당이나 당비대납 등과 같이 일부 부작용도 종종 발생하고 있다. 현재로는 중앙당이나 시 · 도당에 납부하는 당원의 당비는 정치자금법상으로 정당의 당헌 · 당규에 의한다고 규정할 뿐, 당비에 대한 조달상의 아무런 법적 규제사항이 없다는 것이 정치자금 수급체계를 발전시키고 제도화하는데 상당한 걸림돌로 작용하고 있는 것이다.

2. 후원금과 기탁금 제도

민주주의에서 '금권정치로 가는 사다리'는 법인후원금이 가장 가깝다는 말이 있다.[105] 우리나라에서도 이런 연유에서 거액의 돈을 낼 수 있는 법인단체는 정치자금법 개정시(2004.03.12) 후원금을 낼 수 없도록 규정했다. 그러나 법인후원회가 특정한 경제적 이익과 정치적 목적을 위한 기대가 명백히 내재된 후원금을 기부하는 것은 부패정치의 지름길이라 할 수 있지만, 이를 표면상으로 쉽게 판단하기는 어렵다.

검은자금은 국민들이 쉽게 알 수 없을 뿐만 아니라, 제도적으로 차단장치를 마련했다 하더라도, '물밑의 자금의 흐름'을 알 수 없다는 것이 문제가 된다. 우리나라는 이런 연유에서 1980년에 정치자금에 관한 법률 제3차 개정 시에 첫도입한 후원회제도에서 법인과 단체도 할 수 있도록 규정하였으나, 현행법에서는 누구든지 자유의사로 하나 또는 둘 이상의 후원회에 개인으로만 회원이 될 수 있도록 규정했다. 다만, 기부의 제한(법 제31조 제1항) 규정에 의하여 기부할 수 없는 자와 정당의 당원이 될 수 없는 자(정당법 제22조)는 제외시켰다. 특히, 공무원의 신분으로서는 정치자금으로서 기탁금은 기부할 수는 있어도 후원회의 회원이 되거나 후원금을 낼 수는 없도록 규정한 것은 법의 형평상 모순이라고 할 수 있다.

후원회의 지정권자는 국회의원(당선인 포함), 정당의 대통령선거 경선후보자, 지역구 국회의원 선거의 후보자 및 예비후보자, 당대표 경선후보자, 특별시장 · 광역시장 · 도지사 선거의 후보자만 지정하

105) Amitai Etzioni, "The American Slippage Toward Plutocracy", in *Is Democracy in Danger?* Phi Kappa Phi Forum (Winter 2004) pp. 26~29.

도록 규정하고 있으며, 특히, 국회의원의 후원회는 모금을 위해 우편 또는 자동응답 전화시스템(ARS)을 활용한 모금을 허용함으로써 정치자금의 투명성을 제고시키고 있다. 또, 인터넷 전자결재시스템의 후원금 모금 방식으로 홈페이지에 '사이버 후원금 모금코너'를 마련, 네티즌들이 통장계좌나 신용카드를 통한 계좌이체방법으로 후원금을 모금할 수 있도록 했다.

과거에는 정치인이 후원금 모금을 위해 후원회 행사를 개최하면 홈페이지에 실시장면을 동시에 전송하여 네티즌의 동참을 유도하는 '온-오프라인 후원회'를 열기도 했으나, 거액의 후원금 모금을 위한 이벤트성 후원회행사는 현행법상 집회에 의한 방법이 되어 후원금을 모금할 수 없도록 규정하고 있다. 이러한 법 규정은 소수인의 거액보다 다수인의 소액후원금을 조성하기 위한 정치자금 수급제도라고 할 수 있으며, 후원회의 지정권자는 지금까지 정당의 중앙당에만 집중되어 왔으므로, 돈의 흐름을 방지하기위해 2006년 3월 13일 폐지하게 되었다.

우리나라 각 정당들의 후원금 징수현황을 제3장 〈표 2〉에서 언급한 바 있는데, 2000년에서 2005년까지에서 보듯이 보수정당(열린우리당, 한나라당, 새천년민주당)에 후원금이 몰리다가 선거가 없는 해인 2005년부터는 진보정당인 민주노동당에도 많은 금액이 모금되고 있는 것을 알 수 있다. 또한 야당(한나라당, 민주노동당)보다 여당(열린우리당, 새천년민주당)일 때 후원금 수납이 많다는 것을 알 수 있다. 이러한 정당의 후원금 증가는 정치권력과 돈의 관계가 아주 민감하다는 점을 보여주는 것처럼, 후원회 폐지는 이런 권력과 돈의 관계의 부정적 측면을 차단하기 위해 취해진 것이다.

다른 한편으로 선출직 공직자에 대한 후원회 지정에 있어서 문제가 되는 것은, 헌법재판소가 국회의원과 기초단체장간의 후원회 지정에 있어 지위와 성격, 기관의 직무 및 기능의 본질적 차이로서 국회의원은 국민전체를 대표하여 국가의 입법과 정치를 담당하며, 기초단체장은 한정된 지역의 주민복리에 관한 자치사무를 집행하는 행정담당관과 다르며,[106] 또한 광역단체장과 기초단체자간에는 관할구역의 범위와 권한 그리고 정치적 역할의 차이가 있어 다를 뿐만 아니라 시 · 도의원 후원회지정 금지 또한 지역의 일부를 기초로 하는 구성원으로 정치적 활동상의 차이와 신분의 차이 등이 평등의 원칙에 위반되지 않는다는 결정을 내렸다는 점이다.[107] 그러므로 현행법에서 비례대표 광역 · 기초의원, 기초단체장, 광역의원, 기초의원 포함한 이에 해당하는 후보자 및 예비후보자 후원회 지정권자를 둘 수 없도록 규정하고 있는 것이다.

선거 때만 되면 돈 잔치가 벌어지고 있는 우리 현실에서 뒷돈(검은돈)이 없으면 정치를 못하는 정치풍토에서 법의 형평성에 따라 큰 선거든 작은 선거든 양질의 자금루트가 제도적으로 마련되어있지 않다는데 문제가 있다. 더욱이 공직선거법 개정(2005.08.04)에서 정당의 후보자 추천을 기초의원까지 추천하도록 규정하면서 후원금 모금의 불균등 현상이 더욱 현저해지고 있다.

정치활동에는 돈이 들고 정치인은 늘 결핍을 체감한다. 법이 이를 인정하여 자금조달의 다양한 통로를 마련하여 정치인이 불법적으로 자금을 조성하려는 유혹을 근원적으로 차단해야 한다. 정치인이 이러한 불법적인 자금굴레에서 벗어날 수 있도록 정치자금 수급체계에 대한 제도적 방안 마련이 요청되는 것이다. 정치자금 조성

106) 헌법재판소 1997.05.29 96헌마85.

107) 헌법재판소 2000.06.01 99헌마576.

에서 후원금은 정치적 속성상 보수정당은 진보정당보다, 여당은 야당보다 한 푼이라도 더 모으는 특성을 지니고 있다. 우리가 간과할 수 없는 것은 어디까지나 정치자금은 제도적으로 공정성과 균등성의 원칙에서 벗어날 수 없다는데 있다.

현행 정치자금법은 기업의 과도한 정치자금의 부담을 줄이기 위해, 법인이나 단체 등이 정치자금으로 후원금을 내거나, 기탁금으로 기부할 수 없도록 규정했다. 지난날 경제인 기탁도 경제인 스스로 자발적으로 정치자금 기부에 참여한 것이 아니라, 먼저 필요한 자금을 정하고 이를 경제인 단체에 협조를 구했다. 한 예로서 아래 〈표 6〉에서 보듯이 경제 3단체가 비슷하게 짜 맞추듯이 자기 회원들로부터 정치자금을 모금하여 선거관리위원회에 기탁한 것을 알 수 있다.

〈표 6〉 경제3단체 기부금 비교

(단위: 백만원)

연도 \ 기탁금액	한국무역협회	전국경제인연합회	대한상공회의소
1983	400	359	340
1984	670	690	680
1985	340	380	380
1986	620	700	680

※ 출처: 중앙선거관리위원회, 기탁금관계자료(1983~1986)

〈표 6〉에서 알 수 있듯이, 3개 경제단체가 매년 비슷하게 기탁금을 기탁하였는데, 이는 경제인 단체가 순수한 의미에서 자발적으로 기탁했다고 볼 수 없다. 이러한 폐단을 없애기 위하여 현행법에서는 법인 및 단체 등이 기탁금을 기탁할 수 없도록 했다고 볼 수 있다.

선거관리위원회가 종전에 법인과 경제단체들의 지정기탁금 또는 비지정기탁금을 기부할 수 있을 때보다, 개인만으로 선거관리위원회에 기탁한 금액은 제3장의 〈표 3〉에서와 같이 너무나 판이하게 차이가 나고 있다. 이러한 기탁금 상황은 지난날에 기업체 등이 자발적이든 반강제적이든 정치권에 정치자금을 기탁했다는 것을 알 수 있다. 현행법에서는 기업의 부패성 자금을 없앤다는 법 취지는 좋으나 국민의 정치의식이 성숙되지 않은 정치현실에서 개인 1인이 정당을 위하여 1회에 1만원 또는 그에 상당한 가액 이상, 연간 1억원 또는 전년도 소득의 100분의 5 중 다액 이하의 돈을 기부하더라도 자신이 낸다는 흔적과 기대가치가 없는데 선뜻 정치자금을 내겠는가 하는 의문이 든다.

3. 국고보조금 제도

정당은 조직자체가 단체의 이윤을 추구하는 영리 주체가 아니므로 조직활동, 유지 · 강화에 필요한 자금마련이 곤란하므로 국가는 정당을 보호 · 육성한다는 취지에서 정치자금법에 의해 국고보조금을 지급하고 있다. 이 점에서 수혜의 교부라는 점이 지나치게 강조될 경우 정당의 활동과 기능을 위축시키는 결과를 초래할 수도 있다. 특히 금전과 관련된 법은 정부가 여당에 의한 야당을 억압할 수 있는 제도가 되기도 하며, 또 법이 아무리 잘 만들어졌다고 하더라도 그것을 지켜야 할 정당이 이를 소홀히 하거나 국민에 의한 감시통제 기능이 외면당할 때에는 그 법은 사문화되기 쉽다.

이러한 의미에서 볼 때, 정당이 자금확보과정에서 초래될 수 있는 부패의 여지를 없애는 것이 중요한 과제가 되어왔다. 따라서 이러한 측면에서, 「정치자금에관한법률」 제3차 개정시에는 다당제 아래 정당의 균형발전과 보호육성을 위해 헌법적 취지에 맞게 국고 보조금제도를 채택했다고 볼 수 있다. 이는 과거 정당이 정치자금의 공급을 기업체에게만 의존해 오던 폐해를 시정하고 조달의 투명성을 확보한다는 긍정적인 측면도 있다. 이에 따라 여당에 편중된 기업체의 정치자금 공급 관행을 깨고, 국가가 경상보조금과 선거보조금을 배분율에 따라 지급하게 된 것이다. 그러나 정당에 대한 국고보조는 국가기관도 아닌 사적 결사에 불과한 정당에 국가의 예산으로 운영비를 지원한다는데 있어 많은 비판과 논쟁이 있다.[108] 이러한 부정적인 측면이 있음에도 불구하고 국가는 정당을 보호 · 육성한다는 헌법적 의미에서, 지금까지 정치적 기부금이 여당에게 편중된 기업체의 정치자금 공급 관행을 깨고, 국가가 경상보조금과 선거보조금을 배분율에 따라 지급하게 된 것이다. 그러나 여기에서도 문제가 발생할 수 있는데, 즉 정당이 1인 보스(총재)중심의 사당적 운영에서 벗어나지 못한다면, 국고보조금의 사적 사용사례가 발생할 수 있다는 점이다.

국고보조금의 엄격한 사용 제한과 공개는 필요하지만, 정당이 국가에 재정지원을 받는다는 것은 정당의 자율성과 정치활동이 국가로부터 제약을 받을 수도 있다. 국고보조금의 배분방식에서도 단순히 국회의원 의석수에 따라 배분 · 지급하는 법 규정은 정당의 재정자립도를 저하시키고 정치의 고비용 · 저효율을 부추길 수 있다. 국가가 정당에 국고로서 보조하는 것은 국민의 혈세로 된 국가의 재정을 특정 정당에 지급하면서 기득권을 인정해줄 뿐만 아니라, 국민의 자유로운 의사형성을 저해할 수도 있다.

유럽국가들 중에서는 독일의 경우 최초로 정당의 형성 활동을 지지한다는 목적에서 정당에 대한 국고 보조금제도를 도입하였다. 독

---

108) 박상철(2008), 78~79쪽 참조.

일은 1966년 7월 연방헌법재판소가 국민의 자유로운 의사형성이란 민주주의적 원칙에 위배된다는 이유로 위헌판결을 내려 정당에 대한 직접적 국고보조금은 금지되었다. 단지, 선거비용의 국고보조는 인정되고 있는데, 이는 선거가 최고의 국가기관인 입법부의 형성을 위한 국가적 제도로 인정된 연유이다.

우리나라의 각 정당에 대한 국고보조금의 배분 · 지급 추이 상황은 앞서 제3장 〈표 4〉에서 언급한 바 있다. 정당의 국고보조금 지급 상황만 보더라도 정당의 의석수에 따른 지급액의 차이가 있을 뿐만 아니라 특히, 선거가 있는 연도에는 국고보조금이 평년에 비해 2배 더 지급했다는 것을 알 수 있다.

문제는 과연 정당의 일반적 활동을 위해 선거비용도 아닌 자금을 국가에서 지원해도 되는가 하는 점이다. 즉, 우리나라 정당은 국가에서 지원하는 재정적 지원 의존도가 매우 높은 상황인데, 정당정치 발전을 위해서 국가가 정당의 재원을 지원한다는 의미는 좋으나, 정당이 자발적인 재정 노력을 하지 않고 국민의 세금으로 이루어진 국가의 재원을 '주머니 돈'처럼 쓴다는 것은 문제라는 점이다. 또한 배분 · 지급에서도 보수정당에 과잉 편중되는 것은 정당 육성의 형평성에도 어긋나는 점이 있다.

국가 재정에 의해 지급되는 정당의 보조금이 여 · 야 정당에게 해마다 쏟아 들어가지만 정당 내부에 자정노력이 부족한데다가 자체적으로 통제할 수 있는 제어장치가 지극히 형식적이고 허술하다. 여 · 야 할 것 없이 철저한 내부 통제와 외적 감시 절차 없이 막대한 국고보조금이 집행되고 있고 경우에 따라선 사적으로 사용한 사례들이 들어나고 있어, 이에 대한 제도적 개선도 시급한 문제로 대두되고 있다. 정당이 선거관리위원회에 제출하는 회계보고서는 증빙

자료의 부족이나 미첨부 등으로 그 신빙성이 없고 허술하다. 정당의 회계보고를 받는 선거관리위원회는 정당의 자율성을 보장한다는 명목하에 지금까지 철저한 감시와 실사 확인 등을 제대로 이행하지 못했다고 보이는데, 앞으로는 외부 감시기능을 제도적으로 보완하여 선거관리위원회가 지정하는 외부 외계감사를 반드시 거치도록 하는 방안도 검토하여야 할 것이다.

4. 비합법적 자금조달

대한민국이 건국한지 반세기가 지난 제15대 국회까지 임기 중 구속된 국회의원은 81명이었으며, 이중 절대다수가 정치자금의 비합법적 수급으로 인해 구속된 경우다. 또한 국회의원뿐만 아니라 정당의 최고 지도자와 대통령도 '통치자금'이라든가 '비자금'이라 하여 비합법적 자금조달로부터 자유롭지 못했다.

정치권에서 거액의 정치자금 스캔들이 발생할 때마다 한국의 '정치시계'는 일시적으로 정지되고, 정치권은 동토지대가 되었다. 정치발전을 가로막는 암적인 존재는 정치자금을 둘러싼 정쟁이라고 말할 정도로 한국정치의 심각한 부패성이 지적되기도 했다.

1995년 전직 대통령들의 '통치자금'의 규모와 조성방법은 엄청난 파장을 몰고 와 헌정사상 처음으로 전직 대통령이 구속되기까지 했으나, 몇 년이 지난 1998년 구여권이 국세청을 동원한 대선모금 사건, 이른바 '세풍사건'이 터지자, 상대편은 야당시절의 정당 지도자의 비자금에 대하여 맞불작전으로 정쟁을 벌이기도 했다. 특히, 법적으로 인정되지 않는 통치자금은 국가의 예산을 숨겨서 빼돌리거나 권력에 약할 수밖에 없는 기업들에게서 반강제적으로 모금한 자금이었다.

1980년 제5공화국 이후 전직 대통령과 정당 지도자가 40여개 대기업에서 긁어모은 통치·대선 자금의 규모는 검찰이 확인한 것만 1조 3천억원에 달했다. 결국 자금줄이었던 기업들은 해체되거나 부도를 내고 법정관리를 받는 등 극심한 경영난을 겪음으로써, 기업이 정경유착의 대가를 호되게 치르게 되었다.

물론 이 과정에서 기업들은 정치권의 끊임없는 자금 요구에 '등골이 휠 수밖에' 없었으며, 기업으로부터 받아낸 통치자금은 야당으로도 일부 흘러들어가 그들의 정치공세를 무디게 하는 효과를 내기도 했다. 이들은 국책사업을 특혜 배정하거나, 이권을 제공하는 대가로 받은 돈을 '정치헌금', '대선지원금', '체제유지비용' 등의 명목으로 하여, 반강제적으로 모금한 것이 다반사였던 것이다.

외국의 선진민주주의 국가에서 조차 선거자금을 포함한 정치자금의 수요는 기하급수적으로 늘어나고 있으며, 민주주의의 돈에 대한 의존도가 갈수록 높아지고 있는 것은 어쩔 수 없는 시대상황이다.[109] 우리나라의 경우도 마찬가지로 선거 때마다 정당은 물론 정치인들이 양성적으로 사용하는 돈만 하더라도 기하급수적으로 늘어가는 추세이다. 특히 대선을 앞둔 여야 대선 예비후보자들이 경선과정에서 투입한 막대한 자금의 투명성에 대해서도 단골로 문제가 제기되곤 한다.

문제는 이렇게 많은 돈이 쓰이는데, 필요한 자금을 마련한다는 자체가 현행법으로는 불가능하다는 점에 있다. 대선주자들도 적법하

109) 미국의 경우 1952년 대통령 선거때 지출된 정치비용은 1억 4천만 달러였다. 이것이 76년에는 5억4천만 달러로 늘어났고, 96년에는 17억 달러, 2000년도에는 연방의원 선거까지 포함해 30억 달러로 추정되었다.

게 모금한 돈만으론 정치활동을 할 수 없는 정치구조의 한계를 호소하고 제도개선의 필요성을 주장하는 정도이다. 여타의 선거에 임하는 정치인 또한 국고보조금을 받는 정당과 달리 선거에 임하기 위해서는 개인후원금만으로는 감당하기는 어렵다는 것이 현실이다. 정당도 마찬가지로 창당대회, 중앙당·지역구 조직개편대회, 당원교육과 각종 모임 참여 등 당원을 대상으로 한 정당 활동이나 정치행사시에도 막대한 자금이 필요하게 된다.

위와 같이 정당이나 정치인에게 들어오는 돈보다 나가는 돈이 많다는 것은 '신용불량 정치'가 될 수밖에 없는 구조라고 하겠다. 이러한 정치자금의 수급 불균형이 고착화 된다면, 이때는 이미 정치자금으로서 필요악을 넘어 개혁의 악이 될 것이다.

▷ 질의 회답과 판례

1. 동료 국회의원 등에게 축·부의금품 제공

국회의원이 동료국회의원 등의 경조사에 축·부의금품을 제공하는 것은 정치활동을 위하여 소요되는 경비로 볼 수 없음.

2005.03.24 중앙위 의결

2. 단체가 국회의원에게 홍보용 물품을 제공

국회의원이 지방자치단체 등 단체로부터 지역 특산품 또는 자체생산 홍보물품을 후원회를 통하지 아니하고 제공받을 수 있으며, 그 제공받은 물품을 "공직선거법"상 기부행위 상대방이 아닌 타인에게 제공할 수 있음. 다만, 기부의 동기, 기부물품의 금액, 거래관행 등을 고려하여 통상의 판촉·홍보물품의 제공이라기보다는 정치자금의 기부에 해당하는 때에 "정치자금법"에 위반됨.

2007.01.22. 중앙선관위 회답

3. 지방의회의 의원 개인홈페이지 제공

지방의회가 소속 의원의 직무수행을 위한 의원 개인별 홈페이지를 해당 지방의회 홈페이지의 일부에 개설운영 할 수 있으나, 지방의회의 홈페이지에 개설된 의원 홈페이지와는 별도로 의원 개인 홈페이지를 제공하는 것은 "정치자금법"에 위반됨.

2006.11.06 중앙선관위 회답

4. 국회의원이 장학재단 설립

국회의원이 장학재단 설립에 필요한 기부금을 출연하거나 장학재단의 이사장 · 이사 등의 지위를 가질 수 있으나 후원회로부터 기부받은 정치자금은 국회의원의 정치활동을 위하여 지출하여야 할 것이므로 장학재단 설립에 필요한 기부금으로 지출해서는 아니 됨.

2005.03.09 중앙선관위 회답

5. 법인의 특정행사를 위한 정치자금 모금

법인이 개최하는 행사가 국회의원 기타 후보자가 되고자 하는 자의 정치활동을 위한 것이라면 그 행사를 위하여 모금하는 후원금은 "저치자금법"상의 정치자금에 해당하므로 같은 법에서 정한 절차와 방법에 의하지 아니하고는 모금할 수 없음.

2004.11.05 중앙선관위 회답

6. 국회의원의 특정행사 후원금 모금

국회의원이 의정활동과 관련하여 개최하는 토론회 · 세미나 등의 행사에 소요되는 경비는 "정치자금법"에 의한 정치자금에 해당하므로 국회의원이 후원회에 의하지 아니하고 동 행사경비를 직접 모금하거나 정치자금의 기부가 금지되는 법인 · 단체가 특정행사에 소요되는 경비를 부담하는 경우에는 같은 법 기본원칙 · 기부제한 · 정치자금부정수수죄의 규정에 위반됨.

2004.10.22 중앙선관위 회답

7. 정치인이 개인 · 단체로부터 정치자금을 직접 수수

정치인이 개인 · 단체(후원회를 둔 국회의원입후보등록을 한 자를 포함함) 등이 당해 후원회를 통하여 정치자금을 받은 경우를 제외하고는 대통령 · 국회의원 · 지방의회의원 등 정치활동을 하는 자가 개인 또는 단체로부터 정치활동에 소요되는 금전·물품 등 정치자금을 직접 받은 경우 "정치자금법"의 규정에 위반됨.

1994.05.27 중앙선관위 회답

8. 지방의원 입후보예정자의 선거비용 모금

정치자금은 "정치자금법"이 정하는 바에 따라 정치자금을 모금할 수 있는 주체와 모집방법이 정해져 있는바, 개인은 정치자금을 모금할 수 있는 법정주체도 아니며, 또한 특정 공직후보자예정자에게 정치자금을 직접 기부할 수도 없음.

1991.05.27 중앙선관위 회답

9. 정당의 정치자금 대출 및 상환

정당이 선거에 소요되는 정치자금을 금융기관으로부터 차입하고 그 차입금을 선거일후 국가로부터 보전 받은 비용으로 변제할 수 있음.

2007.11.16 중앙선관위 회답

10. 정치자금으로 법인 설립경비 등 출연여부

국회의원이 정치활동을 위하여 특정 단체의 임원 등 구성원으로 참여하는 경우 그 단체의 정관·규약 또는 운영관례상의 의무에 따른 회비 등을 후원회로부터 기부 받은 정치자금으로 납부·출연할 수 있음.

2007.07.31 중앙선관위 회답

11. 경선비용을 국회의원 정치자금에서 차입가능 여부 등

후원회를 둔 국회의원이 대통령선거경선후보자로 등록한 경우 그 경선에 소요되는 경비를 충당하기 위하여 국회의원후원회로부터 기부받은 국회의원의 정치자금을 차입하여 사용한 후 이를 상환하거나 국회의원의 정치자금에서 먼저 지출하고 그 금액을 반환하는 방법으로 처리할 수 있음.

2007.06.13 중앙선관위 회답

12. 국회의원의 정치자금으로 창당비용 지출

중앙당 및 시·도당 창당 과정에 소요되는 창당과 관련된 모든 비용을 창당준비위원회(시·도당 포함) 소속 국회의원의 정치자금에서 지출할 수 있음.

2007.05.03 중앙선관위 회답

13. 정당의 정치자금으로 당직자의 관혼상제 시 축·부의금 제공

시·도당이 정치자금으로 소속 당직자 또는 중앙당 및 타 시·도당 당직자의 관혼상제에 축·부의금품을 지급하는 것은 "공직선거법" 제112조 제2항 제2호 아목 및 동 규칙 제50조 제5항 제2호 다 목의 규정에 따라 제공하는 축·부의금품에 한하여 정치자금으로 지출할 수 있음.

2007.04.23 중앙선관위 회답

14. 정치자금으로 국회의원 보좌관 등에게 명절 선물 지급

국회의원이 보좌관 등 소속직원에게 설·추석 등 명절에 그 국회의원의 의정활동을 상시 보조하는데 대한 격려의 일환으로 통상적인 범위 안에서 선물을 제공하는 것은 정치활동에 해당되므로 후원회로부터 기부 받은 정치자금에서 지출할 수 있음.

2007.04.19 중앙선관위 회답

15. 정치자금으로 교섭단체 운영비 지원

교섭단체를 구성한 국회의원들이 각각의 정치자금 통장에서 교섭단체 운영비를 지원할 수 있음.

2007.02.14 중앙선관위 회답

16. 국회의원 정치자금으로 포럼개최비용 지출

국회의원이 포럼의 대표로서 매달 정기적으로 개최되는 포럼의 토론회에 소요되는 비용, 포럼의 월회비, 정책토론회 개최비용의 전부 또는 일부를 지출하는 것은 정치활동을 위하여 지출하는 것이라면 정치자금에서 지출할 수 있는 것임. 다만, 동단체가 선거구 안에 있는 단체이거나 선거구밖에 있더라도 그 선거구민과 연고가 있는 단체인 때에는 구성원으로서 당해 단체의 정관 · 규약 또는 운영관례상의 의무에 기하여 종전의 범위 안에서 회비를 납부하는 외에 특별회비 · 후원금 등의 명목으로 금품으로 제공하는 것은 "공직선거법" 제113조에 위반됨.

2006.12.01 중앙선관위 회답

17. 정치자금으로 종교단체의 자선음악회 후원

정치자금으로 종교단체가 주최하는 음악회에 광고형식으로 후원(후원금을 납입하면 후원금의 규모에 따라 동 행사참석자에게 배부하는 음악회 안내장에 후원인의 이름 등이 새겨진 광고를 게재, 주최 측에서는 안내장을 약 1,000부 정도 발행예정)할 수 있음.

2006.10.02 중앙선관위 회답

18. 국회의원 정치자금으로 보좌관 등의 상여금 지급

국회의원이 기부행위에 이르지 아니하는 통상적인 인건비의 범위 안에서 국회의원의 정치자금으로 그 사무소의 유급사무직원에게 상여금을 지급하는 것은 사용자의 임금지급행위로서 할 수 있으나, 국회에서 보수를 지급받는 별정직공무원인 보좌관 · 비서에게 같은 성격의 상여금을 지급하는 때에는 "정치자금법"에 위반됨.

2006.09.29 중앙선관위 회답

19. 정치자금으로 신문사 창간기념 축하광고비 지출

신문사 창간 축하광고비를 정치자금으로 지출할 수 있을 것이며 선거기간 전에 광고의 규격 · 형태 · 게재방법 등에 있어 후보자가 되고자 하는 특정정당의 지구당 위원장의 직명과 성명을 부각시키지 아니하는 범위 내에서 신문창간축하광고를 하는 것은 의례적인 행위로서 할 수 있으나, 후보자가 되고자 하는 지구당 위원장 1인이 또는 같은 정당에 소속된 다수의 지구당 위원장이 그 직명과 성명을 게재하여 신문창간 축하광고를 하거나, 동 광고에 정강 · 정책구호 · 홍보내용 또는 후보자가 되고자 하는 자의 사진을 게재하는 것은 후보자가 되고자 하는 자를 선전하는 행위가 되어 선거일전 180일 전에는 공직선거법 제254조의 규정에, 선거일전 180일부터 선거일까지는 같은 법 제93조의 규정에 위반됨.

2006.09.25 중앙선관위 회답

20. 법인의 운영자금을 정치자금으로 지출

당해법인(사단법인 기독교정치연구소)의 정관·규약 또는 운영관례상의 의무에 따라 정치자금으로 회비를 납부할 수 있으나, 사무실 임차료·직원의 급여 등 법인이 부담하여야 할 비용을 정치자금으로 직접 지출하는 경우에는 동법인의 구성·운영·활동내용 등에 따라서는 "정치자금법" 제2조 제3항 및 "공직선거법" 제89조의 규정에 위반됨.

2006.03.03 중앙선관위 회답

21. 정치자금으로 번역서 출판비용 지출

의정활동 또는 입법활동에 활용하기 위하여 저서를 번역하는 경우 그 경비를 정치자금으로 지출할 수 있으나 그 번역 자료를 직무상 필요에 따라 활용하는 외에 무상배부 또는 판매하기 위한 출판경비를 정치자금으로 지출하여서는 아니 됨.

2005.10.06 중앙선관위 회답

22. 오피스텔 임차비용 지출

주소지가 지방인 국회의원이 의정활동 또는 입법활동을 원활하게 수행하기 위하여 오피스텔을 임차하는 것이라면 그 임차료를 정치자금에서 지출할 수 있음.

2005.09.15 중앙선관위 회답

23. 정당의 후원금 차입

국회의원이 후원회로부터 기부 받은 정치자금은 사적 경비 또는 부정한 용도로 지출하지 아니하는 한 정치활동을 위하여 소요되는 경비로 사용할 수 있으므로 이를 소속 도당에 빌려 주고 이후 도당으로부터 상환 받을 수 있음.

2005.04.13 중앙선관위 회답

24. 국회의원보좌관 등의 격려금 지급

국회의원이 그 보좌관 · 비서관 · 비서에게 의정활동 지원과 관련하여 통상의 격려금을 후원회로부터 기부 받은 정치자금에서 지출할 수 있음. 다만, 통상의 범위를 벗어나 "공직선거법"에서 금지하는 기부행위에 이르거나, 같은 법에 규정된 공직선거의 선거운동 또는 "정당법"(당원 등 매수금지)(당내경선 등의 매수 및 이해유도죄)에 규정된 정당 당직자경선의 경선운동에 대한 대가 등으로 지출하여서는 아니 됨.

2005.03.24 중앙선관위 회답

25. 벌금의 납부

공선법 위반 및 정당법 위반으로 벌금형을 선고받은 경우 그 벌금의 납부는 정치자금법 제2조(기본원칙)규정에 의한 사적 경비 또는 부정한 용도의 지출에 해당되므로 정치자금에서 지출할 수 없음.

2005.02.22 중앙선관위 회답

26. 동료 국회의원에게 지역특산물 제공

국회의원이 공선법 제112조(기부행위의 정의 등) 규정에 의한 기부행위제한대상자가 아닌 동료 국회의원에게 구정을 맞이하여 지역특산물을 제공하는 것은 정치활동을 위한 것이라기보다는 사람이 살아가면서 도리로서 행하는 의례적인 행위로 볼 수 있을 것이므로 정치자금에서 지출할 수 없음.

2005.02.04 중앙선관위 회답

27. 친선외교활동을 위한 기념품 제작

국회의원이 주한 외교사절을 만나거나 의원친선 외교활동의 일환으로 외국을 방문했을 때, 접견자 및 관계자들에게 우정의 표시로서 한국의 전통문양으로 만들어진 조그만 기념품(의원명 명기가능)을 제작 또는 구입하여 수여하는데 필요한 비용은 정치활동을 위하여 소요되는 경비로 보아 이를 정치자금에서 지출할 수 있음.

2005.02.04 중앙선관위 회답

28. 장학금 및 구호대상자 후원

· 국회의원이 선거구 안에 있거나 선거구민과 연고가 있는 각 급 학교에 장학금 또는 기부금을 제공하는 행위는 공선법 제113의 규정에 위반됨.

· 법령에 의하여 설치된 사회보호시설 중 수용보호시설에 의연금품을 제공하는 행위 등 공선법 제112조 제2항 제3호 각목 또는 공직선거관리규칙 제50조 제5항 제3호 각목에 규정된 구호적 · 자선적 행위는 할 수 있음.

· 국회의원이 정치활동의 일환으로 구호 · 자선활동을 하는 경우 공선법 등 다른 법률에 위반하지 아니하는 한 그에 소요되는 경비를 후원회로부터 기부 받은 기부금에서 지출할 수 있음.

2004.12.23 중앙선관위 회답

29. 사단법인의 회비

사단법인이 정치활동을 위해 설립된 법인이고 국회의원이 당해 법인의 정관·규약 또는 운영관례상의 의무에 기하여 납부하는 회비인 경우라면 후원회로부터 기부 받은 정치자금으로 이를 납부할 수 있음.

2004.11.10 중앙선관위 회답

30. 유급사무직원의 퇴직금

정당의 시 당이 당해 관할 구역 안에 소재한 종전의 지구당에서 근무하였던 유급 사무직원에 대하여 당해 정당의 당헌·당규에 따라 퇴직금을 지급할 수 있음.

2004.09.03 중앙선관위 회답

31. 정치단체의 특별회비 등

- 연구단체의 공동대표인 국회의원이 특별회비를 납부하는 것이 정치활동을 위하여 지출하는 것이라면 정치자금에서 지출할 수 있음. 다만, 동 단체가 선거구 안에 있는 단체이거나 선거구밖에 있더라도 그 선거구민과 연고가 있는 단체인 때에는 구성원으로서 당해 단체의 정관·규약 또는 운영관례상의 의무에 기하여 종전의 범위 안에서 회비를 납부하는 외에 특별회비·후원금 등의 명목으로 금품을 제공하는 것은 공선법 제113조의 규정에 위반됨.
- 국회의원의 신분으로 정치활동을 하면서 소요되는 식대나 차량 유지비 및 유류비는 사적인 용도가 아닌 한 정치자금에서 지출할 수 있음.

2004.07.28 중앙선관위 회답

32. 정치자금의 사용범위

· 각종 정책간담회 · 세미나 · 토론회개최 및 비용지출, 정책활동과 관련한 간담회 등의 식대지출, 정책개발관련 여론조사 비용, 기자간담회(기자회견)후 식대지출, 국회의원사무실 운영경비, 지역사무소 운영에 따른 제반비용(인건비, 비품, 공공요금 등)의 경비를 국회의원이 정치활동을 위하여 지출하는 때에는 그 비용을 정치자금으로 지출할 수 있음. 다만, 역무의 제공 등에 대한 정당한 대가의 제공 등 공선법상 기부행위로 보지 아니하는 행위로 정한 경우 외에 선거구민 또는 그 선거구민과 연고가 있는 자에게 기부행위를 하여서는 아니 됨.

· 국회의원이 자신이 소속한 국회 상임위원회 활동에 필요한 정책개발을 위하여 그 분야의 전문가 등에게 이를 의뢰하여 정책자문을 받거나 개발케 하고 그에 대한 정책개발비를 지출할 수 있음.

2004.07.09 중앙선관위 질의회답

33. 실명이 확인되지 않은 방법으로 정치자금 지출

정당의 선거사무소장이 1회 50만원 이상의 정치자금을 지출하는 자는 수표나 신용카드, 예금계좌입금 기타 실명이 확인되는 방법으로 하여야 함에도 불구하고, 2004년 중앙당으로부터 소장 명의로 개설한 은행 예금계좌로 보조금 1백만원 송금 받아 같은 달에 현금으로 이를 인출하여 사용하는 것은 실명이 확인되지 아니하는 방법으로 정치자금을 지출할 수 없음.

2005.05.02 법원판결 2005노257

34. 정치자금을 사적 경비(부의금)로 지출

정치자금은 정치활동을 위하여 소요되는 경비로만 지출하여야 하고 사적 경비로 지출하거나 부정한 용도로 지출하여서는 아니 되므로 부의금 명목으로 송부함에 있어 정치자금인 국회의원 후원회의 후원금을 사용하거나 사적경비로 지출할 수 없음.

2005.01.14 법원판결 2004고합535

35. 현금으로 선거비용 지출

회계책임자가 현금 20만원 이상의 선거비용을 지출할 때에는 이를 지급받는 자가 지정한 금융기관의 예금계좌에 입금하거나 후보자가 선거관리위원회에 신고한 예금계좌를 결재계좌로 하는 신용카드 또는 수표를 사용하여야 하고, 현금으로 지급할 수 있는 금액은 선거비용 제한액의 100분의 10을 넘을 수 없음.

2004.11.01 법원판결 2004고합361

36. 후원회의 기능

"정치자금법"상 후원회는 후원회지정권자에 대한 정치자금의 기부를 목적으로 설립·운영되는 단체이므로 그의 지정권자가 아닌 불우시설이나 자선단체 등에 후원금품을 기부할 수 없음.

2004.07.03 중앙선관위 회답

37. 공무원과 정부투자기관 구성원의 정치자금 기부

다른 법률의 위반여부는 별론으로 하고 후원회의 회원이 아닌 자로서의 공무원과 정부투자기관의 구성원이 정치자금을 기부할 수 있는지에 대하여 "정치자금법"상 제한규정이 없으나 정부투자기관의 구성원이 동 기관과 관련된 자금으로는 정치자금을 기부할 수 없으며, 후원회 회원이 아닌 자가 후원회에 후원금품을 기부하고 후원회로부터 정치자금 영수증을 교부받아 이를 사용하여 세액공제나 소득공제를 받을 수 있음.

2004.05.01 중앙선관위 회답

38. 공무원의 후원금 기부

"국가공무원법 제3조 제3항의 규정에 의한 공무원의 범위에 관한 규정" 제2조에 해당하지 아니하는 공무원의 경우에는 "국가공무원법" 제65조 및 "국가공무원 복무규정" 제27조의 규정에 따라 정치적 목적을 가지고 "정치자금법" 제6조의 규정에 의한 후원회에 후원금을 기부할 수 없음.

2005.11.07 법제처 해석

39. 후원회 회원이 아닌 자의 후원금의 기부

후원회의 회원이 아닌 자도 "정치자금법" 제6조의2(후원인의 기부한도 등)의 규정에 의거 기부한도를 초과하지 아니하는 범위 안에서 후원회에 금품을 기부할 수 있음.

2002.06.03 중앙선관위 회답

40. 대한민국 국적을 가진 해외동포의 기부

외국인은 정치자금을 기부할 수 없으나 정치자금 기부제한 자가 아닌 대한민국 국적을 가진 후원인이 후원회에 납입 또는 기부할 수 있는 한도금액은 거주지에 관계없이 동일함.

1996.02.09 중앙선관위 회답

41. 신용카드를 이용한 후원금품 모금 및 기부

후원회가 후원금품 모금방법의 하나로 정치자금을 기부할 수 있는 자의 동의하에 신용카드사와 제휴하여 통상적인 카드(국회의원 사진 · 명칭 등이 게재되는 것은 제외함)를 발급하고 후원인이 사용한 카드사용금액의 일정분을 후원회 예금계좌를 통하여 후원금품으로 기부 받을 수 있음.

2001.03.13 중앙선관위 회답

42. 국회의원의 명함에 후원회의 ARS전화번호 게재

국회의원이 자신의 명함을 통상적으로 수교하는 경우, 그 명함에 금품모집을 위한 후원회의 ARS전화번호를 게재할 수 있음.

2000.12.19 중앙선관위 회답

43. 정치관련 사이트에 유료광고 게재

정치관련 사이트에 광고를 게재하는 것에 대하여 "정치자금법"상 제한규정을 두고 있지 않음. 다만, 웹사이트에 게재되는 광고내용이 공직선거의 후보자(후보자가 되고자 하는 자 포함함)를 지지 · 선전하거나, 선거운동에 이르러서는 아니 됨.

2000.08.09 중앙선관위 회답

44. 후원회의 수익사업 개최 및 소식지 발간

후원회는 등록을 한 후 회원으로부터 후원금을 받거나 관할 선거관리위원회에 신고한 후 회원이외의 자로부터 금품을 모집하여 이를 당해 정당 등에 기부할 수 있으며 그 외의 활동은 할 수 없음. 다만, 후원회의 정관 또는 규약이 정하는 바에 의하여 회원만을 대상으로 하는 후원회의 소식지 · 자료집 발간 및 세미나 · 강좌 등은 할 수 있음.

1994.04.30 중앙선관위 회답

45. 국회의원후원회 회계책임자 등의 명함에 후원금의 모금 고지

국회의원후원회의 회계책임자 또는 국회의원후보자 · 예비후보자 후원회의 회계책임자가 자신의 명함에 후원금모금을 위한 ARS번호를 기재하는 것은 "정치자금법"규정에 따라 할 수 있음.

2007.04.05 중앙선관위 회답

46. 문자메시지를 이용한 후원금품 모금 고지

후원회가 후원금품을 모집하기 위하여 이동전화의 문자메시지 기능을 이용하여 후원회명 · 금품모집의 목적 · 납입처 · 납입방법과 모금을 호소하는 내용을 후원회 회원 또는 회원이 아닌 자에게 발송할 수 있음. 다만, 문자메시지를 발송함에 있어 컴퓨터를 이용한 자동송신장치를 설치한 전화를 이용하거나, 공직선거의 후보자가 되고자 하는 자를 지지 · 선전하거나 선거운동에 이르는 내용을 발송하는 행위는 "정치자금법" 제6조의4(금품모집방법 등) · 제6조의5(우편 · 통신에 의한 모금) 및 공선법 제254조(선거운동기간위반죄)의 규정에 위반됨.

2005.03.17 중앙선관위 회답

47. 당내경선 금품 등 제공

경선선거인에게 경선후보자를 선전하면서 금품 또는 식사를 제공하는 행위와 선거권을 가진 당원들에게 경선 일에 경선장소까지 교통편의를 제공하면서 경선후보자의 지지를 유도하는 행위와 경선후보자가 당내경선의 선거권이 있는 대의원들에게 설·추석 명절을 전·후로 활동비를 제공하는 행위는 선거법 제57조의5에 위반됨.

2008 중앙선관위 정치자금법규 운용자료

48. 당비대납

입후보예정자가 당원을 모집하면서 입당원서를 작성한 자의 예금계좌에서 당비가 자동납부 되도록 하게 한 후 본인이 입당원서를 작성한 자에게 당비를 보전하는 행위와 입후보예정자가 당원을 모집하면서 입당원서만 징구하고 본인이 그 입당원서 작성자의 당비를 현금으로 대납하는 행위와 본인의 자유의사에 의한 승낙없이 정당가입을 강요하거나 입당과정에서 입당신청인의 명의를 도용하여 당비를 대납하는 행위는 선거법 제113조~115조, 정당법 제54조, 정치자금법 제48조에 위반됨.

2008 중앙선관위 정치자금법규 운용자료

49. 법인·기업체자금으로 정치자금 기부

법인의 대표자가 당해법인의 업무추진비를 이용하여 그의 명의로 특정 정치인의 후원회에 후원금을 납부하는 행위와 법인이 당해 법인의 자금을 가지급금 명목으로 대표자 및 임원에게 지급하고 대표자 및 임원이 그 돈을 자신들의 명의로 다수의 후원회에 분산하여 후원금으로 제공하는 행위와 법인의 대표자가 법인자금을 정당에 제공할 목적으로 당해 법인의 구성원을 특정 정당에 입당시킨 후 그 구성원 명의로 거액의 당비를 납부하는 행위는 정치자금법 제31조에 위반됨.

2008 중앙선관위 정치자금법규 운용자료

50. 공직선거의 후보자 · 예비후보자의 정치자금 수입 · 지출은 회계책임자만이 할 수 있는 입법취지

정치자금법 제36조 제1항은 "공직선거의 후보자 · 예비후보자의 정치자금 수입 · 지출은 그 회계책임자만이 이를 할 수 있다. 다만, 회계책임자로부터 지출의 대강의 내역을 알 수 있는 정도의 지출의 목적과 금액의 범위를 정하여 서면으로 위임받은 회계사무보조자가 지출하는 경우에는 그러하지 아니하다"라고 규정하고 있는바, 위 규정은 정치자금의 수입 · 지출을 공개하여 투명성을 확보하고 이에 관련된 부정을 방지함으로써 민주정치의 건전한 발전을 도모하고자 하는데 그 취지가 있다고 보이는 점, 위 규정 단서의 문언 및 정치자금사무관리 규칙 제35조 제3항이 "회계사무보조자가 회계책임자로부터 위임받은 정치자금을 지출한 때에는 정치자금법 제39조의 규정에 의한 영수증 그 밖의 증빙서류를 회계책임자에게 제출한다"고 규정하고 있는 점 등에 비추어 보면, 정치자금법 제36조 제1항 단서에 따라 회계사무보조자가 회계책임자로부터 서면에 의한 위임을 받아야 하는 경우란 회계사무보조자에게 정치자금의 지출에 관한 어느 정도의 재량이나 의사결정권이 부여되는 경우를 말하고, 이와 달리 회계사무보조자가 회계책임자의 완전한 의사관여 아래 그의 지시에 따른 도구로서 정치자금의 지출이라는 사실상의 행위를 하는데 불과한 경우에는 위 규정 단서에 따른 서면에 의한 위임이 필요 없다고 보아야 한다. 따라서 지방의회 의원선거에 출마한 후보자가 회계책임자의 지위를 겸하여 선거운동을 하면서 직접 지출원인행위를 한 다음, 그에 따른 영수증 등 증빙서류를 보조자에게 주어 인터넷뱅킹을 통한 계좌이체 방식으로 선거관리위원회에 신고된 계좌에서 위 증빙서류에 기재된 대로 송금을 하도록 한 경우, 위

정치자금 지출행위는 보조자가 회계책임자의 지시를 단순히 따른 것에 불과하여 회계책임자 본인의 행위로 법률상 평가되므로 정치자금법 제36조 제1항 위반행위에 해당하지 않는다.

2007.11.22 대법원판결 2007도6937

정치자금 수급체계의 제도화 방향

1. 정치자금 수급의 제도화 기준

2. 정치자금의 규제

3. 정치자금의 제도화 방향

정치자금 수급의 제도화 기준

1. 공개성과 투명성

일반적으로 선거법이 각종 공직선거에서 유권자가 투표로서 대표자를 선출하는 과정에 관련된 법이라고 한다면, 정당법은 정당이 국민의 정치적 의사형성에 필요한 조직과 활동 및 운영에 관한 법이라고 할 수 있고, 정치자금법은 정당이나 정치인들의 정치자금의 적정한 조달과 사용을 보장하고 공개함으로써 정치자금의 투명성을 확보하기 위한 법이라 할 수 있다. 흔히들 정치자금을 법률적 성격이나 자금의 투명성 여부에 따라 공식적 정치자금과 비공식적 정치자금, 경화(hard money)와 연화(soft money), 양성적 정치자금과 음성적 정치자금, 합법적 정치자금과 비합법적 정치자금으로 분류하고 있다.

정치자금을 어떠한 형태로 분류하든 정당이나 정치인에 대한 정치자금은 정치자금법에 의하여 공명정대하게 조달되고 사용되어야 하며, 국민의 의혹과 불신을 사지 않도록 공개함은 물론 모든 비합법적(비공식, 음성적, 연성)인 정치자금의 유입을 차단시키며, 위법시에는 엄중한 처벌을 함으로써 계속·반복적인 위법사항이 일어나지 않도록 해야 정치자금은 정당 또는 정치인에게 개인이 합법적으로 정치자금을 순수한 마음으로 기부하는 것은 바람직하나, 정치적 이익과 경제적 이익을 연계하여 비합법적인 음성자금을 몰래 제공하여, 정당의 정책이나 영향력을 행사하려는 개인 또는 단체 등으로부터 검은돈의 유입을 막을 수 있게 제도적으로 정치자금을 양성화시켜야 한다.

구체적으로는 정당의 당비조달은 정당의 당헌 · 당규에 의하되 철저하게 공개하여야 하며, 다수의 당원이 소액의 당비를 납부하도록 하여야 한다. 기탁금은 기업체가 빠진 상태에서 개인이 기부하는 금액은 소액에 불과하여 법의 실효성이 없어졌으므로, 다수인이 소액의 일정한 금액을 대가성 없이 기꺼이 선거관리위원회에 기탁할 수 있는 정치적 환경을 만들어 줄 필요성이 있다. 즉, 정치자금을 기부함으로써 정치발전에 기여한다는 성취동기를 부여하여 조세를 부담하듯이 하되, 일정한 기부금액 전액에 대하여 세액 공제 혜택을 주어야 한다. 법 개정 시마다 점차적으로 국고보조금의 지급이 증가되는 상태에서 정당은 국고보조금이 정당의 육성 · 발전을 위한다기보다 전적으로 정당 운영비로 간주하여 마구잡이로 물 쓰듯이 하므로, 국고보조금의 사용 용도를 엄격히 법적으로 규정해야 한다.

후원금은 정치인의 음성적인 자금조성이 되지 않도록 대상의 폭을 넓히며, 기부금 전액을 세액으로 혜택을 보도록 제도적으로 고쳐나가야 한다. 정당과 정치인이 제도적으로 정치자금의 유입통로가 원활해지면 자연적으로 음성적 자금조달의 폐단을 방지하게 된다. 즉, 정당과 정치인의 정치자금이 불건전하게 염출과 분배 및 운용되고 있는 부패정치의 행태 고리를 끊기 위해서는 제도적으로 공정하고 투명하게 양성화시키자는 것이다. 정치자금의 양성화야말로 깨끗한 정치풍토를 조성하고 민주정치의 건전한 발전에 기여한다고 본다.

정치자금 수급의 양성화의 핵심은 수급체계의 공개성(disclosure)

에 있다. 공개는 정치자금의 공적 통제체계에서 필수적 조건이며, 여기에는 다양한 요건들이 채택되고 있다.[110)]

정치주체에 의한 정치자금의 수급에 관한 공개는 선거과정의 투명성을 제고하는데 기여하고, 정당과 후보자들로 하여금 모금과 사용의 적법적 운용을 향상시키며, 궁극적으로는 영향력의 거래(trade of influence)와 부패에 대한 장벽이 됨과 동시에 과도한 선거비용 지출을 억제하는데 기여하게 된다.[111)] 따라서 정치자금제도의 제도화 과제에서 공개성의 문제는 가장 중요한 기준이 되어야 하는 것이다.

2. 조달과 통제

정치자금은 정치자금법에서 규정된 방법과 절차에 의하여 원활히 조달되고 사용되도록 관리되어야 한다. 이러한 정치자금의 관리는 정당이나 정치인이 정치활동에만 필요한 비용으로 관리되어야 하며, 사적경비나 부정한 용도로 사용되어서는 안 된다. 그러므로 정치자금은 국민이 알아야 된다는 기본권을 존중하는 의미에서 모금과 사용처에 대한 적정한 관리를 통해 공정성을 기하여야 한다.

물론 정치자금의 관리는 극비리에 이루어지는 경향이 많아 표면상으로 드러나지 않는 비합법적인 자금에 대해서는 정권교체가 있는 경우에 계승정권이 전정권의 정치자금을 폭로해 국민들로 하여금 경악을 금치 못하게 했으나, 이런 부패자금의 차단을 위해서는 정당과

110) USAID, *Money in Politics Handbook: A Guide to increasing transparency in Emerging Democracies*(Washington: Office of Democracy and Governance, 2003) 참조.
111) Walecki(2007), p. 80.

정치인에게 자금유입 통로를 합법적으로 여러 통로로 제도화시켜주어야 하며, 자금관리에 대해 국민의 눈이 감시체계가 되도록 한다면, 공명정대하고 적정한 자금관리가 가능할 수 있다. 이는 합법적으로 조달된 정치자금은 정책과 이념에 맞게 국민을 위하여 사용되고 관리하여야 한다는 법제적 취지를 담는 것이라 할 수 있다.

합법적으로 조성될 수 있는 정치자금은 당헌 · 당규 등에 의하여 당원이 납부하는 당비, 후원회 회원이 기부하는 후원금, 개인이 선거관리위원회에 기탁하는 기탁금, 정당의 보호 · 육성을 위해 국가가 지급하는 보조금 등의 조달 통로가 있으나, 이 모두가 정당과 정치인이 정치활동에 소요되는 비용으로 충분하지 않는데서 오는 폐단이 음성적 자금동원을 불러오며, 언제나 부패정치의 문제로 등장했다. 더욱이 정권의 축이 움직이는 대통령선거나 국회의원선거 시에는 말할 것도 없고, 정치권력과 지도자의 생각에 따라 부정한 정치자금 사건이 터져 나왔다.

이러한 정치자금 조성의 폐단을 없애자면 우선 돈이 많이 드는 공직선거부터 공명선거가 이루어져야 하며, 검은돈의 통로를 차단할 수 있는 엄격한 법집행과 투명성을 확보하기 위해 정치자금 관리에 대한 회계보고는 철저히 감시 · 감독, 공개하도록 감독 기관의 권한을 강화시켜야 한다. 정당과 정치인의 정치자금 관리는 내부통제를 스스로 강화할 수 있는 제도적 장치가 필요하며, 감독기관의 정치자금 관리에 대한 회계보고를 형식적인 심사와 공개를 할 것이 아니라 국민이 알 수 있도록 공개방법을 제도적으로 마련해야 한다. 그리고 위반 시에는 고발, 수사의뢰 등 엄격한 조치를 취하여야 한다.[112] 이것을 감사(audit), 조사(investigation), 제재(sanction)로 이뤄지는 집행규제(enforcement)라 한다.[113]

3. 소액기부 활성화

현행 정치자금법은 형평성의 결여로서, 정당이나 국회의원 또는 국회의원선거 후보자(예비후보자포함), 경선 후보자(대통령, 당 대표선거), 시장 · 도지사선거 후보자 등은 유리한 반면 후원회를 구성할 수 없는 기초지방자치단체장이나 기초지방의회의원선거에 후보자로 등록한 자나 소속정당이 없는 무소속이나 정치신인은 구성자격을 제한함으로써 양성적인 정치자금의 조달 통로를 차단하고 있는 현실이다.

정당이나 정치인이 쓰는 정치자금에 대해서, 조건의 끄나풀이 붙은 음성적인 거액의 자금줄을 차단하기 위해서는 양성화되고 합법적인 정치자금이 바람직한데, 이것은 바로 대가성이 없는 다수인으로부터 자금 꼭지를 틀어주는 소액의 기부 방식이 가장 바람직할 것이다. 즉, 다수의 사람들이 부담감 없이 소액의 정치자금을 기부하여, 이를 증대함으로써 음성적인 소수의 고액 기부를 상쇄시키는 합법적 방안으로 제도화하자는 의미이다.

다수인의 합법적인 소액기부에서, 우선 당비는 정당의 당헌 · 당규에서 규정한 대로 당원 스스로 자진납부하는 것이 가장 이상적이라고 할 수 있으나, 이것은 하나의 정치 이상일 뿐이며, 영국 노동당처럼 90% 이상이 당비로 충당하는 것과 우리의 현실은 너무나 차이가 난다.

당비 또한 소액에 한해 세금면세 혜택을 준다면 정당 정치발전에

---

112) Keith Ewing, "Corruption in party financing: the case for global standards", in Transparency International, *Global Corruption Report 2001*, p. 195.

113) Walecki(2007), pp. 84~88.

기여한다는 소속감과 즐거움에서 자발적으로 납부할 것이다. 또한 다수인으로부터 소액기부금 모금방법으로 후원금이 있는데, 후원금을 우편 · 통신(전화, 인터넷 전자결재 시스템 등), 신용카드, 예금계좌 등이 있으나, 좀 더 바람직한 것은 후원금을 모금할 수 있도록 후원회의 범위와 방법을 확대하는 점이다.

오늘날에는 지난날 기업체가 했던 기탁금의 액수와는 너무나 차이가 나서 법의 실효성 문제가 대두될 수 있으나, 다수인의 소액 기부증대 방안으로서 기탁금도 중요한 이익을 준다면 이 또한 순수한 자금조달의 방법으로서 고려해봄이 바람직하다고 본다. 예를 들어서, 개인이 기탁한 일정한 금액 전액을 세금으로 공제혜택을 준다면 개인으로서 적은 돈으로 정치발전에 기여했다는 정신적 만족감도 주고 정치참여에 대한 정치의식을 고양시킨다고 본다. 이는 국가가 정당을 보호 · 육성 한다는 의미에서 매년 국민의 세금으로 거액의 국고 보조금을 정당에 배분 · 지급하는 취지와 전혀 다를 바가 없다고 본다.

결론적으로 정당이나 정치인이 합법적 출구를 통해 정화된 돈만으로 깨끗한 정치를 할 수 있도록, 국민 다수가 소액일지라도 정치자금 기부를 할 수 있도록 제도적으로 여러 갈래의 다양한 조달통로를 합법적으로 열어주어야 한다.

정치자금의 규제

1. 규제의 기본원칙과 한계

정치활동의 공명화와 건전한 민주 정치발전을 위해서는 정치자금이 필요한데, 이러한 정치자금의 조달과 사용에서 법적규제를 하지 않을 경우, 거액의 음성 자금이 부당하게 수수되어 정치적 영향력을 행사하게 되고, 정치자금의 효율성에서 타락적인 폐단을 초래할 우려가 있으므로, 정치자금의 적정한 조달과 사용, 그리고 관리에서 효과적으로 법률규제의 필요성이 있다고 하겠다.

정치자금이란 보이지 않는 손에서 이루어질 수도 있기 때문에 지나치게 규제하면, 정당이 정치적 활동에 제약을 받아 민주정치의 기본적인 틀인 정당정치와 정치인의 활동이 위축되어 건전한 정당정치발전에 저해 요소가 될 수 있다. 그렇다고 규제가 느슨하고 미약할 경우에는 돈과 정치의 유착으로 부패정치가 초래하게 되어 대의제 민주정치의 암적인 존재로 작용할 수 있다. 이러한 정치자금의 법적규제에 대한 한계가 있지만, 만일 우리가 정당의 정치자금을 전면적으로 부정한다면, 그것은 선거나 정당활동을 정지시키고 따라서 정당정치 그 자체마저 부정한 결과를 가져온다.

그런 의미에서, V.O.Key가 '자금은 정당의 기동력이다'[114]라고 한 것처럼, 정치자금은 당연히 정당을 가동시키는 필요충분조건이라 할 수 있으므로 그 투명성을 높이고 비합법적 자금조성과 조달 그리고 사용에서 오는 폐해를 막기 위한 법적 규제가 필요하다. 외국의 경우만 보더라도 정치자금의 규제에서 조달만 규제하는 경우(미국)와 사용만 규제하는 경우(영국)가 있지만, 우리의 경우 양자 모두 규제의 대상이라 할 수 있다. 결국 규제의 원칙은 현실적으로 지킬 수 있는 법규제와 이에 대한 진실 여부를 엄격하고 철저한 통제, 감시, 감독, 확인이 따를 수밖에 없다.

현실적으로 일상생활에 있어서도 흔히들, '돈이 말한다'(Money talks)라는 금언처럼, 정치인이나 정당의 정치활동에 있어서 속성상 정치자금은 무엇보다도 조직과 사람을 움직이게 하는 막대한 영향력을 발휘한다. 흔히 좋은 의미에서 정치자금은 자동차에 기름을 넣어 움직이게 하듯이 정당조직을 가동할 수 있는 연료가 되기도 하고, 정치인에게는 혈관을 통해 피가 흐르듯이 하나의 생명선과 같은 역할을 하며, 정치적 목적을 달성하기 위한 하나의 수단이 되기도 한다.

반면에 정치자금은 은밀한 밀실에서 높은 대가성을 바라고 수수하는 행위는 투명성을 확보치 못할 뿐만 아니라 국민들로 하여금 많은 의혹을 남기게 되어 정치 부패의 근원이 된다. 그러므로 국가는 이러한 폐단을 없애고 자금의 투명성을 확보하기 위하여 정당에 대해 정치자금을 합법적으로 보조하여야만 한다는 것이다. 이는 정당에 음성적인 자금이 유입되어 부당한 영향력을 행사하는 것을 막을 뿐만 아니라, 정책의 왜곡을 방지하는 반면, 다른 한편으로는 선거의 공영제로 깨끗한 공직선거를 실시하도록 하여, 정당을 재정적

114) V.O.Key,(1950), p. 479.

으로 안정시켜 정치활동에 충실하도록 하기 위함이다.

이러한 의미에서 법제도의 규제방식은 무엇보다도 음성화된 정치자금의 통로가 양성화되도록 제도적으로 엄격히 규제하여야만 하며, 반면에 정당이나 정치인들이 합법적으로 조달되고 사용될 수 있도록 정치활동에 장애가 없어야 한다. 즉, 정치자금의 규제방식은 법제도가 견제와 균형이 되어야 한다. 지금은 지구당 폐지로 인하여 정치인의 사조직으로 운영되는 보이지 않는 음성적 자금이 무한정 들어가도 국민은 아무도 모른다.

이러한 비현실적인 모순을 예방하고 차단할 수 있는 감독기관(선거관리위원회)의 조직의 가능과 권한을 강화시켜 나가야 하지만, 현실적으로는 아주 미흡한 수준이라 할 수 있다.

2. 한국의 정치자금 규제

1) 정치자금의 양적 규제

정치자금의 양적규제는 금액에 대한 기부한도가 주된 규제대상이 되고 있다. 첫째, 후원회가 후원인(회원과 비회원 포함)으로부터 후원금을 모금하여 기부할 경우에는 모금한 후원금 외의 차입금 등 금품을 기부할 수 없을 뿐만 아니라, 모금에 직접 소요되는 경비를 공제하고 지체 없이 후원회 지정권자에게 기부하여야만 한다. 그리고 후원금에 대한 기부자의 양적규제로서는 후원인이 후원회에 기부할 수 있는 후원금은 연간 2천만원을 초과할 수 없으며, 후원인이 하나의 후원회에 연간 기부할 수 있는 금액은 대통령선거 경선예비후보자 후원회에 1천만원 이하이고, 국회의원 후원회, 국회의원 후보자등록 후원회, 당대표 경선후보자 후원회에 각각 500만원 이하이며, 후원인은 1회 10만원 이하, 연간 120만원 이하의 후원금을 익명으로 기부할 수 있다.

후원회의 연간 모금과 기부한도에 있어서도 대통령선거 경선후보자 후원회는 선거비용 제한액의 100분의 5에 해당하는 금액, 국회의원 후원회는 평년에는 1억5천만원, 공직선거 연도에는 3억원, 당대표 경선후보자 후원회는 연간 1억5천만원, 시·도지사 후보자 후원회는 선거비용 제한액의 100분의 50에 해당하는 금액, 국회의원 후보자 등 후원회는 연간 1억5천만원을 모금하여 기부할 수 있다. 후원회의 연간 모금 한도액은 전년도 이월금을 포함하여, 모금한 후원금이 연간 기부한도액을 초과하는 때에는 다음연도에 이월하여 기부할 수 있으며, 비례대표 및 무소속 국회의원 후원회는 당해 국회의원이 지역구 국회의원선거의 후보자로 등록한 경우에 한하여 평년의 2배를 모금하여 기부할 수 있다.

둘째, 기탁금의 기탁한도의 양적규제는, 기탁금을 기탁하고자 하는 개인(당원이 될 수 없는 공무원과 사립학교 교원 포함)은 각급 선거관리위원회에 기탁할 수 있으며, 한사람이 기탁할 수 있는 기탁금은 1회 1만원 또는 그에 상당하는 가액 이상, 연간 1억원 또는 전년도 소득의 100분의 5중 다액 이하로 기탁할 수 있도록 금액을 총액제한을 하고 있다.

2) 정치자금의 질적 규제

정치자금의 질적 규제로서는 정치자금 기부행위에 관한 제한이 주된 규제의 대상으로 하고 있으며, 외국인, 국내·외의 법인 또는 단체는 정치자금을 기부할 수 없으며, 누구든지 국내·외의 법인 또는 단체와 관련된 자금으로 정치자금을 기부할 수 없도록 제한하고 있다. 특정행위와 관련된 기부제한으로서 공직선거에 있어 특정인을 후보자로 추천하는 일, 지방의회 의장·부의장 선거와 교육위원회 의장·부의장, 교육감·교육위원을 선출하는 일, 공무원이 담당·처리하는 사무에 관하여 청탁 또는 알선하는 일, 법인과의 계약이나 그 처분에 의하여 재산상의 권리·이익 또는 직위를 취득하거나 이를 알선하는 일로서, 정치자금을 기부하거나 받을 수 없도록 제한하고 있다. 그리고 누구든지 업무·고용 그 밖의 관계를 이용하여 부당하게 타인의 의사를 억압하는 방법으로 기부를 알선할 수 없으며, 또한 누구든지 타인의 명의나 가명 또는 그 성명 등 인적사항을 밝히지 아니하고 정치자금을 기탁할 수 없다. 단, 기탁자의 성명 등 인적사항을 공개하지 아니할 것을 조건으로 기탁할 수는 있다.

보조금은 정당의 운영에 소요되는 경비로서, 인건비, 사무용 비품 및 소모품비, 사무소 설치·운영비, 공공요금, 정책개발비, 당원교육비, 조직 활동비, 선전비, 선거관계비용 외에는 사용할 수 없으며, 경상보조금을 지급 받는 정당은 그 정당 보조금 총액의 100분의 30 이상을 정책연구소(정당법 제38조)에, 100분의 10이상은 시·도당에 배분·지급, 100분의 10이상은 여성정치 발전을 위하여 사용하도록 용도제한을 하고 있다.

이렇게 정치자금법상으로 질적 규제를 한 것은 다액의 정치자금 기부가 공직선거에 미치는 악영향을 사전에 방지하기 위한 목적이 있다고 본다. 기부행위제한규정을 살펴보면, 첫째, 후보자 등의 기부행위 제한은 국회의원, 지방의회의원, 지방자치단체의장, 정당대표자, 후보자(후보자가 되고자 하는 자 포함)와 그 배우자는 당해 선거구 안에 있는 자나 기관, 단체, 시설 또는 당해 선거구 밖에 있더라도 그 선거구민과 연고가 있는 자나 기관, 단체, 시설에 기부행위(결혼식 주례행위 포함)를 할 수 없을 뿐만 아니라, 누구든지 위의 행위를 약속, 지시, 권유, 알선 또는 요구할 수 없도록 규정하고 있다.

둘째, 정당(창당준비위원회 포함), 정당선거사무소의 소장, 후보자(후보자가 되고자 하는 자 포함)나 그 배우자의 직계 존·비속과 형제자매, 후보자의 직계 비속 및 형제자매의 배우자, 선거사무장, 선거연락소장, 선거사무원, 회계책임자, 연설원, 대담·토론자나 후보자 또는 그 가족과 관계있는 회사 기타 법인·단체 또는 그 임·직원은 선거기간 전에 당해 선거에 관하여, 선거기간에는 당해 선거에 관한 여부를 불문하고 후보자 또는 그 소속 정당을 위하여 일체의 기부행위를 할 수 없도록 제한하고 있다.

셋째, 제3자의 기부행위 제한은 누구든지 선거에 관하여 후보자(후보자가 되고자 하는 자 포함) 또는 그 소속정당(창당준비위원회 포함)을 위하여 기부행위를 하거나 하게 할 수 없도록 제한하고 있으며, 이 경우 후보자 또는 그 소속정당의 명의를 밝혀 기부행위를 하거나 후보자 또는 그 소속정당이 기부하는 것으로 추정할 수 있는 방법으로 기부행위를 하는 것은 당해 선거에 관하여 후보자 또는 정당을 위한 기부행위로 보고 있다.

넷째, 누구든지 선거에 관하여 정당(창당준비위원회 포함), 정당의 대표자, 정당선거사무소의 소장, 국회의원, 지방의회의원, 지방자치단체의장, 후보자(후보자가 되고자 하는 자 포함) 또는 그 가족, 선거사무장, 선거연락소장, 선거사무원, 회계책임자, 연설원, 대담·토론자, 법 제114조 제2항의 규정에 의한 후보자 또는 그 가족 관계에 있는 회사 등이나 그 임·직원과 법 제115조의 규정에 의한 제3자로부터 기부를 받거나 기부를 권유 또는 요구를 할 수 없도록 제한하고 있다.

다섯째, 누구든지 선거에 관하여 『정치자금법』 제31조(기부의 제한)의 규정에 따라 정치자금을 기부할 수 없는 자에게 기부를 요구하거나 그로부터 기부를 받을 수 없도록 규정하고 있다.

3. 외국의 정치자금 제도와 규제

1) 미국의 정치자금 제도와 규제

미국의 정치활동은 후보자 또는 정치위원회가 중심이 되어 있으며, 정치자금의 조달은 다수 개인의 자발적인 참여에 의한 소액기부의 형태를 띠고 있다. 미국은 정치자금(political finance)이 선거자금(election finance)과 동일어로 사용되면서 정치는 선거라는 등식이 성립되고 있다.

역대의 선거과정을 보더라도 선거에 소요되는 비용은 해마다 증가되고 있으며, 개인의 지출로만 하던 선거자금이 막대한 거액의 자금이 필요로 하자, 국가는 제도적으로 관여하지 않으면 안 될 상황에 이르게 되었다. 후보자의 선거자금의 팽배는 단순히 개인의 사적 문제뿐만 아니라, 외부로부터 거액의 기부에 의존하게 되어 부당한 정치자금은 국가의 정치발전에 나쁜 영향을 미칠 위험성을 내포하게 되면서, 이러한 부당성과 위험성을 제거하기 위해서는 법적규제가 필요하게 되었다.

미국의 정치자금제도의 구성요소는 기부, 조성, 지출의 행위주체로서 후보자, 개인기부자, 정치활동위원회(Political Action Committee: PAC) 그리고 각종 정당 등의 유형이 있다. 이 모두가 연방선거자금법(The Federal Campaign Finance Act)의 규율을 받고 있으며,

특히 미국의 정치문화는 근본적으로 개인주의와 자발적 참여주의의 기본원리에 입각해 있다.[115] 미국은 이런 연유에서 자발적인 참여로서 소액다수의 기부금에 의존하는 각종 후원회가 발달하였으며, 3권 분립이 엄격하여 정치활동은 주로 의회 중심으로 되어있다.[116]

미국은 정당에 대한 국고보조금 제도는 없으며, 유럽식의 당비 납부 제도도 일반화 되어있지 않고 주로 개인의 자발적 참여로 정치자금을 기부하는 전통을 가지고 있어 후원회와 같은 모금산업이 매우 발달되어 있다. 후원회로서 정치활동위원회(Political Action Committee)의 유형으로서는 수권위원회와 주선거위원회가 있다.

수권위원회(Authorized Committee)는 주선거위원회 또는 후보자(candidate)를 위하여 기부를 받거나 경비를 지출하도록 후보자가 권한을 부여한 정치위원회(Political Committee)가 있다.

주선거위원회(Principal Campaign Committee)는 후보자에 의해 주선거위원회로서 활동할 수 있도록 후보자가 지정하고 권한을 부여한 정치위원회를 말한다.

복수(다수)후보자 정치위원회(Multi-candidate Political Committee)는 6개월 이상의 기간 동안 연방선거법(FECA)의 규정에 따라 등록했으며, 50명 이상으로부터 기부금을 받았고, 또 주의 정당 조직을 제외한 5명 이상의 연방조직 후보자에게 기부를 했던 정치위원회를 말한다.

전국위원회(National Committee)는 연방선거위원회(Commission)가 결정하는 바에 따라 그 정당을 전국적인 수준에서 일상 활동의 책임을 정당의 내규(by-law)에 의해 부담하는 기구를 말하며, 이러

115) 허형택(2002), 63쪽.

116) http://www.fec.gov/law/feca/feca.pdf

한 조직은 연방선거위원회가 인정한 것을 말한다. 주위원회(State Committee)는 위원회가 결정하는 바에 따라 그 정당을 주의 수준에서 매일 운영할 책임을 정당의 내규에 의하여 부담하는 기구를 말한다. 협회 · 위원회 또는 기구는 협회 · 위원회 또는 기구의 후보자로서 연방공직 선거에 후보자를 지명하고 그 후보자의 성명이 당해 단체의 후보자로서 본 선거의 후보자 명부에 기재되는 단체를 말한다.

PAC는 1974년 연방선거법 개정으로 개인에 대해 기부금의 한도를 낮추고 단체에 대해서는 한도금액을 높이게 되자 PAC의 수가 급속도로 늘어났으며, 연방선거위원회(FEC)에 등록한 PAC는 정기적으로 기부와 지출 내역을 보고하도록 했다.

기부내역은 개인은 연간 총 기부 한도는 25,000달러이며 이중 PAC에 대한 기부한도는 5,000달러이다. PAC의 예비선거에서 한 후보자에 대한 기부한도와 본 선거에서도 5,000달러이며, PAC가 후보자와 정당에 기부할 수 있는 한도에는 제한이 없다. 미국 대통령선거에서도 PAC가 참여하지만, 상 · 하원의원 선거에서 실제적으로 활동하며, 상 · 하원 선거운동비용의 약 30%정도 충당하고 있는 것으로 추산된다.[117] 대부분의 후보자는 자기 재산의 사용보다 개인 및 PAC의 기부금을 받아내는데 자기의 정치 생명을 걸고 있는 실정이다. 여기에서 최근 지출상의 PAC의 기부금 지출상황을 알아보면 아래 〈표 7〉과 같다.

미국의 국고보조금은 선거운동비용으로서 지급되는데, 대통령 예비 선거운동비용, 대통령 본 선거운동(Presidential Election Campaign)비용, 후보자 지명 전당대회(Presidential Nominating Conventio

117) 중앙선거관리위원회, 『외국정당 · 정치자금제도 자료집』(2003), 35쪽.

n)비용을 보조해주고 있다. 대통령 선거운동 기금조성(Presidential election campaign fund raising)은 3달러 이상 소득세를 납세하는 자가 납세액 중 3달러를 지정할 수 있고 매 4년에 1억달러를 조성하여 재무장관이 관리하고 있다.

〈표 7〉 지출 상위 정치활동위원회

(단위: 달러)

순위	이름	지출액
1	에밀리의 명부 (Emily's list)	12,494,230
2	민주, 공화 독립투표자 교육위원회	9,931,244
3	전국총기협회(NRA) 정치승리기금	6,642,888
4	미국 재판변호사협회 정치활동위원회	5,084,785
5	국립교육협회정치활동위원회	5,031,657
6	미국선거운동	4,491,926
7	미국 주, 군, 지방자치단체 노동자 연맹	4,307,967
8	미국의료협회(AMA) 정치활동위원회	4,133,528
9	UAW 자원봉사공동체 행동계획	3,955,068
10	무당파정치연맹 간부들	3,615,292

※출처: 중앙선거관리위원회, 『외국정당 · 정치자금제도 자료집』(2003), 36쪽.

지급 요건으로서 대통령 예비 선거운동 비용은 1인당 250달러 이하의 소액현금을 20개 주 이상에서 각각 5,000달러 이상씩 모금하여 총 10만 달러 이상을 모금한 후보자에게 보조하고 있다. 대통령 본 선거운동 비용은(대통령 본 선거에서 25%이상 득표한 경우 소급지급)에게 보조하며, 대통령 후보자 지명 전당대회 비용은 대통령 본 선거에서 25%이상 득표한 대정당과 5%이상 25%미만 득표한 소정당에게 보조를 한다.

정치적 부패를 막고 투명한 정치자금 수수를 위해 연방 선거법(Federal Election Campaign Act)을 개정하여 1976년 처음으로 대통령 선거운동에 국고지원을 했다. 2000년 대선 이후에는 정치자금이 직접적인 선거자금으로 후보자에게 제공되지 않는다는 이유로 규제를 받지 않고 모금되었으나 연성자금(soft money)[118]의 기부가 문제시되었다.

미국의 정치자금의 양적 규제로서, 법적근거는 연방선거운동법(Federal Election Campaign Act)에 의하여 규제를 하고 있다. 총액규제로서, 개인이 한 후보자에 대하여 연간 25,000달러까지 기부할 수 있도록 규정하고 있다. 개별규제로서, 개인은 후보자 또는 그 수권위원회(Authorized Committee)[119]에 1선거마다 1,000달러, 전국전당대회에는 연간 20,000달러, 기타 정치위원회는 연간 5,000달러를 기부할 수 있도록 규정하고 있으며, 다수후보자 정치위원회[120](MC-PAC)는 후보자 또는 그 수권위원회는 1선거마다 5,000달러, 전국정당위원회는 연간 15,000달러, 기타 정치위원회는 연간 5,000달러를 기부할 수 있다.

정당위원회(Party Committee)는 후보자 또는 그 수권위원회는 1선거마다 5,000달러를 기부할 수 있고, 전국정당위원회는 제한이 없

118) 연성자금(Soft Money)이란 미국의 정치자금 제도로서 개인이나 단체, 그리고 PAC들은 특정후보의 선거운동을 위한 직접적 기부금 이외에도 간접적으로 재정지원을 할 수 있다. 즉, 정당조직의 관리비 혹은 유권자 등록운동비 등의 명목으로 기부할 수 있는 것으로 이를 연성자금이라고 한다. 특정 후보의 선거운동 진영에 의해 사용되기 때문에 선관위 규정대상이 되는 경성자금(Hard Money)과는 성격이 다르다고 해석된다. 연성자금은 무제한 제공될 수 있는데 이념적 또는 정치적 단체들 뿐만 아니라 직업집단들로부터 기업, 노조, 심지어는 공익집단까지도 연성자금의 규모와 중요성은 해마다 증대되어 왔다. 1992년 연성자금은 2억6천 달러, 2000년 선거에서는 4억9천만 달러에 달하는 것으로 집계된다.

119) 수권(Authorized)위원회라 함은, 주선거위원회 또는 연방선거운동법(Federal Election Campaign Act)에 의하여, 후보자를 위하여 기부금을 받거나 경비를 지출하도록 후보자가 권한을 부여한 정치위원회(Political Committee)를 말한다.

120) 다수후보자 정치위원회(PAC, 복수후보자 정치위원회)라 함은, 6개월 이상 기간 동안 Federal Election Campaign Act의 규정에 따라 등록했으며, 50명 이상으로부터 기부금을 받았고, 어느 주의 정당 조직을 제외한 5명 이상의 연방직 후보자에게 기부를 했던 정치위원회(Political Committee)를 말한다.

으며, 기타 정치위원회는 연간 5,000달러를 기부할 수 있도록 양적 규제를 하고 있다. 다음은 정치비용의 질적 규제로서, 회사, 노동조합, 정부계약자, 타인명의의 기부를 금지하고 있으며, 또한 무료 우편에 의한 기부요청 및 100달러 초과의 현금기부를 금지하는 질적 규제를 하고 있다.

2) 독일의 정치자금 제도와 규제

독일 제국이 제1차 대전에서 패하자 뒤이어 바이마르 공화국(1919~1933)이 탄생하였다. 군소정당의 난립과 사회의 불안 가운데, 1933년 히틀러 나치정권의 출현으로 제3제국이 탄생되었다. 1939년 제2차 대전을 일으켰으나, 1945년에 패함으로써, 독일은 미 · 영 · 불 · 소 4대 승전국에 의해 분할점령 되었다. 2차 대전 교섭이 실패하자 냉전 상태로 되면서, 서방지역은 1949년 5월 잠정헌법인 기본법(Grundgesetz)을 제정하여 1949년 9월 21일 독일연방공화국이 수립되었다. 소련 점령지역도 1949년 10월 독일민주주의 공화국(DDR)을 선포함으로써, 독일은 동 · 서독이란 분단국으로 되었다.

서독은 정당에 대한 정치자금에 관한 직접적 법 규정은 기본법인 서독연방 공화국 헌법(Grundesets)에 규정했다. 서독의 정치자금제도 중에서 한국의 후원회 제도와 성격이 유사한 스폰서(Sponsor)에 대한 후원회가 있었다. 1947년 이후의 독일의 정치자금제도는 3단계로 발전하여 오면서, 제1단계(1949~1958년)는 기부금에 의한 재원조달 방식의 부활, 제2단계(1959~1966년)는 정부의 국고보조 증가, 제3단계(1967~현재)는 정당법 제정이후 기부금과 국고보조제도는 혼합 운영되어 왔다.

독일은 기본법 중 정당에 관한 규정에서 정치자금의 출처를 공개하도록 규정하고 있으며, 정당의 정치자금 조달 방법으로서 모든 당원은 당비를 납입하도록 하면서, 귀책사유로 6개월 초과하여 당비 납부가 지체할 때는 당원의 권리를 정지시켰다. 당비의 종류는 일반적으로 당원비, 특별당비 내지 할당액, 의원 납입금 등이 있다.

기부금제도는 독일 정치자금제도의 발전과정 중 제1단계(1949~1958)에서 채택된 제도이다. 선거자금과 정당운영자금의 조달에서 보조금 다음으로 유용한 제도로 개인, 기업 및 사회단체 등의 기부가 인정되고, 정당에 대한 개인 기부를 권장하고 있으나, 정치적 성격을 띤 단체 등은 기부를 제한하고 있다. 기부의 공개에 있어서도 기탁금액 총액이 4만 마르크를 초과하면, 기부자의 성명, 주소 및 기부금 총액을 기재하도록 규정하고 있다.

1959년 국고보조금제도 이후부터는 정치자금이 기부금 의존도가 많이 감소되면서 당 재정의 기여도는 기부금, 당비, 보조금에서 35:15:50의 비율로 나타났다. 정당의 소액 기부금에 대해서도 조세감면의 혜택을 주고 있는데, 1인당 1200DM, 부부의 경우 2400DM의 한도 내에서 소득세법 규정에 따라 그 지불액에 대하여 조세감면 혜택을 주고 있다.

독일은 1959년 최초로 국고보조금 제도를 도입하였으나, 1966년 7월 연방헌법재판소가 정당에 대한 국가의 재정적 보호를 국민의 자유로운 의사형성이란 민주주의적 원칙에 위배된다는 이유로 위헌 판결을 내렸다. 이후 정당에 대한 직접적 국고보조는 금지되고 선거비용에 대해 국고보조가 인정되는데, 그 이유는 선거가 최고의 국가기관인 입법부의 형성을 위한 국가적 제도로 인정된 연유이다. 1992.04.09 연방헌법재판소는 여태까지의 입장과 달리 정당의 일반 활동을 위한 국고보조를 단지 부분적 지원만을 허용했으며, 동년 여름에 대통령(Richard Von Weizascker)은 정당자금 문제를 연구하기 위해 독립적인 전문가로 구성된 위원회로 만들었다. 위원회에 위탁된 임무는 헌법에 명시된 정당의 임무와 1992년 4월 9일 연방 헌법재판소의 판결을 고려하여 정당에 대한 재정 지원을 새롭게 규정하여야 하는 문제에 관한 건의사항(empfehlung)을 제출하도록 했다.

선거비용의 보조대상과 방식은 최종선거 결과에 의해, ①당해 선거구에서 제2투표(비례대표제) 유효표의 0.5%를 획득한 정당, ②그 주에서 정당의 주명부가 인정받지 못한 경우 당해 선거구에서 제1투표(단순 다수 소선거구제) 유효표의 10%를 득표한 정당, ③당해 선거구에서 제1투표 유효표의 10%를 획득한 유권자에 의해 추대된 후보자에게 배분된다. 배분방식은 ①의 경우에는 선거구에서의 제2투표의 득표비율에 따라, ②, ③의 경우에는 선거구에서의 제1투표 득표당 5DM씩 배분된다.

독일의 후원인 제도는 정당이나 국회의원을 위하여 정치자금을 모금, 기부하는 것이 아니라 소속 정당을 위하여 선거결과를 분석하는 등 정당의 의사결정을 보조하는 기능을 가지고 있다. 독일 정당들의 후원회로서는 사회민주당은 Friedrich-Ebert-Stiftung, 자유민주당은 Friedrich-Naumann-Stiftung, 기독교민주당은 Konrad-Adenauer-Stiftung, 기독교사회당은 Hanns-Seidel-Stiftung, 재단조합으로 Regenbogen이 있다. 이러한 후원회의 운영기금은 공공재원(예산)에 의해서 유지되며, 정당으로부터 법적, 사실적으로 독립적이다.[121]

정치자금의 공개에 있어서도 독일 기본법 '정당은 자금출처에 관하여 일반에게 공개하여야 한다'고 규정함으로써, 자금의 비민주적

121) 중앙선거관리위원회(2003), 76~77쪽.

조달과 비밀자금유입을 방지하고 정당의 내부적 민주질서 확립은 물론 자금의 부패 및 부정행위를 차단하는데 있다고 본다. 독일의 기부금제도는 선거자금과 정당운영자금의 조달을 위하여 보조금 다음으로 유용한 제도로서 개인, 기업 및 사회단체 등의 기부가 인정되지만, 정치적 성격을 가진 재단으로부터 기부금, 사단, 인적결사, 그리고 당헌에 의해 기부행위 또는 기타 제도와 또는 실질적 사업 시행에 의해 전적으로 직접 공익과 자선 또는 종교적인 목적에 종사하는 재단으로부터 기부금, 법률이 적용되는 범위 밖의 기부금에 대한 규제를 하고 있다.

독일 기본법에서 독일인의 재산, 또는 그의 지분이 독일인의 재산 50% 이상이 되는 영리기업의 재산으로부터 기부금이 나온 경우, 유럽의회에 의석을 가진 외국정당과 유럽의회의 교섭단체 또는 유럽의회의 외국인의원, 외국인의 기부금으로 1,000DM 이내는 허용하도록 하고 있다. 단, 직업조합이 정당에 전달하기 위하여 모금한 기부금과 개별 기부금이 1,000DM 이상으로 확인할 수 없거나 또는 확인할 수 있어도 미지의 제3자의 기부금을 청탁한 경우, 특정한 경제적 · 정치적 이득을 기대하고 기탁된 기부금 등은 규제의 대상이 되고 있다.

3) 일본의 정치자금 제도와 규제

일본에서 정치권력과 경제권력의 관계는 정 · 관 · 재계의 '삼위일체설', 또는 '일본주식회사설'로 표현될 정도로,[122] 당과 대기업의 관

122) 길승흠, "전후 일본의 정치", 『동아문화』 18집 (서울대학교 동아문화연구소, 1981), 260쪽. 전후의 정치를 통치해 온 보수정당이나 관료가 여러 가지 이유 때문에 일본의 재계에 의해서 조정되고, 바로 이러한 이유로 일본의 성장은 성취될 수 있으나, 일반시민의 의사는 정치에 잘 반영이 안 된다는 설이다.

계가 상호 애매하고 명백하지 못하였다. 정치활동에 대한 정치자금 조달은 주로 재계의 각 기업체, 업종별 단체가 보수정당의 각파 및 정치가 개인에게 개별적으로 정치자금을 기부하게 되는데, 이에 관련된 각종 의혹 · 오직 사건이 많이 일어났다. 이로 인하여, 정치 단체와 정치가의 정치활동에 따른 정치자금의 공명, 공정의 목적에서 또한 정치자금 수수에 있어 공개에 중점을 두었다.

일본의 정치자금규정법(1948년 7월 29일 법 194호)이 제정되면서, 재계에 정치헌금창구인 경제재건간담회(1955년)가 새로 생성되었다. 특히, 구미 제국에서도 마찬가지지만, 일본의 정치자금 제도는 주로 선거운동에 관한 기부 및 지출의 제한과 정치자금의 수입 · 지출 상황의 공개에 주안점을 두고 있다. 이러한 정치자금의 규정에 관하여 정하고 있는 법률로서 공직선거법[123]과 정치자금규정법이 있다.

1953년 경제간담회는 소위 조선의혹사건에 대한 반응으로 출범한 것으로[124] 정치헌금의 일원화를 그 목적으로 한다. 경제재건간담회의 모금액 상황을 보면, 1995년~1960년 총모금액 37억 1,474만원중 34억8,225만원 약93%가 자민당에 할당되었고, 나머지가 각 정당에 배분됨으로써, 경제재건간담회는 자민당에 대해 헌금 창구화를 자처했으며, 특정 기업은 간담회를 무시하고 직접 자민당 부주자(총재, 총리)에게 헌금하든가 또는 파벌형(실력자)에게 직접 헌금했다.

1961년 경제재건간담회가 해산되고 이를 대신하여 국민협회가 결

123) 공직선거법에서 정치자금규제에 관하여 규정하고 있으나, 동법이 규정하는 정치자금규제는 중요한 모든 공직선거 즉, 중의원과 참의원의 의원 및 지방공공단체의 의회의원과 장이 선거에 관한 선거비용 및 기부를 규제하는 내용으로 이루어져 있다.

124) 중앙선거관리위원회, 『각국의 정치자금제도』(1967), 101쪽.

성되었다. 국민협회는 '건전한 보수정당육성'을 목적으로 하고, 당파벌을 없애고 기부를 일원화하도록 설립된 것이나, 실제로 자민당의 정치헌금의 창구로서의 역할 뿐으로 파벌 위원은 직접 회사로부터 헌금을 받고 있다. 국민으로부터 광범위하게 정치자금을 모금한다는 취지로 설립되었지만 국민으로부터 널리 정치자금을 모집하지 못하고 결국 자민당을 위하여 업계단체 및 업계(철광연맹, 전기사업연합회, 자동차공업회, 오행협회, 화철경영자협회, 증권업협회 등)만이 헌금하였다.

이러한 국민협회가 일본에 있어서 정치자금개선방안의 제3형태로서 보수정당을 진정한 국민의 당으로 만들고 정치자금을 세분화한다는 목적에서 발족된 것은 당비제를 실시해 보려는 노력이라 할 수 있다. 국민협회에는 두 종류의 회원이 있는데, 개인회원에는 월천원, 만원, 5천원, 10만원의 회비가 있다. 이 국민협회를 실시해 본 결과 모집 헌금의 총액이 당의 총 용도를 충당할 만큼 큰 액수가 되지 못했다.

소위 이점이 혁신계의 정당과 달리 보수정당의 자금세분화가 어려운 조직상의 특성이고 당 본부에서 지방 당으로 모여진 회비의 송금을 독촉하면 회비 흡수에 실적을 올리지 못한 지구당에서는 유력의원이 정치적 목적에서 대불 해버리는 일이 생겨났다. 전당대회에 파견하는 대의원은 선출할 때 당비미납자는 추천권을 인정하지 않겠다는 경우 유력의원은 그들이 표를 매수할 목적에서 그들의 체납된 회비를 대불 할 수밖에 없었던 것이다.

위의 경제간담회와 국민협회는 결국 정치자금의 루트의 일원화나 수지의 공개 등 상호 비슷한 성격을 갖고 있었으나, 다음과 같은 차이점이 있었다. 첫째, 간담회는 독립적 입장을 공적으로 선언하고,

모든 정당에 자금지급을 하고 있었으나, 국민협회는 자민당만을 위하여 헌금하는 존재였다.

둘째, 간담회에서는 회원등록과 정기적 기금에 관해서는 규칙이 없었으나, 국민협회는 회원과 회비에 관한 규정을 만들었다.

셋째, 간담회의 헌금원은 재계 뿐 이었으나 국민협회는 재계뿐만 아니라 일반국민들도 함께 참가를 받고 있었다는 점이다.

결국 이 두 단체 모두 정치자금의 건전한 조달과 정치발전을 위한 제도적 장치였으나 소기의 성과를 올리지 못하였다고 볼 수 있다. 왜냐하면, 정치발전을 위해 정치질서를 유지하기 보다는 정치인이나 경제인 모두가 자기들의 사익을 우선시하는 정치의식 구조 때문이었다.

4) 영국의 정치자금제도와 규제[125)]

영국의 정치자금 제도에서 정당의 정치자금 수입원은 당비와 가입금이었으나, 최근에 모금을 위해 다양한 행사(소장품경매, 출판기념회, 디너파티 등)로 모금 기법을 확대하고 있으나, 기부금은 극히 낮은 형편이다.

우선 당비 조달에서 보수당의 조달방법은 주로 지방 당에서 헌금 및 기부금으로 조달하는 실정이며, 현역의원의 당비 기여도나 중앙당의 지원은 거이 없는 실정이다.

보수당은 다른 정당에 비해 선거구의 각 보수당협회회원들의 입회비와 회사로부터 자발적인 기부에 의존하거나 부녀당원들의 자원봉사(가든파티, 티파티 등)를 하면서 들어온 수입으로 정당운영경비

---

125) 중앙선거관리위원회.(2003). 14~22쪽.

로 충당한다.

노동당은 정당 수입의 약 90%는 회원의 연례회비(Annual Affiliation Fee)로 의존하는데 회원 1인이 내는 회비는 60펜스이다. 나머지는 당원의 당비와 다른 가맹단체에 의해 충당한다.

영국의 국고보조금은 정당에 대한 국고보조제도는 없으며, 다만 야당에 대하여 의회(West-minster Parliament)의 입법 활동(Research Work)을 지원하기 위하여 자금을 보조하고 있다.

이러한 야당(opposition parties)의 의회 입법 활동비 보조(short money)는 정당이 총선에서 선출된 2명의 의원이 있거나 최소한 15만표 이상 당선된 의원이 있어야 지급요건이 된다.

지급금액은 매 의석 당 2,550파운드이고 총선 때 그 당의 후보자가 얻은 표에 대하여 200표 당 5.10파운드가 추가되며, 1년 지급되는 최고상환액은 1,163,478.50파운드 이다.

정치자금의 기부는 공개에 주안점을 두고 있으며, 기부금에는 기업들이 내는 기부금과 개인적인 지지자들이 내는 기부금 및 해외의 기부금 등이 있으나 기업들이 내는 기부금은 내역을 비밀시하기 때문에 파악이 어려우며 연례 주주총회 보고서를 통해 개별적 결과를 수합하는 정도이다. 개인들의 기부는 직접 우편에 의한 헌금기부가 증가 되고 외국의 기업이나 재산가들의 기부도 상당부분 차지하고 있다.

당 재정은 주로 노동조합은 노동당에, 회사(기업) 등은 보수당에 정치자금을 기부함으로써, 서로 보수당은 노동당을 "노동당은 노동조합의 주머니 안에 있다(Labour party is in the pocket of the union)"라고 비난하고, 노동당은 "보수당은 대기업의 꼭두각시이다(Conservative party is the stooge of big business)"라고 비판한다.

정치자금의 법적 규제에 있어, 정당에 대해서는 어떠한 규제 조항이나 제도적 장치는 없다. 그러므로 정당의 회계보고서 작성 · 제출 의무가 없어 회계 상황을 공개할 법적 의무는 없어, 주요 각 정당들은 자발적으로 매년 내부 자료로 발행하기 위해 회계보고서를 작성 · 공개하고 있다.

후보자는 선거결과가 공표된 날로부터 35일 이내에 당해 선거에 입후보한 모든 후보자의 선거사무장은 선거비용 내역(청구서, 영수증 포함함)을 선거관리인에게 제출하여야 하고, 선거관리인은 제출된 내역을 10일 이내 선거구 내 2개 이상의 신문에 공고한 후 2년간 보존하여 그 기간 동안 시민들이 언제든지 열람과 조사가 가능하도록 하고 있다.

그러나 입후보자의 선거운동비용제한과 관련하여 선거비용의 지출상황을 공개하도록 국민대표법에 규정하고 있으며, 회사법(Company Act)에서는 정치목적을 위하여 200파운드 이상 기부할 때는 기부처와 금액을 대차대조표에 첨부하여 주주총회에 보고하도록 규정하고 있다.

5) 프랑스의 정치자금제도 및 규제 126)

프랑스는 정당의 자금조성의 투명성 확보를 위하여 정당의 재정대리인 제도를 실시하며, 정당의 정치자금에 대한 수수와 지출을 단일화하여 통제하기가 용이하고 이를 통하여 정당자금의 투명성을 높이고 있다.

정당의 정치자금 조달방법으로서 당비는 정당자금조성에 있어 큰

126) 중앙선거관리위원회.(2003). 107~111쪽.

비중을 차지하지 못하므로, 당비 납부를 법규에서 제한하는 규정은 없다.(다만, 소득공제혜택을 부여함)

의원들이 내는 자발적인 기여금은 각 정당의 내부규정에 의하여 규율되므로 다양한 형태로 이루어지고 있으며, 의원이 내는 기여금은 특별히 규정하지 않고 다른 일반 기부금과 동일한 적용을 받으며 규제되고 있다.

후보자에 대한 기부는 1인당 3만프랑에 대해 소득의 1.25%까지의 세금공제를 인정하고 있다.

개인은 연간 7,500유로(1유로는 약 1,200원)까지 할 수 있으며, 법인은 2002.01.01부터 기부금을 낼 수 없도록 하였다.

국고보조금은 국민의회와 상원의 사무국은 정부에 대하여 공동으로 예산법률안에 정당에 대한 정치자금보조를 총액에 삽입하도록 요구할 수 있도록 규정(정치자금 투명화에 관한 조직법률. 1988.03.11)하고 있다.

정당의 보조금의 배분 기준은 최근 하원의원선거에서 전국적으로 50개 이상의 선거구에 후보자를 낸 정당·정치단체에 대하여 1차투표에서 획득한 유효투표에 비례하여 배분·지급한다. 그러나 각 정당이 국민의회의원선거에서 추천한 후보자의 남녀 성비의 차이가 당해 정당 추천후보자 총수의 2%를 초과하는 때에는 득표율에 따라 지급되는 정당보조금(제1차분)이 후보자 총수에 의한 차이의 절반의 비율로 감액 된다. 또한 매년 11월에 등록된 국회의원(하원)의석수에 비례하여 지급한다.(매년 12월 31일까지 의회 사무국이 각 정당별 국회의원 수를 수상에게 통보)

정치자금의 공개로서는 정당의 회계보고서 작성은 매년 회계 검사관 2명에 의해 검인 받아서 국가선거운동경비 및 정치자금통제위원회에 연도 정산을 상반기에 제출하여 관보에 게재된다.

정당의 정치자금규제로는 정당의 재정대리인이 기부금을 받게 되면 기부자에게 영수증을 발행하여야 하며, 3,000유로 이내의 기부금은 수혜정당을 기입하지 않도록 하고 있고, 150유로 이상의 기부금은 반드시 수표(cheque)로 하도록 하고 있다.

특히, 정당의 재정 대리인은 외국이나 외국법인으로부터 기부와 물질적 도움을 받을 수 없다. 또 정당의 회계보고를 작성 · 제출하지 아니할 경우는 다음 연도의 국고보조금을 받을 수 없다. 다만, 이미 공적 취득한 보조금은 반환하지 않는다.

국가보조 정치자금에 대한 통제는 공적보조를 통해서 형성된 정치자금의 사용내역에 관한 사항은 일반적인 재정 통제를 받는 것이 아니며, 1922.08.10 법률에 따른 통제나, 회계원(Cour des comptes)의 통제 혹은 정부보조를 받는 공공단체나 사기업에 관한 1935.10.30 명령 시행에 따른 통제는 받지 않는다.

처벌규정으로서는 법이 허용한 것 이외의 기부금을 수수하거나 기부하였을 경우 300프랑에서 15,000프랑의 벌금과 1달 이상 1년 이하의 징역에 처하도록 되어 있다.

정치자금의 제도화 방향

1. 정치자금 조달의 제도화

1) 당비의 상한선 규정

우리나라 각 정당은 자발적으로 당원으로부터 자체 염출하는 당비를 제외하고는 대부분 국고보조금이나, 후원금, 기탁금 등에 의존하고 있는 실정이다. 각 정당마다 당비 규정을 정하여 당원으로부터 일반당비, 직책당비, 특별당비 등으로 당비를 받고 있는데, 이는 정치자금법상으로 어떠한 합법적 조달 방법보다 당비는 가장 바람직한 자금조달 방법 중의 하나이다.

영국 노동당의 경우만 보더라도 정당의 운영 경비 중에 90%를 당원의 연례 회비(Annual Affiliation Fee)[127]에 의존하는데 회원의 연례회비는 60펜스이다.[128] 나머지는 당원의 당비와 다른 가맹단체에 의하여 충당한다. 독일의 경우에도 사민당의 재정구조는 1997년도 총수입 2억8천1백만 마르크 당비가 1억8백만 마르크로 정당 총수입의 56.19%를 당비가 차지하고 있다. 정당의 당원이 당비를 내는데 있어 심리적 부담을 느끼지 않고 자발적 의사에서 일반당원과 정당 간부당원이 정해진 당비를 내는 것은 문제시 될 수 없다.

---

127) 중앙선거관리위원회(2003). 14~15쪽

128) http://www.fes.or.kr/index-kor/kpub/mono/spd/spd-texti.html.

문제는 공직선거가 있는 연도에는 평년에 비해 정당이 선거 지출액이 많다는 것은 〈그림 2〉에서 보는 바와 같다. 2000년 국회의원 선거와 2002년도 및 2007년도 지방선거와 대통령선거가 있는 연도에는 정당의 선거비가 많이 들었음을 알 수 있다. 그러나 정당이 선거를 위한 운영 재원을 마련하기 위해서 공천의 대가로 특별 당비를 받는다는 것은 정당의 도덕성이 무너지고, 정당이 내부적으로 부패함으로써 민주정치 발전에 저해요소가 된다.

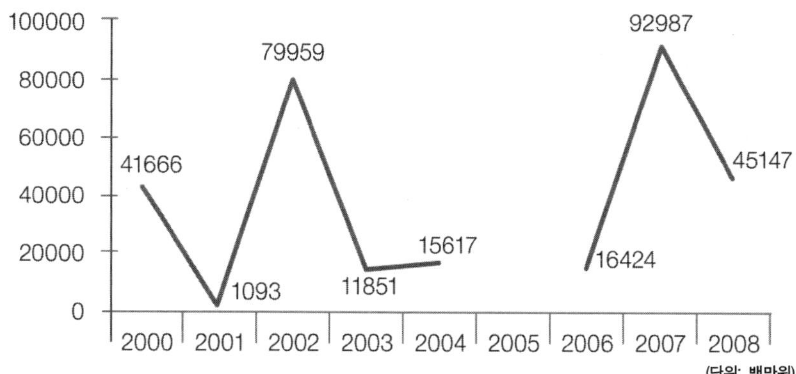

※ 출처: 중앙선거관리위원회, 정당활동 및 회계보고 자료집(2000~2008)

〈그림 2〉 정당의 연도별 선거비 지출액 추이(2000~2008)

중앙선거관리위원회에서 집계한 각종 통계자료에 의하면 우리나라 국민중 당원으로 등록된 사람은 600만명에 이르지만 이중 당비 납부자의 수는 수만명에 지나지 않는다. 따라서 당비의 대부분을 차지하고 있는 소수의 특별당비 납부자에 대한 명단 및 그 액수를 공개하고, 지출항목을 세분해 빠져나갈 구멍을 없애야 한다. 그리고 일반당원 개인이 내는 당비나 정당간부의 직책 당비는 물론 특별당비를 포함한 모든 당비를 납부할 수 있는 상한선을 정해서 정치자금 기부가 용이하도록 해야 한다.

2) 후원회의 지정권자

누구든지 자유의사로 하나 또는 둘 이상의 후원회의 회원이 될 수 있다. 다만, 기부행위 제한(법 제31조 제1항)자와 정당의 당원이 될 수 없는 자(정당법 제22조)는 후원회의 회원이 될 수 없도록 규정하고 있다. 개인이 자신의 정치의사와 같거나 선호하는 정치인에게 선거운동이나 정책결정 등의 정치활동을 돕기 위하여 자발적 의사로서 십시일반으로 후원금을 낸다.

문제는 현행 법제는 양성적으로 법인이나 단체 등이 후원회의 후원금을 기부할 수 없도록 규정했다. 특히, 기업체는 법을 빙자하여 한 푼도 기부하지 않는다고 볼 때, 정당이나 정치인들에게는 '가뭄에 콩 나듯 한' 돈에 대한 갈증을 면키 어려울 것이다. 이러한 실정에서 국민의 정치적 참여폭발(Participation Explosion)이 일어나서 정치인에게 정치자금을 기부하는 것은 더욱 기대하기 어렵다. 우리나라는 2006년 3월 13일 정당에 대한 후원회가 폐지되기 이전까지 각 정당들의 후원금 징수액 추이를 보면 아래와 같다.

〈그림 3〉에서 볼 수 있듯이 국회의원선거가 있는 2000년도와 전국지방동시선거와 대통령선거가 있는 2002년도에는 후원금 징수액이 많음을 알 수 있다. 무엇보다도 집권여당(새천년민주당)이 야당(한나라당, 민주노동당)보다 후원금 징수액이 많다. 또한 2004년까지는 보수당(새천년민주당, 한나라당)이 진보성향의 정당(민주노동당)보다 후원금 징수사항에서 너무나 많은 차이를 보이다가 2005년도는 민주노동당이 다른 보수정당처럼 갑자기 놀라울 정도로 후원금 징수가 증가하였다.

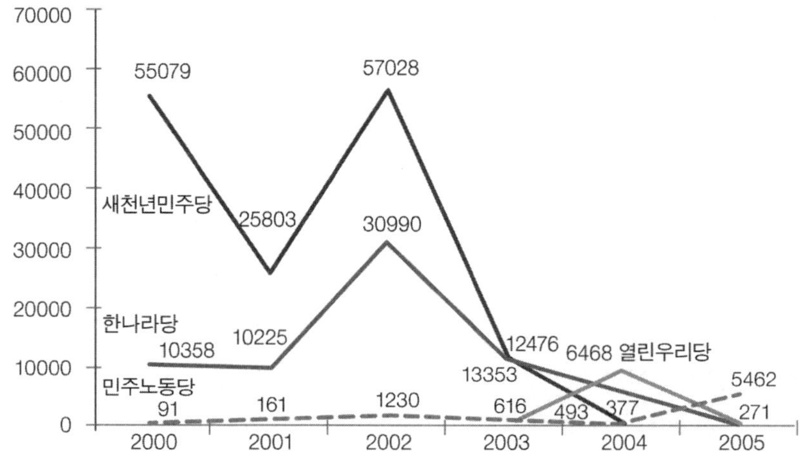

(단위 : 백만원)

※ 출처: 중앙선거관리위원회, 정당후원회 회계보고 자료집(2000~2005)

〈그림 3〉 정당의 연도별 후원금 징수액 추이(2000~2005년)

앞으로 후원회 회원도 기업체의 공인된 로비자금이 빠진 상황에서 정당도 아닌 정치인에게 개인이 후원금을 낸다는 것은 아주 어려운 상황이다. 더욱이 지난날에는 집회에 의한 후원회의 밤 행사를 하면서 거두어들인 돈을 허위로 회계보고하거나 누락시키는 것을 일종의 관행처럼 해왔다. 법인이나 경제단체로부터 후원금을 받아 영수증처리를 한다하더라도 거액의 정치자금으로 후원금을 받은 사실이 폭로가 되더라도 무정액 영수증으로 처리하면서 법망을 피해나갔다.

이러한 폐단을 없애려고 현행법은 무정액 영수증은 1회 10만원 미만의 후원금이나 10만원 초과하여 기부한 후원금의 경우라도 10만원 미만에 해당하는 후원금에 한하여 교부하도록 규정하고 있다. 현행법은 정치자금에 따른 부패성과 도덕성을 중요시하여 법제정을 하고보니, 결국 정당에 대한 후원회를 폐지하여 정당을 자금운영난에 허덕이게 만들었을 뿐만 아니라, 정당과 정치인들의 자금유입 통로를 좁게 한 결과가 되었다. 그러므로 이러한 폐단을 줄이고 자금의 유통 통로를 원활히 하기 위해서는 후원인의 기부한도의 상한선을 현실적으로 높여 주어야 한다.

후원회의 모금방법에서도 현행법에서는 집회에 의한 방법으로 모금행사를 일체하지 못하도록 규정하고 있다. 이러한 정치자금 모금의 규제 일변도보다 거리의 집회가 아닌 실내에서 하는 '후원회의 밤'행사는 수시로 하지 못하더라도 연중 몇 회(예를 들면, 연간 1회 또는 2회)정도 할 수 있도록 규정하는 것이 바람직하다.

정당에 대한 후원회의 규정을 없앨 것이 아니라 정당이나 정치인이 정치활동을 위하여 공명정대하게 정치자금 수수의 통로를 마련해주어야 정치자금에 따른 각종 의혹 · 오직 사건이 발생하지 않는다고 본다. 특히, 후원회의 지정권자도 기초단체장(예비후보자 포함)이나 광역의회의원과 기초의회의원에게도 절실히 필요하다고 본다. 왜냐하면, 현행법으로 기초의회의원과 광역의회의원은 물론 기초단체장까지 정당 공천제를 허용한 만큼, 이들도 법의 형평성의 원리에 따라 후원회의 지정권자가 될 수 있어야 한다. 더욱이 기초단체장(예비후보자 포함)은 정치인 못지않게 대도시에서도 정치활동의 범위가 넓을 뿐만 아니라, 선출되는 지역범위는 물론 선거인 수가 훨씬 많기 때문이다.

물론 정치인 못지않게 기초 단체장들은 지역주민과 직접적인 행정 업무를 취급하기 때문에 이권과 관련된 청탁의 소지가 많을 수 있다. 그렇다면 중앙정치에서 지방정치의 권한 이동과 국민 정치참여의 폭을 확대함으로써, 당연히 후원회를 구성하여 정치활동에 필요한 정치비용을 확보할 수 있도록 하는 것이 바람직하다. 국민들과 직접적으로 접촉하고 있는 기초단체장이나 광역의회의원, 기초의원의 후원회를 지정하여 구성하는 것은 국민참여 정치의 본질이라 할 수 있다.

현행법은 형평성 원리에 맞지 않을 뿐만 아니라, 지나치게 규제 일변도라 할 수 있어, 이러한 법 규정은 마치 강을 건너가라 하고는 다리를 놓지 않는 경우와 비슷하다고 할 수 있다. 특히, 진보정당의 정치인에 대하여 자금지원을 위한 후원회 결성뿐만 아니라, 당원조차 되는 것을 꺼리는 정치 현실에서 누가 과연 후원회 회원이 되어 자발적으로 기분 좋게 후원금을 기부하겠는가? 우리나라는 진보성향의 정당으로서 보수정당보다 자금마련이 어려운 정치상황에서, 이들 정치인을 위한 법제도적인 통로를 마련해 주어야 된다. 이는 옛날부터 금지되어온 노동단체, 종교단체 등에게도 일정부분 후원금을 낼 수 있도록 제도적 장치가 필요하다고 본다. 예를 들면, 후원금을 기부할 수 있는 단체 등을 법적으로 미리 정해두자는 것이다.

3) 기탁금의 수탁 및 배분 · 지급

지난날에 우리나라의 정당에 있어서 정치자금의 대부분을 이루고 있는 것은 미국이나 일본처럼 기탁금이었다. 현행법에서는 정치자금의 양성화에 초점을 맞추다보니 너무 강한 견제대책으로 입법화되어 법의 실효성이 없어 정치자금이 선거관리위원회에 수탁되지 않는데 있다. 과거의 실례가 입증하는 바와 같이 기업체와 정당은 물론 정치인까지 연결되어 특혜조치가 따라 음성적인 정치헌금으로 기부하는 불가불리의 관계가 된 것은 사실이다.

이런 조치에서 현행 입법 하에서는 어떠한 경제기업체도 정치자금 기부를 중지시켰으므로 개인 기부만으로 그 액수가 미세한 금액일수밖에 없다. 아무리 선거관리위원회가 정당을 위한 정치자금을 기탁하라고 홍보를 하고 독려를 하지만, 돈 내는 자의 얼굴이 나지 않는 돈을 누가 내겠는가. 다시 말해서 선거관리위원회에 기탁하는 기탁금은 누가 돈을 낸 줄도 정당으로서 모르는 상황에 자기가 생색이 나지 않는 거액의 돈을 내겠는가. 기껏해야 직장인들이 세금혜택을 본다 해도 푼돈 밖에 낼 수 없는 상황이며, 그것도 순수하게 정당 발전을 위해 기부한다고는 볼 수 없을 것이다.

결국 기탁금은 앞의 〈표 4〉에서 알 수 있듯이, 정당의 정치자금의 조달통로로서는 현 법제 하에서 존재 의미를 잃게 되어, 정치인들로 하여금 정치비용을 충당하기 위한 심적 부담을 안겨주었다. 더욱이 오늘날 국민들의 정치적 참여의식이 무관심 상태에서 벗어나지 않는 한 정당의 정치자금의 투명성에 대한 법의 실효성을 기대하기는 어렵다.

중앙선거관리위원회가 기탁금을 수탁 받아 각 정당에 배분 · 지급한 상황 〈표 4〉만 보더라도 그 액수는 다른 정치자금보다 보잘 것 없는 금액이라 할 수 있다. 무엇보다도 진보성향의 군소정당보다 보수정당 중심으로 돌아가는 배분 · 지급 방식은 개선해야만 한다. 즉, 기탁금을 국고보조금 배분 · 지급 방식으로 함으로써 대 정당에만 기탁금이 지급되고 소 정당에게 돌아가지 않는다는 것이다.

선거관리위원회에 수탁된 정치자금을 정당의석수에 따른 배분 · 지급 방식이 아니라 총선거에 참여한 모든 정당에게 정당의 유효득표율에 따라 배분 · 지급하는 것이 정당을 보호 · 육성한다는 헌법적 의미와 일치할 것이다. 현행법으로서 기탁금의 기탁은 법인 또는 단체 등이 빠진 상태에서 개인만이 할 수 있도록 규정하고 있으므로, 개인이 소리치고 기부해 봤자 그 액수는 소액에 불과하고, 기대치가 없는 정치자금 기부는 정당 운영에 아무런 도움이 될 수 없다.

정당과 정치인의 정치자금 고갈에 대한 개선방안으로 2006년 12월 12일 중앙선거관리위원회는 대선예비후보자들이 선거일 1년 전부터 개인후원회를 만들어 선거비용제한액(약 470억원)의 5%에 해당하는 금액을 모금하는 것을 허용하고, 기업이나 단체의 정치자금 기탁을 금지한 조항을 완화해 연간 5억원 또는 자본총계의 2% 이내의 금액을 기탁할 수 있도록 하는 개정안을 국회에 제출하였으나, 현행법은 후원회는 대통령후보자등후원회 · 대통령선거경선후보자후원회는 각각 선거비용제한액의 100분의 50에 해당하는 금액, 국회의원 · 국회의원후보자등 및 당대표경선후보자의 후원회는 각각 1억5천만원, 시 · 도지사후보자 후원회는 선거비용제한액의 100분의 50에 해당하는 금액을 모금할 수 있도록 하면서, 기탁금에서는 개인(당원이 될 수 없는 공무원과 사립학교 교직원 포함) 1인이 1회 1만원 또는 그에 상당하는 가액 이상, 연간 1억원 또는 전년도 소득의 100분의 5 중 다액 이하로 하도록 하면서 기업체나 대체 기탁은 허용하지 않고 있다. 그러나 이에 대해서 정당의 자금 고갈에 따른 부패를 없애기 위해서는 기업체가 일정부분에 대한 금액을 투명하게 합법적으로 기탁하는 것은 바람직하다고 볼 수 있다. 선거 때마다 주자들은 1년 전부터 선거의 조기과열로 타락선거를 부추길 수 있으며, 지금도 여야 주자들의 정치활동에 따른 비용과 사전선거운동에 대한 많은 국민들이 의심과 우려를 하고 있다.

그러므로 기탁금 제도의 새로운 방식은 정치자금의 투명성 확보와 공정성에 따른 취지라는 의미에서 기업체가 1년에 한 번씩 납부하는 법인 세액에서 1%의 정치자금을 납부하자는 것이다. 물론, 기업체의 세금 부담처럼 느낄 수는 있으나, 많은 법인체가 십시일반의 희생정신에서 자진 납부한다면, 논란의 여지가 생길 수 없다고 본다.

어떤 의미에서는 헌법적 의미에서 정당 발전을 위해 공개적으로 제공되는 보조금의 성격이 있으며, 지난날에 기업체들이 반강제적으로 부담했던 검은돈의 성격과 액수 면에서 큰 차이가 있다고 본다. 기업체의 법인 세액 1%의 금액을 수탁한 기탁금은 현행 국고보조금의 배분 · 지급 방식의 기준에 따른다면 바람직하지는 않다고 본다.

정당이 국민의 정치적 참여를 높이고 생산적인 정치를 하도록 유도하는 의미에서 총선에 참여한 정당의 유효득표율에 따라 대 정당뿐만 아니라 군소 정당까지 형평성 있게 배분 · 지급하는 것이 바람직하다. 이는 곧, 정당 발전을 우선시하는 참여정치를 의미하는 것이다. 특히, 현행제도에서 기업체가 정당을 위하여 정치자금을 기부하지 못하는 상황에서 우리나라도 이미 미국에서 채택하고 있는 제도로서 위의 문제점을 해결하기 위해 연말 소득세 납부자가 소득 정산서 제출 시 자발적으로 3달러씩 납부하여 적립된 기금으로 대통령 후보자 및 입후보자가 속한 정당을 지원하는 제도로써 이는 정당자체가 자구 노력에 의해서 재정을 마련해야한다는(예를 들면 정당 당비 실적, 후원금 모금에 따라 보조금지급을 함) 매칭펀드(matching fund)제도와 유사한 제도를 도입하는 것이 바람직하다고 본다.

4) 보조금의 배분 · 지급

국가가 정당에 보조금을 지급하는 제도는 외국의 경우 이미 오래 전부터(푸에르토리코, 1957년) 채택된 제도다. 우리나라는 1980년 제5공화국에서 국가가 정당의 운영에 필요한 자금을 보조할 수 있다는 헌법(제7조 3항)에 의거, 정치자금법 제3차 개정(1980.12.31)을 하면서 도입되었다.

현대에는 많은 나라가 정당에 직접 보조금을 주고 있으며, 그 외 여러 나라에서도 이 제도의 채택을 적극적으로 고려하고 있는 실정이다. 세계의 여러 나라마다 전통 · 정치체제 · 정당구조 및 이념의 차이는 있지만 정당의 정치자금 사정은 모든 국가에서 똑같이 곤란을 겪고 있다.

국가가 국민이 납부한 세금을 가지고 매년 분기별로 균등분할 하여 정당에 지급하는 경상 보조와 대통령선거, 임기만료에 의한 국회의원 선거, 동시선거가 있는 연도에 선거 보조금을 지급하고 있다. 국가가 정당에 정치자금을 보조하는 것은 국가마다 그 강도의 차이는 있다 하더라도 대체로 같은 연유라 할 수 있다. 즉, 정당이 기업체나 압력 단체로부터 부패 기업체 유혹을 뿌리치지 못해, 부당한 영향을 받는 것을 보호하고, 선거에서 자금력이 풍부한 대 정당과 자금력이 약한 소 정당간의 공평한 경쟁 관계를 만들기 위함이라 할 수 있다. 또한, 자금 동원력이 약한 야당에 대한 정당운영비와 선거비용을 국가가 대신 일부를 책임진다는 것은 정당 정치발전을 위한 정당을 헌법적 융합 단계로 들어서게 했다고 볼 수 있다.

여기서 간과해서는 안 될 것은 정당이 이렇게 모든 자금을 국가가 지원하는 국민의 혈세를 아무런 노력의 대가도 없이 가만히 앉아서 자기의 '쌈지돈'처럼 마구잡이로 써도 되는 것일까 하는 점이다. 정당이 국가로부터 지급받은 돈을 의정활동이나 정책 개발은 안하고 당 지도자의 개인 활동비(경조사비, 식비, 물품제작비, 연하장, 사적 인건비 등)로 지출되고 있다는데 문제시 된다.

국고보조금이 정당에서 투명하게 사용되지 않고 '내 돈'처럼 사용하는 구조적 맹점이 있고 사용한 돈에 대한 엉터리 '짜 맞추기'식으로 대충 회계보고를 한다는데 있다. 더욱이 중앙선거관리위원회가

2006년 12월 12일에 국회에 국고보조금에 대해 현행 국회의원 선거권자 총수에 800원을 곱한 금액을 지금까지 계상하던 것을 25%가량 인상하여 1,000원으로 하는 개정의견을 제출함으로써, 정치자금 조달로 내심 곤혹스러웠던 정당과 정치인들은 환영한다고 할 수 있었으나, 이는 국민의 세금과중으로 인한 경제적 고통을 전혀 생각지 않은 법 개정 의견이었다. 현행법의 국고보조금의 계상은 최근에 실시한 임기만료에 의한 국회의원선거의 선거권자 총수에 보조금 계상단가를 곱한 금액을 매년 예산에 계상하고, 이 경우 임기만료에 의한 국회의원선거의 실시로 선거권자 총수에 변경이 있는 때에는 당해 선거가 종료된 이후에 지급되는 보조금은 변경된 선거권자 총수를 기준으로 계상하도록 하면서, 대통령선거, 임기만료에 의한 국회의원선거 또는 법 규정에 의한 동시지방선거가 있는 연도에는 각 선거(동시지방선거는 하나의 선거로 봄)마다 보조금 계상단가를 추가한 금액을 예산에 계상하도록 하였다. 그리고 보조금 계상단가는 전년도 보조금 계상단가에 따라 통계청장이 매년 고시하는 전전년도와 대비한 전년도 전국소비자물가변동률을 적용하여 산정한 금액을 증감한 금액으로 하도록, 2008년 2월 29일 신설하였다. 그리고 중앙선거관리위원회는 경상보조금은 매년 분기별로 균등 분할하여 정당에 지급하고, 선거보조금은 당해 선거의 후보자등록마감일 후 2일 이내에 정당에 지급하도록 하면서 또한 공직후보자여성추천 보조금은 별도로 계상하도록 규정하였다.

이와 같이 정당이 국고보조금을 사용함에 있어서도 경실련, 참여연대 등 250여 시민단체의 연대기구인 '시민사회단체연대회의'에서 2,000년 정당의 국고보조금 516억원의 회계보고 분석결과 전체국고보조금 사용증빙 제출서류가 부실한 경우가 75.5%에 달한다고 주장한 것만 보더라도, 이를 감독하는 기관인 선거관리위원회마저 조사와 규제가 엉성한 현실이다. 정당이 국고 보조금을 사적 경비나 부정한 경비로 사용하고 난 후에 모두 기타 경비로 회계보고를 하고 있는 현실을 단순히 정당의 자정노력만으로는 기대할 수는 없다고 본다.

〈표 8〉 정당의 기타경비 현황

(단위: 백만원)

연도 / 정당명	2000	2001	2002	2003	2004	2005	2006	2007	2008
열린우리당				71	4,373	1,020	10,445		
한나라당	14,117	7,843	17,432	9,353	7,644	686	3,655	2,818	33,041
새천년민주당	41,240	5,580	11,290	23,550	2,329				
민주당						213	2,194	353	29,325
민주노동당	16	176	713	164	952	696	1,500	951	1,059
국민중심당							990	1,082	
대통합민주당								6,591	
자유선진당									4,208
친박연대									2,453
창조한국당									670

※ 출처: 중앙선거관리위원회, 정당의 활동개황 및 회계보고(2000~2008)

〈표 8〉에서 우리나라 주요 정당들이 사용한 기타 경비 현황을 보면 기타경비가 정당마다 무엇으로 많은 금액으로 사용하고 있는지 국민들은 쉽게 이해할 수 없을 것이다.

〈표 8〉에서 알 수 있듯이 정당의 기타 경비에서 국고보조금을 정당 또는 정당 지도자의 사적 이용 자금(개인여비, 식대, 접대비, 격려금, 안내장 등)이 포함될 여지가 많다. 더욱이 선거 때는 각 정당들이 밝히기 꺼린 자금이 기타수입과 기타경비라 할 수 있다. 결국 정당의 정치비용의 사용에서 투명성을 확보하자면, 기타경비의 수입이나 지출에서 구체적인 항목만을 규정하여 사용할 수 있도록 법

제화하자는 것이다.

특히, 선거관리위원회가 각 정당에 대한 회계보고를 받을 시에 기타경비에 대한 증빙자료(영수증 등)를 철저히 확인 · 조사를 실시하여 부당하게 집행한 기타경비에 대해서는 정당에 대한 국고보조금을 배분 · 지급 시에 부당하게 집행한 금액에 상당한 금액을 삭감할 수 있도록 규정하여야 한다.

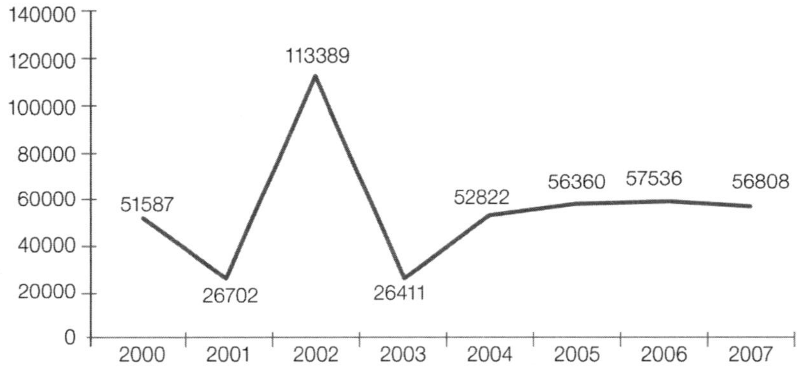

※ 출처: 중앙선거관리위원회, 정당의 활동개황 및 회계보고(2000~2007)

〈그림 4〉 국고보조금 지급 연도별 추이(2000~2007)

국가가 정당에 대한 국고보조금 지급 연도별 추이상황 〈그림 4〉만 보더라도 선거가 있는 연도에는 평년보다 배로 지급될 뿐만 아니라, 해를 거듭할수록 정당과 정치인은 지급액에 대해서 증액을 요구할 것이다. 이런 상황에서 국가는 정당에 대한 국고 보조금 배분 · 지급 방식을 현행법이 정당의 국회 의석수 기준에서 벗어나 소정당에게 돌아갈 수 있는 방향으로 개선해야 한다.

왜냐하면, 보조금의 계상 방식에서도 최근에 실시한 임기만료에 의한 국회의원 선거의 선거권자 총수에 보조금 계상단가를 곱한 금액을 매년 예산에 계상하기 때문이다. 그러므로 배분방식에서도 이와 같은 계상원리에 비춰볼 때, 최근 실시한 임기만료의 국회의원 선거권자 정당득표율에 의해서 선거에 참여한 정당에게 배분 · 지급하는 것이 타당하다.

독일이 매년 2억3000만 마르크(약1200억원)정도 국고자금을 조성하여 정당득표비율에 따라 배분 · 지급하는 경우처럼 실시하든가 아니면 당비납부실적에 따라 지급하는 것도 바람직하다.

무엇보다 국고보조금은 정당의 경상보조금을 지급하는 것보다 선거 시에 위의 보조금 배분 · 지급 방식에 따라 선거보조금만 지급하는 것이 가장 바람직하다고 본다. 이러한 이유는 정당의 자생적인 정책 활동에 필요한 만큼, 재정적으로 정당이 스스로 움직이지 않는 정당에 국가가 국민의 혈세를 그냥 낭비할 수 없다는 취지이다.

2. 정치자금 수요와 사용의 제도화

1) 정치자금의 투명성 확보

정당은 공익을 추구할 뿐만 아니라, 특정 집단의 이익을 목적으로 결성한 이익 집단과도 구별되므로, 자체의 경제 활동을 통해 자금을 조달할 수는 없다.[129] 따라서, 정당은 정당활동에 필요한 운영경비와 조직활동비 등을 경제활동 외의 방법으로 조달해야 한다. 그렇다고 정당이 기업체처럼 자유 경쟁의 시장원리에 따라 정치자금을 조성할 수는 없다.

정당은 재정이 튼튼해야 정당활동을 원활히 전개하여 대의제 민

129) 심지연 편저(2004), 281쪽.

주정치의 실현을 위해 기여할 수 있을 것이다. 특히, 한국의 경우는 정당 중심적 국가로서 정치자금 조달을 위해 국민 참여를 확대 시키려고 노력하고 있다. 이 때문에 국가는 정당이나 정치인이 자유롭게 정치자금을 모금해서 사용할 수 있도록 제도적 여건을 마련해 주어야 한다.

지난날에 정경유착으로 인한 정치자금 부패는 한국정치사에 고질적인 병폐로 기록되고 있다. 이제는 새로운 정치문화가 절실히 요구되는 만큼, 정당과 관련된 각종 법제도를 현실성 있게 개정할 필요성이 있다. 무엇보다도 정당의 재원인 정치자금의 조달과 사용통로는 전 국민이 누구나 알 수 있도록 투명성을 제도적으로 확보해야 한다. 이러한 조치로서 정당이나 정치인에게 보험성격이 강한 익명성 정치자금 기부는 없애야 한다. 아울러 자금의 투명성 확보라는 차원에서 정치자금에 관한 회계감사를 엄격히 실시해야 한다.

시민사회 영역의 정당의 활동에 대한 감시 역할이 한층 강화되고 또 이를 제도적으로 보장해야 한다. 많은 NGO들이 정당의 회계는 정치활동의 독자성 때문에 외부의 투명성 파악이 불가능하고 제반 정당활동비의 낭비여부를 파악하기 어려우므로 기업체의 기준에 근거해 복식부기로 회계장부를 작성할 필요가 있다고 주장하고 있다.

그럼에도 불구하고 정당의 정치자금의 투명성 확보를 위한 감시기관인 선거관리위원회가 정당과 정치인의 후원회 회계보고를 단순히 의례적이고 형식적인 접수 · 처리하면서, 그 내용에 대한 실질적인 확인이 매우 부실하게 이뤄지는 실정이다. 특히, 공직선거가 끝난 후 후보자 등으로부터 회계보고를 받은 선거관리위원회가 선거비용 실사에 따라 확인검사를 하지만, 비밀 선거자금 거래의 실체를 적발하여 처벌하기까지는 아직도 미비한 수준이다.

그러므로 선거관리위원회가 정당과 정치인에 대한 정치자금의 수입과 지출사항을 철저하게 투명화시키기 위한 실현성 있는 방안을 확보하기 위해서는, 회계감사를 위한 확인·실시 기간 동안 금융기관에 대한 자료 요구뿐만 아니라 금융기관에 대한 계좌추적권을 후보자는 물론 회계책임자, 직계존비속, 배우자에 대해서도 부여하고 더 나아가 수사권까지 부여하여 권한을 강화시켜줄 필요성이 있다. 더욱이 감사기관이 헌법기관인 선거관리위원회에 대한 직무감찰 대상(감사원법 제24조 제3항)에서 제외되지 않는 것은 선거관리위원회가 정당과 후보자에 대한 회계감사권한과 기능이 위축될 가능성이 있다고 본다. 그리고 정당의 정치비용의 수급 사항에 있어서도 좀 더 적극적인 방법으로 일간신문과 관보게재 또는 인터넷 공고를 통해 연중 국민이 알 수 있는 방법으로 공개해야 한다. 물론 제도적 장치도 중요하지만, 무엇보다도 국민의 정치의식 증진과 확립이 전제되어야 이와 같은 제도적 보강장치도 실효성을 거둘 수 있을 것이다.

2) 선거비용의 공개

브레톤(Henry L. Bretton)은 '돈의 힘(the Power of money)은 높은 비밀성과 높은 대체가치가 있다'고 했다.[130] 선거에 임한 정치인은 정치자금만 있으면 우수한 운동원으로 선거조직을 가동하는 것은 물론, 물질적으로 당선을 위해 자신을 자금력으로 과대 포장 광고하여 선거에 당선되려고 할 것이다. 이러한 선거과정에서 금권선거로 당선된 사람은 결국 정치인으로서 도덕적으로 파탄될 것이며, 이는

---

130) Henry L. Bretton, *The power of money: a political-economic analysis with special emphasis on the American political system* (Albany: State University of New York Press, 1980) 참조.

불평등 선거일뿐만 아니라, 불법 선거비용만 늘어나는 꼴이 된다.

공직선거법(제57조의2)은 정당이 공직선거 후보자를 추천하기 위해서 당내 경선을 실시할 수 있다고 규정하고 있다. 각 정당들이 당헌 · 당규 등에 의하여 공직후보자를 추천하기 위한 경선을 실시하지만, 경선을 위해 납부하는 기탁금 등의 경선비용은 어떻게 사용됐는지 경선이 지나면 아무도 모르므로, 이에 따른 회계보고를 의무화하여 선거비용에 포함되도록 법정화해야 할 것이다. 예비후보자 등이 선거운동 규정에 위반하여 경선운동에 사용한 비용도 선거비용으로 계상하도록 규정하는 것과 형평성이 맞을 것이다.

정치자금법상 국고보조금의 배분대상이 되는 정당이 당내 경선사무로서, 투표와 개표사무를 선거관리위원회가 수탁, 관리하는 경우에는 그 비용을 국가가 부담한다. 단, 투 · 개표 참관인 수당은 당해 정당이 부담한다. 이는 선거비용공영제의 취지에서 국고로 부담하게 하고 있으나, 한편으로는 정당내의 후보자 선출을 목적으로 한 절차비용까지 국민의 혈세로 충당함은 지나친 면이 있으므로 개선되어야 할 것이다.

선거비용으로 인정되지 아니하는 비용은 선거운동을 위한 준비행위, 후보자선출대회비용, 선거사무소와 연락소 설치 및 유지비용, 선거일 후 지출원인이 발생한 잔무정리 비용 등이다. 이러한 공직후보자로서 선거비용과 비용이 아닌 비용의 구분은 혼동하기 쉽다. 선거운동의 목적인 선거준비비용이나 후보자 선출대회 비용 등의 정당활동 비용은 선거비용으로 제도화시켜야 한다.

3) 정치활동비의 사용

현대 민주주의에서 정당정치는 정당이나 정치인의 정치활동의 자유가 최대한 보장되는 것을 전제로 한다. 정당이나 정치인들이 정치활동을 하는데 필요한 비용이 정치비용인데, 이는 정당정치에서 영향력이 매우 크다고 할 수 있다. 그렇다고 해서 정당에 정치자금을 국가가 국민의 혈세를 흘러넘치도록 제공해서도 안 되며, 반면에 지나치게 규제하는 것도 현실성이 없고 정치활동을 위축시키는 결과가 된다. 정당이나 정치인이 적절한 정치활동을 할 수 있도록 자금조달 통로를 제도적으로 열어주는 동시에 자금사용 통로는 줄여나가야 할 것이다.

우리나라 주요 정당인 열린우리당, 한나라당, 새천년민주당, 민주노동당에 대한 정치활동비로서 정책개발비, 조직활동비, 선거비, 의정활동비, 기타경비의 합계를 2000년부터 2007년까지 및 2008년(자유선진당, 친박연대, 창조한국당 포함)의 추이 상황을 보면 〈표 9〉와 같다.

〈표 9〉 정당별 정치활동비 상황

(단위: 백만원)

구분 연도	정책개발비	조직활동비	선거비	의정활동비	여성정치 발전비	기타경비
2008	6,996	36,278	45,247		3,404	70,756
2007	6,210	45,619	83,415		2,851	11,795
2006	7,595	59,091	16,374		3,330	18,784
2005	8,616	16,878			2,907	5,315
2004	8,190	14,870	13,829		2,000	15,299
2003	10,979	11,239	11,744	3,844		33,138
2002	13,853	26,622	74,147	7,373		29,435
2001	10,138	9,611	955	2,853		13,599
2000	12,908	20,565	30,533	4,931		55,373

※ 출처: 중앙선거관리위원회, 정당의 활동개황 및 회계보고(2000~2008)

〈표 9〉에서 알 수 있듯이, 정책개발비는 매년 줄어드는 추세인 반면에, 조직활동비는 늘어가는 추세를 보인다. 선거비 역시 대통령

선거가 있었던 2002년 및 2007년을 제외하면 늘어가는 추세임을 알 수 있다. 이는 우리나라 정당이 정책정당의 이상을 실현하지 못하고 여전히 선거정당의 수준에 머물러 있음을 반증하는 것이다. 물론 정당이 선거를 통해 정권을 창출하려는 고도의 성취동기적이고 목적지향적 조직임을 부인할 수는 없으나, 유권자들로부터 지지를 동원하기 위해서는 부단한 정책개발과 이에 대한 동조화 활동 역시 매우 중요한 것임을 염두에 두어야 할 것이다.

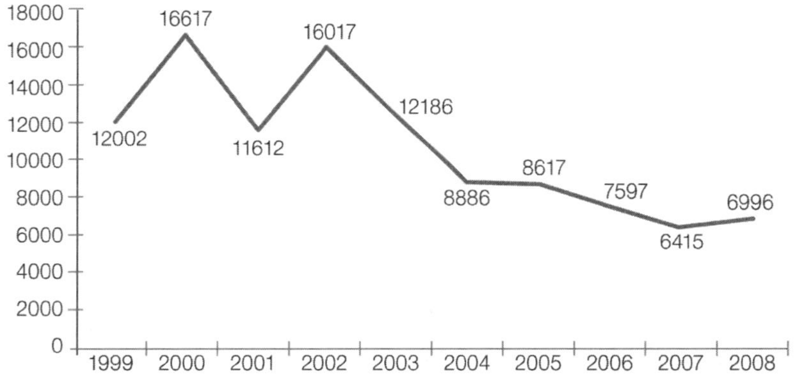

(단위: 백만원)

※ 출처: 중앙선거관리위원회, 정당의 활동개황 및 회계보고(1999~2008)

〈그림 5〉 정당의 연도별 정책개발비 지출액 추이(1999~2008)

물론 대의정치의 제1보는 선거이다. 선거를 통해 대표자를 선출하기 위해서는 많은 정치비용이 든다고 하지만, 대의정치는 의회를 통해서 비로소 그 기능을 발휘하며, 정당은 의회정치를 통해 정책개발이나 입법활동 또는 심의활동을 할 수 있도록 그 기능을 수행한다. 그러므로 정당의 정치활동비의 중점사용은 정책개발비나 의정활동비로 사용하는 것이 바람직하다. 〈그림 5〉에서 보는 것 같이 정당의 연도별 정책개발비 지출액 추이만 보더라도 선거가 있는 연도(2000년, 2002년)나 평년이나 큰 차이가 없이 매년 줄어드는 것은 대의제 민주주의에서 정당의 공적기능인 국민의 각계각층의 이익을 대변하고 정부를 비판하는 정책대안 제시에 등한시하고 있다는 것을 알 수 있다.131)

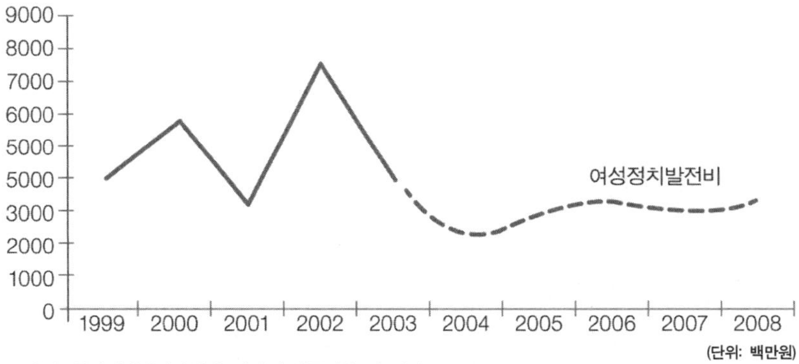

※ 출처: 중앙선거관리위원회, 정당의 활동개황 및 회계보고(1999~2008)

〈그림 6〉 정당의 연도별 의정활동비 지출 추이(1999-2008)

다음으로 정당의 연도별 의정활동비 지출액 추이상황을 나타낸 〈그림 6〉을 보면 선거가 있는 연도(2000, 2002년)에는 평년보다 의정활동비의 지출액이 많았음을 알 수 있다. 이는 선거 시에는 정당이나 정치인들이 의정활동을 활발하게 했음을 의미하고 특히, 2003년부터 정치활동비에서 의정활동비 대신에 여성정치발전비로서 국가에서 국고보조금으로 공직후보자 여성추천보조금을 정당에 여성추천비율, 국회의원 수, 득표율에 따라 지급하도록 하여 여성정치활동의 기회와 폭을 넓혀주었다.

그러나 〈그림 6〉 정당의 연도별 의정활동비 지출액 추이를 보면,

---

131) 헌법재판소 결정(1996.08.29. 헌마99) 참조.

앞의 〈표 9〉에서 보듯이, 정당의 기타경비 지출액보다 적은 의정활동비라는 것을 알 수 있다. 특히, 정치활동비에서 기타경비의 과다 지출은 국가로부터 재정지원을 받은 정당이 목적이 불명확한 용도로 투명하지 않게 사용했음을 반증하는 것이다. 따라서 국민의 알 권리를 충족시키기 위한 공개성뿐만 아니라, 정당의 정치자금 운영의 효율성을 기하기 위해서라도 정치활동비의 기타 경비는 제도적으로 사용 항목을 세부적으로 규정하여 잘못 사용하지 못하게 해야 한다.

3. 규제의 제도화

1) 법의 실효성 확보

정당이나 정치인에게 유용되는 정치자금은 불을 피우기 위한 '불쏘시개'와 같은 작용을 하며, 정당정치 발전이라는 측면에서 볼 때, 정당의 기능을 촉진시키고 활발하게 움직이는 발화장치의 역할을 한다고 말할 수 있다. 그럼에도 불구하고, 어디까지나 정당이나 정치인에게 투입되는 자금은 투명하게 정제되어야 민주정치 발전에 걸림돌이 되지 않는다. 여기에서 정당이나 정치인에게 정치자금이 투입되는 과정은 〈그림 7〉과 같다.

〈그림 7〉 정치자금의 흐름도에서 알 수 있듯이 합법적인 정치자금으로서 후원회의 회원 또는 비회원이 후원금을 후원회에 기부하면 후원회는 모금에 직접 소요된 경비를 공제하고 후원회 지정권자에게 기부한다. 개인이 기부한 기탁금과 국가의 보조금은 선거관리위원회가 국회의원 의석수 등에 따른 보조금 배분·지급 방식에 따라 해당 정당에 대해 지급한다. 당원이 내는 당비는 각 정당에서 받아 정당운영비 등으로 사용하게 된다.

[합법적인 정치자금의 투입과정]

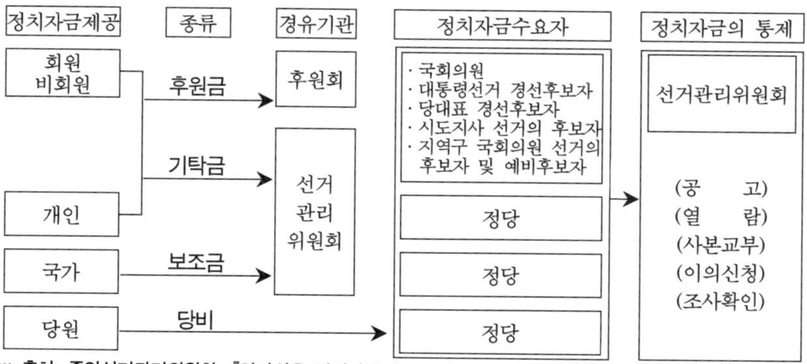

※ 출처: 중앙선거관리위원회, 『알기쉬운 정치자금제도』(2004), 5쪽.

[비합법적인 정치자금의 투입과정]

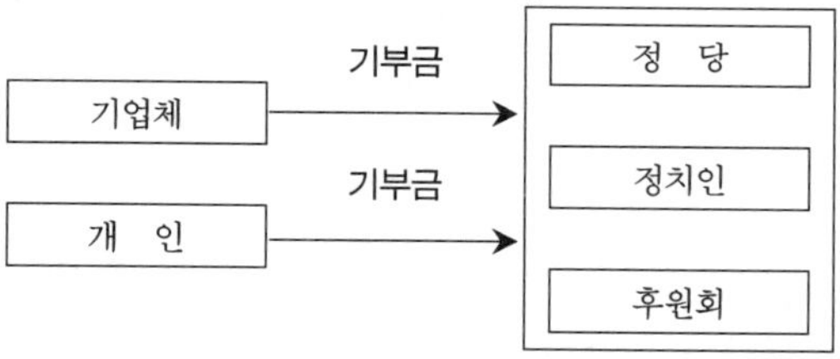

〈그림 7〉 정치자금의 흐름도

〈그림 7〉 정치자금의 흐름도에서 알 수 있듯이 합법적인 정치자금으로서 후원회의 회원 또는 비회원이 후원금을 후원회에 기부하면 후원회는 모금에 직접 소요된 경비를 공제하고 후원회 지정권자에게 기부한다. 개인이 기부한 기탁금과 국가의 보조금은 선거관리위원회가 국회의원 의석수 등에 따른 보조금 배분 · 지급 방식에 따라 해당 정당에 대해 지급한다. 당원이 내는 당비는 각 정당에서 받아 정당운영비 등으로 사용하게 된다.

여기에서 문제시 되는 것은 후원금이나 기탁금은 영리 법인 · 단체 등이 기부의 규제를 받으므로, 개인이 부담하는 기부금액은 비교적 그 규모가 소액이라는데 있다. 더욱이 기탁금은 법적 규정의 의미가 상실할 정도로 소액일 뿐만 아니라, 현행 국고보조금과 같은 배분·지급 방식을 적용할 경우에는 그나마 군소정당에게 할당되는 배분 몫이 없다는 것이다. 또한 앞서 살펴본 바와 같이, 후원금 모금 또한 집권 여당이나 보수정당 그리고 유력한 정치인의 후원회에만 후원금이 모집된다. 정당의 당비 역시 규모가 큰 정당에만 집중되고 군소정당은 당원조차 확보하기 곤란하다는 점이다.

더욱이 위의 〈그림 7〉 비합법적인 정치자금의 투입과정과 같이, 개인이나 기업체가 비밀리에 정당이나 정치인에게 정치자금을 기부하면, 이는 곧 자금의 통제를 받지 않고 정치활동에 투입됨으로써 공정성을 해칠 뿐만 아니라 투명성을 손상시켜 궁극적으로는 민주정치발전의 저해요소로 작용할 것이다.

이러한 비합법적 루트를 통해 자금확보가 가능하고 또 이를 통해 경쟁우위를 확보하여 선거에서 유리했다고 한다면, 여타의 정당이나 정치인 또한 합법적인 정치자금의 흐름을 타기 보다는 보다 원활하고 은닉성이 있는 비합법적인 루트를 선호하게 될 것이다. 정치자금의 부패 스캔들은 바로 이러한 과정을 통해 형성되는 것이다.

따라서 부패 방지를 위한 원인적 측면에서 고비용의 정치구조를 개선하려면, 합법적인 정치자금의 흐름을 원활하게 하고 음성적인 자금을 차단할 수 있는 관계법의 실효성 확보가 무엇보다도 중요하다. 이를 위해서는, 후원회의 지정권자는 정당이나 정치인 누구나 할 수 있도록 그 대상을 제도적으로 넓혀주고 징수액의 상한선을 높여줌으로써, 정치자금에 대한 합법적 접근성을 용이하게 해주어야 할 것이다. 또한 기탁금과 보조금의 배분·지급에서 정당간의 형평성에 맞게 총선에 참여한 소 정당에게도 혜택이 돌아가도록 제도적으로 개선할 필요가 있다. 조달 통로의 제어장치 마련과 정치자금의 회계 감사 장치 역시 시급히 요청되고 있다. 예를 들면, 정당 등이 제출하는 회계보고를 공인회계사 등 외부 공인 감사기관의 실사를 거쳐 신문, 인터넷 등에 공고하는 방안도 바람직하다고 본다. 특히, 비합법적인 정치자금의 흐름을 차단하기 위해서는 회계보고 실사기간 동안이라도 의문시되는 비용에 대한 선거관리위원회에 수사권과 은행구좌 실사권을 부여하는 점도 검토해야 한다.

현행법은 고비용과 저효율적인 정치구조 타파를 한다는 의미에서 정당의 지구당 폐지와 기업체의 정치자금 기부를 금지하고 있다. 그러나 현실정치의 여건에서 이와 같은 규제가 실효성이 있는지 의문이다. 현실은 거의 모든 정당이 정당법상 지구당 폐지에도 불구하고 실제적으로는 지역협의회, 지역운영위원회 등의 명칭으로 정당의 하부 지역 조직이 운영되고 있다.

개별 기업체의 기부는 논란의 여지가 없지 않지만 현행처럼 금지한다고 하더라도, 정당의 말단조직인 법정지구당만이라도 부활시켜 정치현장의 부조화와 불합리를 해소하면서 양성화해야 할 것이다. 또한 경제단체나 경제협회 등의 명의로 선거가 있는 연도에 한해서 선거자금에 대한 일정금액을 비지정 형태로 기부하는 것이 법의 실효성 측면에서 바람직하다고 본다.

2) 공명선거의 실현

선거가 국민의 정치참여를 위한 도로라고 하면, 모든 국민은 공히 통행하는 권리가 부여되며, 그 왕래가 원활하고 공평하게 되어야 민주주의의 가치를 실현하고 정치발전도 가능하게 될 것이다.[132] 선거는 일반국민이 대표자를 선출하거나 주요 국정문제에 대해 투표를 통해서 참여하는 것을 말하며, 이를 원활하고 공평하게 실시하는 공명선거만이 이 취지에 부합될 것이다. 공명선거란 좁은 의미에서 볼 때는 정당, 후보자, 선거권자 등이 공직선거법 등을 준수하는 선거라 할 수 있고, 넓은 의미에서는 선거권자인 국민이 스스로 올바른 판단으로 선거운동, 투·개표 등의 모든 선거과정의 공정한 관리를 통해서, 자신의 의사와 일치하는 대표자를 자유롭게 선택할 수 있는 선거를 말한다. 따라서 공명선거가 제대로 착근하기 위해서는, 무엇보다도 선거의 자유와 공정이 균형과 조화를 이루고, 정당과 후보자 간의 공정한 경쟁이 보장될 수 있도록 선거제도가 합리적이어야 하고 실효성도 있어야 한다.

한국의 선거사는 건국 이래 많은 선거를 거치면서, 크건 작건 간에 불법과 탈법, 타락선거 등의 논란을 지펴왔다. 이는 선거범죄를 엄격히 단속하여 처벌하지 못한 탓도 있지만, 선거관리의 엄정중립과 형평성에서 항상 문제가 되었기 때문이다. 물론, 정치인이 당선만 되고 보자는 기대 심리도 있겠지만, 법을 경시하는 국민의 정치의식 수준의 미비가 더 큰 문제였다.

공명선거의 중요성을 강조하는 것은, 불법과 탈법 그리고 타락선거가 가져다주는 파장 때문이다. 정치적으로는 타락선거에 대해 그 결과를 부정함으로써, 국론의 분열을 가져오게 되고, 이는 곧 국민의 정치불신으로 이어져 정치적 불안을 가져온다. 또한, 국민의 정치적 무관심을 가져와 선출되는 국민의 대표자와 의회의 권위가 약화되고 국민 통합이 저해된다. 경제적으로는 혼탁과 타락으로 이루어진 선거로 인해 막대한 불법선거자금이 살포되어 국민경제의 기

---

132) 이경태, "바람직한 선거문화의 정착을 위하여", (중앙선거관리위원회, 정당토론논문집, 1996), 66쪽.

반을 흔들게 된다. 사회적으로도 동원선거와 물량선거로 말미암아 정당과 정치인은 많은 자금이 필요하게 되어 정경유착의 부패현상이 생기며, 매표행위 등으로 국민의 법의식이 흔들리게 되어 종국에는 민주사회의 기반이 상실될 수도 있다.

현행 공직선거법은 비교적 잘 정비되어 있다고 할 수 있으나, 아직까지 선거공영제와 선거비용, 선거운동 분야에서 현실성과 합리성에서 제도적으로 미흡한 부분이 있다. 따라서 공명선거의 실현을 제도적으로 담보하기 위해서는, 첫째, 선거의 공정성 확보를 위한 선거관계법이 개선되어야 함은 물론, 선거공영제를 확대시켜 나가는 방향으로 법제도를 고쳐나가야 한다. 특히 선거공영제에 있어서, 현행법은 합법적인 선거운동으로서 선거비용 제한액 범위 내에서 보전해주고 있다. 예로서는 언론매체를 이용한 TV, 라디오에 의한 경력 방송, 토론회, 연설회, 광고 등뿐만 아니라 선전벽보, 선거공보, 선거운동원 수당 등도 후보자의 당선 또는 유효득표수 비율에 따라 100% 또는 50%로 차등 보전해주고 있다. 이는 후보자와 유권자의 접촉에서 생기는 음성적인 불법 선거운동을 차단하기 위해 국민의 세금으로서 부분적으로 선거공영제를 실시하고 있는 것이다. 그러나 아무리 후보자의 난립을 방지하기 위한 입법취지라 하지만 보전대상이 되지 않는 후보자라도 국민을 위한 올바른 선택과 법의 형평성 논리에서 볼 때 일정비율을 보전해 주는 것이 마땅하다. 또한 불법 정치자금의 유통을 차단하고 고비용 선거를 없애기 위해서는 선거비용으로 인정되지 않는 선거사무소 설치 유지비, 전화, 전기, 수도료, 선거운동 준비 행위의 비용까지 국가가 보전 해주는 선거공영제의 확대 실시가 바람직하다.

둘째, 선거공영제로서 선거비용 제한액은 현실성에 맞게 규정하고 선거비용 조달과 사용에서 투명성 확보를 위해 공개제도를 엄격히 규정해야 한다.

셋째, 선거운동 방법에서도 돈이 적게 드는 매스미디어나 인터넷 선거운동 방법으로 개선해 나가야 한다.

넷째, 선거의 자유를 최대한 보장하기 위해 선거일은 휴일로 지정해야 하며, 후보자 · 선거운동원의 신분 보장을 철저하게 해주어야 한다.

다섯째, 선거사범은 엄격히 처벌하며, 선거소송의 기간이 법적으로 단기간에 끝나도록 법으로 제한하도록 해야 한다. 특히 시민단체가 불법정치자금에 대해서는 국세청이 뇌물이나 배임수뢰죄로 처벌받은 불법소득에 대하여 과세한 전례와 대법원의 적법한 조치로 판결한 사례가 있으므로 과세하여야 한다는 주장은 공명선거 실현 차원에서 타당하다고 본다.

끝으로 국민에게 공명선거 구현을 위한 정치의식 교육을 TV, 신문, 인터넷 등 다중매체 등을 통하여 지속적으로 실시함으로써 불 · 탈법적인 타락선거를 방지하도록 해야 한다. 위와 같은 것들이 공명선거를 위한 실현과정이라고 볼 때, 선거를 엄정하고 공정하게 관리할 수 있도록 선거관리위원회의 권한과 기능도 강화할 필요성이 있다.

3) 선거제도의 개선

역사학자 나미어(Sir Lewis Namier)는 '민주주의를 큰 강에 비유하여 강의 흐름과 수량을 통제하는 자물쇠가 선거'라고 했다.[133] 이

133) Sir Lewis Namier, *Avenue of History*(London : Hamish Hamilton, 1952), p. 183.

는 선거야말로 민주정치의 뿌리이고, 정당, 후보자, 정책 등에 대하여, 유권자로 하여금 선택을 할 수 있는 기회를 제공한다는 의미이다. 선거를 통하여 대중의 여론을 수용하고, 정치적 책임관계가 분명해 질 때 정부는 '적격자가 정당한 방법'으로 통치한다는 정통성을 얻게 된다.[134] 이러한 대의민주주의에서 선거가 존재하는 목적은 국민의 의사를 최대한 효과적으로 대표하기 때문이다.[135] 따라서 선거제도는 국민의 자유로운 의사로 투표한 결과로서 공정하게 나타날 수 있도록 제도화하여야 한다. 그러므로 국민의 의사가 자유롭게 투표로 나타나지 않고 왜곡되거나 불공평하게 될 때, 선거제도를 개선할 필요성이 있다.

근대적 선거제도가 도입된 지도 반세기가 지났으나, 아직도 선거과정에서 제도적으로 많은 선거비용이 사용된다는 데서 문제시 되고 있다. 무엇보다도 민주정치 발전과 선거과정의 변화는 상호 불가분의 관계에 있으므로, 선거제도는 돈이 적게 드는 선거의 방향으로 개선되어야 한다. 이를 위해서는 선거제도의 객관성, 공정성, 형평성이 확보되어야 함은 물론이고, 우리의 역사적 경험을 고려하여 정치적 안정을 도모할 수 있어야 할 것이다.[136]

우리나라는 모든 선거에 있어 선거마다 법적으로 선거비용의 제한액 규정을 두고, 그 범위 내에서 선거를 하도록 규정하고 있다. 그러나 현재의 선거비용은 현실적으로 적용에 무리가 있으므로 일차적으로 법정선거 비용을 상향 조정하여 현실화시켜야 한다.[137]

---

134) 김철수, 『선거와 선거제도』(서울: 광명사, 1997), 20~21쪽.
135) 김광웅 · 이갑윤 역, 『정당 · 선거 · 여론』(서울: 한울, 1996), 95쪽.
136) 김용호, 『한국 정당정치의 이해』(서울: 나남출판, 2001), 355쪽.
137) 손혁재, 『깨끗한 정치를 위한 시론』(서울: 나남출판, 1997).

즉, 법 자체는 현실적으로 지킬 수 없도록 만들어 놓고 지키라는 것은 불합리하다는 것이다. 여기에서 문제가 되는 것은, 모든 후보자가 선거비용 제한액의 200분의 1이상을 초과 지출한 이유로 선거사무장, 선거사무소의 회계책임자가 징역형 또는 300만원 이상의 벌금형의 선고를 받은 때에는 그 후보자를 당선무효로 한다는 규정(법 제263조) 때문에 실제로 법정 선거비용은 전액 사용하지 않고 많은 음성적 자금을 사용하는데 있다. 그러므로 부패성 선거자금이 방출되지 않기 위해서는 법정 선거비용을 상향 조정하여 합리화하고, 그 대신에 감시 · 감독 및 확인 절차를 엄격히 하면 투명한 선거비용의 흐름을 파악할 수 있고 실제로 후보자가 쓰는 선거비용으로 돈 적게 드는 선거가 될 것이다.

다음은 국회의원, 자치단체장, 지방의회의원은 재 · 보궐선거를 폐지하고 차점 득표자가 승계하는 것이 바람직하다고 본다. 우선 가장 큰 이유는 재 · 보궐 선거에 따른 선거비용이 들지 않을 뿐만 아니라 시간낭비와 많은 인적 · 물적 소모를 없앨 수 있다. 재선거란 총선거 또는 본선거가 실시된 후 불가피한 사유가 발생하였을 때 실시하는 선거이며, 재선거의 사유는 당해 선거구의 후보자가 없을 때, 당선인이 없거나 지역구 · 자치구 · 시 · 군 의원선거에 있어 당선인이 당해 선거구에서 선거할 지방의회의원 정수에 달하지 아니한 때, 선거의 전부무효 판결 또는 결정이 있을 때, 당선인이 임기개시 전에 사퇴하거나 사망한 때, 당선인이 임기 개시 전에 피선거권 상실로 인한 당선무효(법 제192조 제2항, 제3항)의 규정에 의해 당선의 효력이 상실되거나 당선이 무효로 된 때, 선거 비용의 과다지출로 인한 당선무효(법 제263조)와 당선인이 당해 선거에 있어 죄를 범함으로 인하여 징역 또는 100만원 이상의 벌금형의 선고를 받았을 경우(법 제264조), 선거사무장 등의 선거범죄로 인한 당선무효(법 제265조)의 규정에 의하여 당선이 무효로 된 때에는 재선거를 실시한다.

위의 재선거 실시 사유 중에서도 우리나라의 경우에는 다른 재선거 사유보다도 선거범죄(법 제264조) 위반으로 인한 재선거 사유가 가장 많으며, 이러한 재선거 사유만 봐도 선거가 얼마나 혼탁한지 단적으로 알 수 있다. 그러나 선거범죄로 인한 당선무효 재선거 사유는 후보자, 선거사무장, 회계책임자만 할 것이 아니라 부모 형제 친족 등으로 대상을 넓히면 혼탁한 돈 선거를 사전에 예방할 수 있다. 보궐 선거는 지역구에서 선출하는 지역구 국회의원, 지역구 지방의회의원 및 지방자치단체장의 결원 또는 궐위가 생긴 때에는, 이를 보충하기 위해 보궐선거를 실시한다.(법 제200조)

2009년 4월 29일 실시한 상반기 재보궐선거에 있어 예비후보자와 후보자가 정치자금법 제40조의 규정에 따라 제출한 선거비용 지출내역을 보면, 국회의원선거 실시지역 4개 선거구에서 인천 부평을 18명 649백만원, 울산광역시 14명 603백만원, 전주시 완산구 15명 1,100백만원, 경북경주 21명 1,064백만원, 시장선거는 시흥시 11명 686백만원, 시 · 도의원선거는 서울시 광진구 7명 141백만원, 강원도 3명 75백만원, 전남도 8명 140백만원 등 3곳에 총 356백원, 구 · 시 · 군 의원선거는 4곳에 총 337백만원이라는 많은 돈을 사용한 것을 알 수 있다.

현재 우리나라에서 재보궐선거에 관한 쟁점이슈가 제기되고 있는 것은 재보궐선거에 따른 비용을 원인제공자에 환수하자는 주장이다.

그러나 현재 정치권에서도 원인제공자에게 기탁금 10배를 물도록 하는 논의가 되고 있으나, 이는 소수정당이나 무소속 후보들은 재정적 빈곤으로 인한 불이익과 선거운동의 자유에 대한 위축과 과잉금지원칙에 위배될 소지가 있다고 본다. 그러므로 차점자의 승계의 원칙을 설정하여 제도로 도입한다면, 후보자들은 차선 방법을 기대하기 위해서라도 선거법을 지켜 깨끗한 선거가 정착될 수 있을 것으로 기대된다. 이미 외국의 경우(기초의원 등)는 이를 승계하는 법안이 마련되어 있다. 이는 전국구의원이 결원이 발생할 때는 전국구 후보자 명부에 등재된 순위에 따라서 의원 계승자를 결정하고, 비례대표 지방의회의원에 결원이 발생하였을 때는 정당의 비례대표 후보자 명부의 순위에 따라 의원직 승계자를 결정하는 것과 같은 원리이다. 이렇게 함으로써 유권자가 투표권을 행사할 때에 미리 승계규정을 염두에 둠으로써, 투표참여 폭을 넓힐 수 있을 뿐만 아니라 차점낙선자에 대한 기대효과도 있을 것이다.[138]

다음으로 선거구제 변경에 대하여 고민할 필요가 있다. 선거구제는 1선거구 1인 선출 소선거구제, 1선거구 수인 선출 중·대선거구제, 소선거구제와 중선거구제를 병용하는 복합선거구제[139] 등이 있다.

우리나라는 제헌 국회이래 국회의원선거는 유정회(제9대, 제10대)와 중선거구제(제11대, 제12대)를 제외하고는 줄곧 소선거구제를 실시해왔다. 흔히, 선거비용 면에서만 볼 때, 소선거구제 하에서는 지역이 협소하여 선거자금이 적게 들고 금권선거의 위험이 적다는 장점을 들며, 중선거구제 하에서는 지역이 넓어 선거비용이 많이 든

---

138) 지난 2002년 기초의원 재·보궐선거는 4곳, 2003년 82곳, 2004년 74곳을 실시하였으며, 언제나 투표율(약 20~30% 정도)이 절대적으로 저조하여 주민대표성이 의문시될 뿐만 아니라 각 지역에서 치러지는 재·보궐선거에서 각 정당들은 선거에 총력을 기울이게 됨으로써 불법·부정선거 운동의 시비가 끊이지 않고 음성적 비용은 물론 법정 선거비용이 엄청난 액수에 달했다.

139) 박상철, "선거제도의 개혁방안", 『정치개혁 심포지엄』(서울: 법률소비자연맹 출판부, 2003), 95쪽.

다는 단점을 들고 있다. 이러한 중·소선거구제의 선거비용에 관한 장점만을 갖고 있는 복합선거구제가 바람직하다고 본다.

복합선거구제는 광역시 이상은 중선거구제로 하고, 기타지역은 소선거구제로 하는 선거구제를 말한다. 이는 대표성 확보와 사표방지에도 도움이 되는 것은 물론 인구수에 따른 불평등 선거구 문제도 근본적으로 해결될 수 있다. 무엇보다도 지역이 협소하여 선거비용이 소선거구제가 적게 든다고들 하지만 실제로는 정당과 후보자간의 경쟁이 치열해질 가능성이 많아, 표의 매수를 위한 부정한 선거비용이 많이 들 수도 있다.

복합선거구제를 실시하는 경우, 선거비용이 적게 드는 방안은 완전선거공영제 실시를 전제로 하여, 광역시 이상의 총선거구제 하에서는 후보자 중심의 선거운동에서 정당 중심의 선거운동으로 전환시킴으로써, 유권자가 정당의 영향력에 따라 후보자를 선택하게 하는 방법이 사용될 수 있다. 기타 지역은 현행대로 소선거구제를 유지함으로써 선거비용 면에서 소선거구제의 장점을 살리는 것이 바람직 할 것이다.

결론 및 제언

본 연구는 우리나라 정당이 정치활동에 있어, 필연적으로 소요되는 정치자금을 분석 · 연구하여, 지난날 정당과 정치인의 부패성 자금조성과 사용에 따른 정치적 관행과 법 제도를 합리적으로 개선하는 방안을 모색하여, 민주적인 정당정치 발전에 기여하였다.

오늘날 정당의 정치자금조성은 정당정치에 희망을 주는 야광탄(noctilucent bomb)과도 같지만, 반면에 부패자금이 모이면 썩어서 냄새를 풍기는 쓰레기통(dust bin)으로 비유될 수 있으므로, 이는 동전의 양면성과 같은 정치자금 특성을 단적으로 말해주고 있다.

여기에서 정당의 보호육성에 필연적으로 공여되고 사용되는 정치자금(political finance)은, 넓은 의미에서 정치비용을 정당 활동자금(party finance)과 선거자금(election finance)을 포함한 다의적 의미로 해석한다면, 정치자금은 정치자금법상 당비, 후원금, 기탁금, 보조금 등을 말하며, 선거자금은 선거비용과 선거비용으로 인정되지 않는 비용까지 포함하는 의미를 말한다.

흔히들 정치자금은 민주주의 비용(cost of democracy)이라고 하지만, 민주정치의 필요악(necessary evil)으로서 정치 부패의 요인이 되기도 했다. 그러나 우리나라 헌법은 정당의 활동이 민주적일 것을 전제로 정당의 보호 · 육성을 위해 법률이 정하는 바에 따라 국가의 보호를 받고 보조금을 교부받을 수 있다고 규정한다. 그러므로 민주정치 발전을 위해서는 정당이 갈구하는 정치자금의 통로는 투명하게 합법적으로 열어주어야 할 필요가 있다.

이런 필요성 때문에 그동안 정치자금에 관련된 법 제도를 수 십 차례 개정하였으나, 제도적 고착화는 아직도 요원한 듯 보인다. 특히, 선거 때마다 금권선거, 타락선거, 불법선거라는 오명이 우리 선거사에 꼬리표처럼 따라다녔고, 정치와 돈의 연결고리는 수면 아래에 잠재하면서 이따금 스캔들과 함께 분출하면서 정치, 사회, 경제적으로 엄청난 후폭풍을 일으키면서 민주정치 발전에 저해요소가 되어온 것은 사실이다.

정당정치에서 정당이나 정치인이 기업체로부터 떳떳하지 못한 '검은돈'의 유입은 정치환경을 오염시킬 뿐만 아니라, 국가 경제와 정치문화 발전에 '악의 씨앗'이 될 수 있다. 이러한 비밀성을 낳는 부패자금의 흐름을 차단할 수 있게 제도적으로 조망하여, 투명성을 확보하는 방안을 마련해야만 한다.

이런 의미에서 우리나라의 정치자금법의 제정은 1965년 2월 9일(법률 제1685호)로 제정·공포된 후, 2008년 2월 29일(법률 제8880호)까지 20회나 개정되었다. 이 모든 것이 정치자금법상의 정당의 자금 조달의 재원에 대한 당비, 후원금, 기탁금, 보조금 등의 제도적인 개정사항이었다.

물론, 외국의 경우처럼, 미국의 연방선거운동법(Federal Election Campaign Act), 독일의 연방선거법(Bundeswahlgesete), 일본의 정치자금규정법 등과 같이, 정당에 대한 재원을 마련할 수 있는 법적 근거를 마련했다고 할 수 있다. 또한, 우리나라의 정치자금제도는 일본의 정치자금규정법과 매우 유사한 점이 많다고 할 수 있다.

정당에 대한 정치비용의 재원 조달과 사용은 법 제도적으로, 견제와 균형(check and balance)을 가져와야 할 것이다. 그러나 정당의 정치자금이란 규제가 느슨하게 미약할 경우에는 돈과 정치의 유착으로 부패정치가 초래되며, 그렇다고 지나치게 규제하면, 정당의 정치활동이 제약을 받아 민주정치의 기본 틀인 건전한 정당 정치의 발전에 저해의 요소로 작용될 것이다.

정당으로서 가장 이상적인 정치자금의 재원 마련은 합법적인 조달방법이 되어야 할 것이다. 이러한 범위에는, 첫째, 정당의 당헌·당규의 규정에 의해서, 당원 스스로가 대가성이 없이 자발적으로 수시로 내거나 매월 또는 분기별로 내는 당비가 있다. 이는 외국뿐만 아니라 정당의 재정규모에서 많은 액수의 비중을 차지하고 있다. 둘째, 정치자금의 기부를 목적으로 선거관리위원회에 등록된 후원회에 기부하는 후원금이 있다. 셋째, 개인이 선거관리위원회에 기탁하는 기탁금이 있다. 다만, 이는 종래에 법인 또는 단체기탁이 허용되는 경우보다 그 실적이 너무 적으며, 기탁금제도의 존재의미가 상실되어 가고 있다. 넷째, 정당의 보호·육성이라는 의미에서 국가가 지급하는 보조금이 있다.

본 연구에서는 정당의 합법적인 정치자금 조달 통로와 관련하여 제도적으로 문제되는 쟁점에 대해 합리적인 개선방안을 제시한다.

첫째, 당비제도의 개선이다. 정당 공천제도로 인하여 경선이라는 과정을 거치면서, 강제입당이나 당비 대납에 따른 부작용이 존재한다. 이에 따른 강한 법적조치를 하지 않으면 당내 질서가 문란해지고, 특히, 공천권 행사에 따른 특별당비 납부는 정치부패의 촉진제 역할을 하여 정당의 도덕성이 무너진다. 그러므로 당비 납부금액에 대한 상한선을 법으로 규정하면, 정치자금 수입의 투명성을 확보할 수 있다. 이와 함께 당내경선의 투표권 행사 권한의 기준이 되는 당원권의 유효성에 대해 각 정당이 합리적인 선을 규정해야 한다.

둘째, 기업체가 빠진 개인만의 후원금 모금은 정당이나 정치인에게 돈에 대한 갈증을 면하기가 어렵다. 그러나 현행법은 집회에 의한 후원금품의 모금을 금지하고 있다. 후원금 납입은 정치참여의 한 방법이기도 하다. 그러므로 후원회가 금품을 모금하기 위해 행사를 주최할 수 있도록 규정하는 것도 바람직하다. 더욱이 법의 형평성에서 볼 때, 모든 지방선거에서 정당의 공천제를 허용한 만큼, 지방의원은 물론 기초단체장까지 정치자금이 필요하므로 후원회를 결성하는 것이 바람직하다. 또한 특정 목적의 노동단체, 종교단체, 비영리단체 등에 대해서 법적으로 기부할 수 있는 단체를 정하여 두는 것도 바람직하다고 본다.

또한 정당이 양성적인 정치자금을 마련할 수 있는 통로인 지구당 후원회가 폐지(2006.03.13)됨으로써 종래의 지구당 성격과 유사한 역할과 기능을 하고 있는 국회의원 지역구에 대한 자금수급체계를 음성화시킨 결과가 되었으므로 종전의 지구당과 지구당 후원회는 합법적으로 다시 환원시킬 필요성이 있다.

셋째, 기탁금제도의 문제점은, 기탁금을 정당에 지급하는 방식을 국고보조금과 같이 동일한 기준으로 배분 · 지급함으로써, 국회 의석이 없는 군소정당에게는 그 몫이 돌아가지 않는다는 것이다. 그러므로 총선에 참여한 모든 정당에게 국고보조금을 계상하듯이 유효득표 비율에 따라 배분 · 지급하는 것이 국민의 정치적 참여도를 높이고 생산적 정치를 유도하는데 바람직하다. 현행 기탁금 기부는 법인 또는 단체가 빠진 상태에서 개인의 기부금액은 소액에 불과하고, 정당 운영에 아무런 도움이 되지 않는다. 그러므로 기업체가 1년에 한 번씩 납부하는 법인 세액에 1%의 정치자금을 자동납부 의무를 지워 정치자금의 재원을 조성하도록 해야 한다. 이는 법인이 십시일반의 희생정신에서 정당발전을 위해 공개적으로 제공하는데 그 의미가 있다.

특히, 최근 중앙선거관리위원회가 홈페이지를 이용하여 신한은행과 협의 하에 신한카드 마일리지를 이용한 정당의 기부금으로 대체하여 수탁 받고 있으나, 그 실적이 저조함으로써 정당에 대한 자금고갈을 면키 어려운 현실이므로 선거관리위원회가 적극적으로 모든 은행으로 하여금 유권자들이 정당정치발전을 위한 자신의 카드 마일리지 금액을 기부할 수 있도록 언론에 대한 홍보활동이 필요하며 실질적으로 유권자가 기부하는 업무절차를 단순화시켜야 한다.

넷째, 국가보조금은 계상 방식에서 최근에 실시한 임기만료에 의한 국회의원 선거의 선거권자 총수에 보조금 계상단가를 곱한 금액을 매년 예산에 계상하듯이, 그 배분 · 지급방식에서도 선거에 참여한 모든 정당에게 득표율에 따라 배분 · 지급해야 하며, 또한 외국의 경우처럼 경상보조금을 제외한 선거보조금만 지급하는 것과 독일의 경우처럼 정당에 대한 국고보조금은 국민의 혈세낭비라는 비판의 논쟁이 있는 만큼, 무한정 예산에서 계상하여 줄 것이 아니라 연간 총액의 상한선을 규정하여 예산의 낭비를 줄이는 것이 바람직하다고 본다.

이상과 같이 산업 · 경제인 기타 일반인이나 단체가 정당에 합법적인 정치자금 조달에 대한 개선방향을 모색해 보았다. 그러나 정치자금의 사용에 있어서는 무엇보다도 투명성 확보가 정당정치 발전의 요체이며, 건전한 민주적 발전에 기여할 수 있다. 정당이나 정치인이 합법적인 조달통로를 따라 정치자금을 조성했다고 하더라도, 그 사용을 공개하는 선거관리위원회에 대한 회계보고는 기업의

'분식회계'처럼 탈법적이라는 지적이 많다. 특히, 국고보조금은 앞서 살펴본 바와 같이 '기타용도'로 사용되는 액수가 매우 많아 투명성 제고에 상당한 저해요인이 되고 있다. 이런 현상이 되풀이되고 또 방치되는 이유는 선거관리위원회의 정당 감사 및 조사와 수사권이 없는 때문이다.

특히, 선거관리위원회가 정당에 대한 정치자금의 회계보고를 엄격히 감시 · 통제 확인을 철저히 하여 회계보고에 대한 정치자금 범죄가 인정될 때는 직접방문 · 출석요구 등을 하여 부당하게 지출한 금액에 대하여 정당에 국고보조금 지급 시에 그에 상당한 금액을 공제하도록 법제화시켜야 한다.

그리고 정당이나 정치인이 정치자금의 수입 · 지출 상황은 신문 또는 인터넷 공고 등을 통하여 국민이 연중 알 수 있도록 해야 한다.

선거 연도에 국민이 정당이나 정치인의 선거비용의 공개(public disclosure requirements)는 선거운동 과정에서 공정한 경쟁과 신뢰성 확보라는 취지에서 볼 때, 그 의미가 크다고 할 수 있다. 특히, 정당의 정치 활동비 중에서, 국민을 위한 정책개발비, 의정활동비의 사용이 당연히 많아야 함에도 불구하고, 정체불명의 자금 사용처럼 기타경비가 너무나 많다는 것이다. 이는 정당이 증빙을 구할 수 없는 사적 목적으로 사용했든가 아니면 밝히기 꺼리는 목적 외의 사용이 아닌지 분명히 규명되어야 할 것이다.

그러므로 제도적으로 정치활동비의 기타경비 항목을 세부적으로 규정해서 옆으로 세는 돈을 막아야 할 것이다. 이 모든 것이 법의 실효성 확보가 중요시 되며, 정치인의 각성이 무엇보다 필요하다고 본다.

지난날에 금품 수수의혹 사건이 터질 때마다 검찰은 수표 1장의 꼬리를 물어서라도 검은돈의 흐름을 찾으려 했으나, 몸통은 없고 깃털만 건드리는 경우가 많았다. 특히, 선거 시에 정당의 불법자금 조성에 대한 차단 장치는 선거관계기관의 선거비용 보고에 따른 수사권과 은행 실사권을 실사기간 동안만이라도 부여하여 드러난 불법자금에 대해 엄격한 법적용을 할 필요성이 있다.

정당이나 정치인의 고비용의 정치구조를 없애기 위해서는 합법적인 정치 자금의 흐름을 제도적으로 원활하게 하는 동시에, 기업의 '뭉치 돈'은 은행거래를 통한 합법적인 자금으로 위장하지 못하도록 돈 세탁(money laundering) 규제법을 제정하였으나 실효성이 미흡하다. 민주주의 제도라는 정당의 나무를 뿌리 채 잘라내서도 안되며, 자금의 원천인 샘물을 무조건 묻어서도 안 된다. 정당은 선거때만 되면, 동원선거와 물량선거로 많은 자금이 필요한 것만은 사실이다. 그렇다고 정경유착으로 불법선거자금이 살포된다면, 국민은 배금주의 사상에 지배되어 민주주의 기반을 상실하게 된다.

이는 고비용의 정치구조를 타파하기 위해서 무엇보다 깨끗한 공명선거가 되어야 한다는 것이다. 진정한 민주주의 실현을 위해서는 정당이나 정치인은 투명한 정치자금의 조달과 사용만이 전제 조건이 되면서, 돈이 안 드는 선거가 되어야 할 것이다. 무엇보다도 고비용 정치구조를 타파하자면, 정당이나 정치인은 돈을 써서라도 수단과 방법을 가리지 않고 우선 당선되고 보자는 심리부터 없애야 한다.

규제일변도의 제도는 선거운동의 자유를 고려하면서, 현재보다 좀 더 나은 선거공영제 방향으로 제도를 고쳐나가야 한다. 선거제도의 틀은 객관성, 공정성, 형평성이 확보되어야 하고, 유권자의 정치의식이 왜곡되지 않으면서, 돈이 적게 드는 선거로 고쳐나가야 한다. 무엇보다도 선거범죄 등으로 인한 재선거나 결원과 궐위 시의 보궐선거는 실시하지 않고 차점자 승계의 원칙을 정하면, 선거에 따른 막대한 선거비용을 줄일 수 있고 정국도 안정될 수 있다.

그리고 선거구제에 있어서도 소선거구제와 중선거구제의 장점만 갖고 있는 복합선거구제를 실시함으로써 불평등 선거구제의 문제를 해소할 뿐만 아니라 정당 간 경쟁을 완화할 수 있고, 선거비용 면에서도 후보자 중심 선거운동(candidate-centered campaign)에서 정당 중심의 선거운동(party-centered campaign)으로 전환됨으로써, 정당의 영향력에 따른 후보자 선택이 가능하게 되고, 후보자간의 과열 경쟁에 따른 음성적인 정치자금을 차단할 수 있어 실제로는 선거비용이 절감된다고 할 수 있다.

선거운동 방법에서도 정당이나 후보자가 실천 가능한 선거공약을 하도록 하는 매니페스토(manifesto)를 법제화하여 유권자가 올바른 후보자를 선택할 수 있는 기회를 부여하고, 돈이 적게 드는 매스미디어나 인터넷 선거운동 방법으로 할 수 있도록 제도적으로 개선해 나가야 한다.

또한, 정당이나 정치인의 네거티브(negative)적인 선거운동을 하지 못하도록 사전에 예방적인 감시 활동이 중요할 것이다. 이는 시민단체 등의 봉사적인 희생정신에만 의존할 것이 아니라, 국민의 정치의식 교육을 다양한 매체를 통해 실시함으로써 불법 · 탈법적인 타락선거를 사전에 방지하기 위한 유권자 의식운동도 필요할 것이다. 정당정치가 현대 민주주의 구현의 필연적인 과제라면, 정당정치 발전을 위해 필요한 정치자금은 반드시 민주화되어야 한다. 보편적이고, 평등하며, 참여의 자유가 있어야 한다. 이 점에서 정치자금의 기부는 정치참여의 한 방법으로 인식되어야 한다. 정치자금의 민주성은 공개와 투명, 통제와 감시가 제도화될수록 더욱 성숙될 수밖에 없다.

부 록

1. 선거 관련용어의 정의
2. 참고문헌

▷ 정치자금법 용어의 정의

1. 정치자금

당비, 후원금, 기탁금, 보조금과 정당의 당헌·당규 등에서 정한 부대수입 그 밖에 정치활동을 위하여 정당(중앙당 창당준비위원회 포함), 공직선거에 의하여 당선된 자, 공직선거의 후보자 또는 후보자가 되고자 하는 자, 후원회·정당의 간부 또는 유급사무직 그 밖에 정치활동을 하는 자에게 제공되는 금전이나 유가증권 그 밖에의 물건과 그 자의 정치활동에 소요되는 비용을 말한다.

2. 기부

정치활동을 위하여 개인 또는 후원회 그 밖의 자가 정치자금을 제공하는 일체의 행위를 말한다. 이 경우 제3자가 정치활동을 하는 자의 정치활동에 소요되는 비용을 부담하거나 지출하는 경우와 금품이나 시설의 무상대여, 채무의 면제·경감 그 밖의 이익을 제공하는 행위 등은 이를 기부로 본다.

3. 당비

명목여하에 불구하고 정당의 당헌·당규 등에 의하여 정당의 당원이 부담하는 금전이나 유가증권 그 밖의 물건을 말한다.

4. 후원금

이 법의 규정에 의하여 후원회에 기부하는 금전이나 유가증권 그 밖의 물건을 말한다.

5. 기탁금

정치자금을 정당에 기부하고자하는 개인이 이 법의 규정에 의해 선거관리위원회에 기탁하는 금전이나 유가증권 그 밖의 물건을 말한다.

6. 보조금

정당의 보호 · 육성을 위하여 국가가 정당에 지급하는 금전이나 유가증권을 말한다.

7. 후원회

이 법의 규정에 의하여 정치자금의 기부를 목적으로 설립 · 운영되는 단체로서 관할 선거관리위원회에 등록된 단체를 말한다.

8. 공직선거

"공직선거법" 제2조(적용범위)의 규정에 의한 선거를 말한다.

9. 공직선거의 예비후보자

"공직선거법" 제60조의2(예비후보자등록)의 규정에 의하여 관할 선거관리위원회에 등록된 자를 말한다.

10. 비례대표지방의회의원

비례대표 시 · 도의회의원 및 비례대표자치구 · 시 · 군 의회의원을 말한다.

11. 정당사무소 · 선거연락소

각각 "공직선거법" 제63조(선거운동기구 및 선거사무관계자의 신고)의 규정에 의한 선거사무소 · 선거연락소를 말한다.

12. 선거사무장 · 선거연락소장

각각 "공직선거법" 제63조의 규정에 의한 선거사무장 · 선거연락소장을 말한다.

13. 선거비용

"공직선거법" 제119조(선거비용 등의 정의)의 규정에 의한 선거비용을 말한다.

14. 선거비용제한액

"공직선거법" 제122조(선거비용제한액의 공고)의 규정에 의하여 관할 선거관리위원회가 공고한 당해 선거(선거구가 있는 때에는 그 선거구)의 선거비용 제한액을 말한다.

15. 불법정치자금 등

다음 각 목의 어느 하나에 해당하는 죄(그 죄와 다른 죄가 "형법" 제40조(상상적 경합)의 관계에 있는 경우에는 그 다른 죄를 포함)의 범죄행위로 얻은 재산을 말한다.

· "정치자금법" 제45조의 죄

· "공직선거법" 제2조의 규정에 따른 선거에 의하여 취임한 공무원이 범한 "형법" 제129조 또는 제132조, "특정범죄가중처벌 등에 관한 법률" 제2조 또는 제3조, "부패방지법" 제50조의 죄

16. 불법정치자금 등에서 유래한 재산

불법정치자금 등의 과실로서 얻은 재산, 불법정치자금 등의 대가로서 얻은 재산, 이들 재산의 대가로서 얻은 재산 등 불법정치자금 등의 변형 또는 증식으로 형성된 재산(불법정치자금 등이 불법정치자금 등과 관련 없는 재산과 합하여져 변형되거나 증식된 경우에는 불법정치자금 등에서 비롯된 부분에 한한다)을 말한다.

17. 불법재산

불법정치자금 등 및 불법정치자금 등에서 유래한 재산을 말한다.

▷ 공직선거법 용어의 정의

1. 사전선거운동

자기나 다른 사람을 당선시키기 위한 모든 행위와 다른 사람을 떨어뜨리기 위한 모든 행위를 말하는 것으로서, 이러한 선거운동은 후보자등록마감일의 다음날부터 투표하는 날 전날까지(이를 선거운동기간이라 함)만 할 수 있다. 따라서, 법에서 허용된 예비후보자 등의 선거운동을 제외하고 선거운동 기간이 아닌 때에 하는 선거운동은 모두 위법한 선거운동으로 사전선거운동에 해당된다.

2. 사전선거운동 금지취지

사전선거운동을 할 수 있도록 허용하게 되면 평소에도 경쟁적으로 선거운동을 하게 되어 선거가 과열될 뿐만 아니라 선거운동에 소요되는 경비가 지나치게 많이 들어 결국 돈이 많은 사람이 유리하게 되는 등 선거의 공정성을 해치게 되므로 모든 후보자가 후보등록을 마친 때부터 선거운동을 할 수 있도록 함으로써 후보자간의 선거운동 기회를 균등하게 하고 선거과열과 불공정한 경쟁을 방지하기 위한 것이다.

3. 사전선거운동 성립시기

누구든지 사전선거운동을 하였다면 그 행위의 종료와 동시에 죄는 성립되고 그 후의 입후보여부와는 관련이 없다. 따라서 사전선거운동을 하다가 적발된 사람은 후에 후보등록을 하지 않는다 할지라도 사전선거운동을 한 죄로 처벌받게 된다.

4. 사전선거운동의 판단기준

사전선거운동 단계에서는 설사 본인이 선거운동을 목적으로 한다 하더라도 겉으로는 선거운동이 되지 않는 다른 목적, 즉 통상적인 정당활동, 직무행위, 의례적·사교적행위 등의 형태를 표방하는 경우가 많다.

따라서 사전선거운동인지 여부는 다음 선거에서 표를 찍어달라고 하는 등 선거운동의 목적이 나타나지 아니하는 한 그 행위에 수반된 제반사정 즉 그 행위의 시기, 목적, 내용, 방법, 대상, 범위, 양태, 사회상규 등에 따라 종합적으로 판단하여야 한다.

즉, 통상적인 정당활동, 직무행위를 함에 있어 그 행위 목적의 범위를 넘어 입후보예정자를 선전하기 위한 적극적인 의도가 있었는지, 입후보와 무관하게 일반보통인의 사이에 행해지는 의례적인 범위를 벗어나 선거에 임박하여 통상적인 방법·범위·빈도 등을 현저히 확대하였는지 등을 고려하여 사전선거운동의 여부를 가려야 하므로 그 사례를 일률적으로 제시하기는 매우 어려우며 사안에 따라 별도의 판단이 필요하다.

5. 사전선거운동이 아닌 행위

· 선거에 관한 단순한 의견개진 및 의사표시
(예: ~누가 되었으면 좋겠어. ~는 떨어져야 돼 등. 모임 등에서 선거에 관한 얘기)

· 입후보 준비행위

· 선거운동 준비행위(선전벽보, 선거공보 등 선전물준비)

· 정당의 후보자 추천에 관한 단순한 지지 · 반대의 의견개진 및 의사표시

· 통상적인 정당활동

· 직무 또는 업무상의 행위

· 의례적 · 사교상의 행위 등

6. 기부행위

당해 선거구 안에 있는 자나 기관 · 단체 · 시설 및 선거구민의 모임이나 행사 또는 당해 선거구의 밖에 있더라도 그 선거구민과 연고가 있는 자나 기관 · 단체 · 시설에 대하여 금전 · 물품 기타 재산상 이익을 제공하거나 이익제공의 의사표시 또는 그 제공을 약속하는 행위를 말한다.

7. 당해 선거구 안에 있는 자

선거구내에 주소나 거소를 갖는 자는 물론 선거구 안에 일시적으

로 머무르는 자도 포함되고, "선거구민의 모임이나 행사"의 경우 그 참여자 전원이 선거구민일 필요는 없다.

8. 선거구민과 연고가 있는 자

당해 선거구민의 가족, 친지, 친구, 직장동료, 상하급자나 향우회, 동창회, 친목회 등 일정한 혈연적 · 인간적 관계를 가지고 있어 그 선거구민의 의사결정에 영향을 미칠 수 있는 가능성이 있는 사람을 말한다.

9. 후보자와 그 배우자의 가족 등

- 후보자나 그 배우자의 직계존속(부모 · 조부모 등) · 직계비속(자녀 · 손자 등) 및 형제자매
- 후보자의 직계비속 및 형제자매의 배우자
- 선거사무장, 선거연락소장, 선거사무원, 회계책임자, 연설원, 대담 · 토론자
- 후보자 또는 그 가족과 관계있는 회사 기타 법인 · 단체 또는 그 임 · 직원을 말한다.

10. 후보자 또는 그 가족과 관계있는 회사 기타 법인 · 단체

후보자 또는 그의 가족이 임 · 직원 또는 구성원으로 있거나 기금을 출연하여 설립하고 운영에 참여하고 있거나 관계법규나 규약에 의하여 의사결정에 실질적으로 영향을 행사할 수 있는 회사, 기타 법인 · 단체 그리고 후보자가 소속한 정당이나 후보자를 위하여 설립한 "정치자금법"에 의한 후원회(국회의원후원회 등)를 말한다.

11. 통상적인 범위 안의 음식물

일상적인 예를 갖추는데 필요한 정도로 현장에서 소비될 것으로 제공되는 음식물을 말한다.

· 식사류의 음식물

1인에 제공하는 음식물로써 다과, 떡, 김밥 등 다과류를 포함하여 식사용으로 제공되는 7,000원 이하의 모든 음식물을 말한다.

· 다과류의 음식물

1인에 제공하는 음식물로써 주류와 식사류를 제외한 다과, 빵, 떡, 김밥, 음료 등 간식용으로 제공되는 3,000원 이하의 음식물을 말한다.

12. 구호적 · 자선적 행위

· 수용보호시설(장애인복지시설, 노인복지시설, 아동복지시설, 기타 사회복지사업법 및 다른 법령에 의하여 설치된 사회복지시설중 수용보호시설)에 의연금품을 제공

· 중증장애인에게 자선 · 구호금품 제공

· 장애인복지시설에 의연금품 등 제공

· 불우청소년 등에 대한 후원

· 재해구호기관 · 단체에 구호금품 제공

· 국가기관 · 구호단체의 후원행사에 금품 제공

· 자선기관 · 단체에 의연 · 구호금품 제공

· 근로청소년 대상 무료학교 운영 등을 말한다.

13. 규제대상 사조직의 범위

선거법상 규제대상이 되는 사조직은 연구소, 동우회, 후원회, 향

우회, 산악회, 조기축구회, 정당의 외곽단체 등 그 명칭이나 표방하는 목적여하를 불문하고 특정 선거에 있어 특정 후보자의 당선을 유리 또는 불리하게 하기 위한 조직으로서 선거법상 허용된 것 이외의 일체의 조직·단체를 말한다. 당초 설립 또는 활동목적이 변질되어 특정인의 선거에 이용되는 경우에도 이는 규제대상 사조직이 된다.

14. 공명선거추진활동을 할 수 없는 단체

· 바르게살기운동협의회, 새마을운동협의회, 한국자유총연맹
· 법령에 의하여 정치활동이나 공직선거에의 관여가 금지된 단체
· 후보자, 후보자의 가족(후보자의 배우자와 후보자 또는 그 배우자의 직계존비속과 형제자매나 후보자의 직계비속 및 형제자매의 배우자)이 설립하거나 운영하고 있는 단체
· 특정 정당 또는 후보자를 지원하기 위하여 설립된 단체
· 선거운동을 하거나, 할 것을 표방한 노동조합 또는 단체 등

15. 선거 UCC

선거와 관련된 내용을 포함하고 있는 UCC를 편의상 일컫는 말이다. 선거 UCC가 선거법상 규제를 받는 것은 그 표현이 특정 정당이나 후보자의 당선 내지는 낙선에 유리하거나 불리하게 하기 위한 의도가 포함된 경우이다. 따라서 선거에 관한 단순한 의견개진과 의사표시를 포함하고 있는 UCC는 규제대상이 아니다.

16. 후보자 등 초청 대담·토론회를 개최할 수 없는 단체

· 국가·지방자치단체

· 정부투자기관 관리기본법 제2조(적용범위에 규정된 정부투자기관(한국은행 포함)

· 농업협동조합법, 수산업협동조합법, 산림조합법, 엽연초생산협동조합법에 의하여 설립된 조합 및 이들 조합의 중앙회

· 지방공기업법 제2조(적용범위)에 규정된 지방공사와 지방공단

· 향우회, 종친회, 동창회, 산악회 등 동호인회, 계모임 등 개인간의 사적모임

· 바르게살기운동협의회, 새마을운동협의회, 한국자유총연맹

· 법령에 의하여 정치활동이나 공직선거에의 관여가 금지된 단체

· 후보자 또는 후보자의 가족이 임원으로 있거나 그의 재산을 출연하여 설립하거나 그 운영경비를 부담하거나 관계법규나 규약에 의하여 의사결정에 실질적으로 영향력을 행사하는 기관·단체

· 선거운동을 하거나 할 것을 표방한 노동조합 또는 단체

▷ 미국 연방선거운동법 용어의 정의

1. 법(Act)

1971년에 개정된 연방선거운동법(Federal Election Campaign Act)을 말한다.

2. 선거

· 보통선거, 특별선거, 예비선거 또는 결선투표

· 후보자 지명권이 있는 정당의 전당대회와 대의원회의

· 정당의 후보자 지명 전당대회에 파견할 대의원을 선출하기 위해 실시되는 예비선거
· 대통령선거에 있어 후보자 지명에 우선권을 표시하기 위한 예비선거

3. 후보자

· 연방의 공직에 대하여 당선 또는 당선되기 위한 지명을 구하는 자

4. 당선 또는 지명을 구하는 자

· 총 5,000달러를 초과하는 기부금을 받거나 총 5,000달러를 초과하는 경비를 지출한 자
· 타인이 자기를 위하여 기부금을 받거나 경비를 지출하는데 동의한 결과, 그 타인이 총 5,000달러를 초과하는 기부금을 받거나, 총 5,000달러를 초과하는 경비를 지출한 경우에 동의를 한 자

5. 연방의 공직

대통령, 부통령, 미 의회의 상원 또는 하원의원, 미국령 주대의원(Delegate)또는 보호령대표(Resident Commissioner)의 직을 말한다.

6. 정치위원회(political commissioner)

· 일력년(a calendar year)동안 총 1,000달러를 초과하는 기부금을 받거나 경비를 지출하는 위원회 · 클럽 · 협회 또는 단체
· 보편 제441조b(b)의 규정에 의하여 설립된 분리자금(separate segregated fund)
· 일력년 동안에 총 5,000달러를 초과하는 기부금을 받거나, 일력

년 동안에 총 5,000달러를 초과하여 본조 (8), (9)항에서 정의된 기부금이나 경비가 아닌 지출을 하거나, 일력년 동안에 총 1,000달러 이상의 기부를 하거나 경비를 지출하는 정당의 지방위원회

7. 주된 운동위원회(principal campaign committee)

본편 제432조(e)(1)에 의하여 후보자가 지정하고 권한을 부여한 정치위원회를 말한다.

8. 수권위원회(authorized committee)

주된 운동위원회 또는 본편 제432조(e)(1)의 규정에 의하여 후보자를 위하여 기부금을 받거나 경비를 지출하도록 후보자가 권한을 부여한 정치위원회를 말한다.

9. 관련기구(connected organization)

정치위원회는 아니나 직접 · 간접으로 정치위원회를 구성하고 운영하며 재정적으로 지원하는 일체의 기구를 말한다.

10. 기부금(contribution)

· 연방직의 선거에 영향을 미칠 목적으로 행하여지는 일체의 증여금, 예약금, 대부금, 전도금(advance) 또는 적립금이나 경제적 가치가 있는 것.

· 일정한 목적을 위하여 부담없이 정치위원회에게 제공된 제3자의 인적용역에 대하여 다른 사람이 보수를 지급하는 것.

11. 경비(expenditure)

· 연방직 선거에 영향력을 미치기 위하여 행하여지는 구매, 지불,

배당, 대부, 전도금, 적립금, 연금 또는 경제적 가치가 있는 것.

· 경비지출을 위한 서면계약, 약속 또는 동의.

12. **위원회**(commission)

연방선거위원회를 말한다.

13. **인**(person)

개인, 조합, 위원회, 협회, 법인, 부동조합, 기타 조직체 또는 사람의 단체를 포함하나 연방정부나 연방정부의 부서(authority)는 포함되지 않는다.

14. **주**(state)

미합중국의 각 주, 콜럼비아특별구, 푸에르토리코연방 또는 미합중국의 속령을 말한다.

15. **전국위원회**(national committee)

위원회가 결정하는 바에 따라 그 정당을 전국적인 수준에서 매일 운영할 책임을 정당의 내규(by-law)에 의해 부담하는 기구를 말한다.

16. **주위원회**(state committee)

위원회가 결정하는 바에 따라 그 정당을 주의 수준에서 매일 운영할 책임을 정당의 내규에 의하여 부담하는 기구를 말한다.

17. **정당**(political party)

협회, 위원회 또는 기구의 후보자로서 연방직의 선거를 위한 투표용지에 그 이름이 나타나는 후보자를 지명하는 협회·위원회 또는 기구를 말한다.

18. 독립비용(independent expenditure)

명백하게 신원이 확인되는 후보자의 선거나 패배를 명시적으로 옹호하는 자에 의하여, 행하는 지출 또는 당해 후보, 후보자의 해당 정치위원회, 그 기관이나 정당위원회나 그 기관의 요청이나 제안에 맞지 않게 이루어진 경우.

19. 연방선거활동

- ·정규적으로 일정이 정해진 연방선거일의 120일 전에서 연방선거일 전일까지의 동안의 선거인등록활동
- ·선거인 신원조회, 예상득표활동 또는 연방직을 위한 후보자가 투표에 나타나는 선거와 관련되는 일반선거활동
- ·신원을 정확하게 밝힌 연방직 후보자에 대하여 언급하는 공공매체와 그 직의 후보자를 지지하거나 지원하는 또는 반대하거나 공격하는 공공매체
- ·연방선거와 관련한 활동기간동안 정당의 주·구 또는 지역위원회의 피고용인이 유상시간의 25% 이상을 할애하는 업무를 제공하는 것.

20. 일반선거활동

정당을 지지하고 후보자나 비연방 후보자를 지지하지 않는 선거활동을 의미한다.

21. 공공매체

방송, 케이블, 위성방송, 신문, 잡지, 옥외광고시설, 대량우편, 일반공공에 대한 전화뱅크, 기타 형태의 일반공공 정치광고의 수단에 의한 매체를 말한다.

22. 대량우편

동일하거나 실질적으로 유사한 내용의 500여통 이상의 미국우편이나 팩스를 사용한, 30일 이내 동안의 우편을 말한다.

23. 전화뱅크

30일 이내 동안의 동일하거나 실질적으로 유사한 내용의 전화를 500회 이상 하는 것을 말한다.

24.개인자금

다음과 같이 출연된 금전을 말한다.

· 적법한 주법에 의하여 개인이 후보자 된 당시에 그 후보자가 처분할 수 있는 적법한 권리를 가지는 자산으로서, 이하로부터 나온 자산(적법하고 정당한 직함, 공정한 이익)

· 후보자의 현재 선거주기 동안 얻은 수익으로서,

- 정규 직업으로부터 얻은 월급과 기타 수익
- 후보자의 주식이나 기타 투자의 양도로부터 파생된 수익
- 후보자가 받은 유산
- 선거주기의 시작 전에 확정된 신탁으로부터의 수익
- 선거주기 시작 후에 후보자를 수혜자로 하는 유증에 의하여 확정된 신탁으로부터의 수익

- 선거주기의 시작에 앞서서 후보자가 통상 받아온 개인적 선물
- 복권이나 기타 합법적인 확률게임에 의한 수익

· 후보자와 그 배우자에 의하여 공유되는 자산의 지분이 소유권이나 양도증서 상 자산의 후보자 지분에 상당한 것. 다만 특별한 지분이 소유권이나 양도에 관한 증서에서 증명될 수 없으면 1/2로 본다.

▷ 미국 내국세법 중 정치자금관계규정 용어의 정의

대통령선거운동기금

1. 수권위원회

미국의 대통령과 부통령에 입후보하는 후보자에 관하여, 당해 후보자의 당선을 추진하기 위하여 경비의 지출을 수반할 수 있도록 당해 후보자가 서면으로 권한을 부여한 정치위원회를 의미한다.

2. 후보자

대통령선거와 관련하여, 다음과 같은 개인을 의미한다.

· 미국의 대통령직 또는 미국의 부통령직 선거를 위하여 대정당(major party)에 의하여 지명된 자 또는 10개 이상의 주에서 투표용지(election ballot) 위에 그의 성명을, 대통령직 또는 부통

령직 선거를 위한 정당의 후보자로 등재할 수 있는 자격이 있는 자(또는 투표용지 위에 그를 지지하기로 서약한 선거인들의 성명을 등재할 수 있는 자격이 있는 자)

3. 위원회

1971년의 연방선거운동법 제309조(a)(1)의 규정에 의하여 설치된 연방선거위원회를 의미한다.

4. 수급자격 있는 후보자(eligible candidate)

제9003조에 규정된 보조금(payments)을 받을 수 있는 자격을 갖추기 위한 모든 적용 가능한 조건을 충족하고 있는 미국의 대통령 및 부통령에 입후보하는 정당의 후보자를 의미한다.

5. 기금

제9006조의 규정에 의하여 설치된 대통령선거운동기금을 의미한다.

6. 대정당(major party)

대통령선거에 관하여, 그 정당의 대통령후보자가 직전대통령선거에서 모든 대통령후보자들이 득표한 총투표수의 25퍼센트 이상을 당해 정당의 후보자로서 득표한 정당을 의미한다.

7. 소정당(minor party)

대통령선거와 관하여, 그 정당의 대통령후보자가 직전대통령선거에서 모든 대통령후보자들이 얻은 총투표수의 5% 이상 25% 미만을 당해 정당의 후보자로서 투표한 정당을 의미한다.

8. 신정당(new party)

대통령선거에 관하여, 대정당 또는 소정당이 아닌 정당을 의미한다.

9. 정치위원회

1인 또는 그 이상의 개인의 연방·주 또는 지방의 선거공직에의 지명이나 당선에 영향을 주거나 영향을 주기위한 지도를 할 목적으로 기부금을 받거나 지출을 행하는 위원회, 협회 또는 조직(법인체 여부는 불문)을 의미한다.

10. 대통령선거

대통령 및 부통령의 선거인(electors) 선거를 의미한다.

11. 적정선거운동경비(qualified campaign expense)

다음과 같이 지출을 수반하는 경비

- 대통령직에 입후보하는 정당의 후보자가 그의 당선을 추진하기 위하여 또는 부통령직에 입후보하는 당해 정당의 후보자의 당선을 추진하기 위하여, 또는 이 두 가지 경우를 위하여 수반하는 경비
- 부통령직에 입후보하는 정당의 후보자가 그의 당선을 추진하기 위하여 또는 대통령직에 입후보하는 당해 정당의 후보자의 당선을 추진하기 위하여, 또는 이 두 가지 경우를 위하여 수반한 경비
- 대통령직 및 부통령직에 입후보하는 정당의 후보자들의 수권위원회가 이러한 공직후보자의 일방 또는 쌍방의 당선을 추진하기 위하여 수반한 경비.

12. 지출보고기간(expenditure report period)

대정당의 경우에는, 선거전 9월 1일부터 개시되어(또는 그 보다 초기에 개시되는 경우에는 연방의 대통령선거를 위하여 그 후보자를 지명하는 전국지명대회일로부터 개시) 대통령선거일후 30일이 되는 날까지의 기간을 의미하며, 대정당이 아닌 정당의 경우에는 위의 규정에 따라 대통령선거를 위한 최단지출보고서 기간을 가지는 대정당의 지출보고 기간과 동일한 기간을 의미한다.

대통령예비선거보조지출계정법

1. 수권위원회(authorized committee)

미국 정·부통령을 위한 정당의 후보자들에 관해서, 이 후보자들의 선거진행비용을 조달하는 권한을 후보자들이 서면으로 위임한 정치위원회를 말한다.

2. 후보자(candidate)

미국 대통령이 되기 위한 선거에 입후보하기 위하여 지명을 구하는 자를 말한다. 다음과 같은 경우에는 후보자를 위한 지명을 구하는 자로 간주된다.

- 후보지명 자격을 획득하기 위해서 1개의 주법에 따라 필요한 조치를 취한 자
- 기부금을 받거나 적격선거운동비용의 지출을 수반한 자
- 타인이 그를 대신하여 기부금을 받거나 선거운동비용을 부담하는 것을 수락한 자

(후보자의 개념 속에는 미국 대통령선거지명을 구하는 것과 관련해서 2개주 이상에서 실제로 선거운동을 하지 않는 자는 포함하지 않는다.)

3. 위원회(commission)

제2편 제437조에 의한 연방선거위원회를 말한다.

4. 기부금(contribution)

- 예비선거의 결과에 영향을 주기 위해서 선물, 예약금, 대부금, 전도금, 예금, 기타 경제적 가치 있는 것.
- 법적인 유효·무효를 불문하고 이러한 목적으로 기부를 행할 계약·약속 혹은 동의.
- 다른 위원회로부터 정치위원회가 양수하여 수액한 자금.
- 후보자 또는 위원회 이외의 자가 후보자나 위원회에 부담을 주지 않고 제3자의 인적 용역에 대하여 대가를 지불한 것.

5. 예비선거(primary election)

결선투표, 지명총회를 포함하여 정당의 지명 전당대회에 파견한 대표의 선출을 위한 선거 또는 미국대통령직선거후보자지명에 있어서 우선권을 표시하기 위한 선거를 말한다.

6. 정치위원회(political committee)

미국대통령직선거를 위한 어떤 자의 지명에 영향을 미칠 목적으로 기부금을 받거나 일정한 선거운동비용을 부담하는 개인·위원회·협회 또는(법인 또는 비법인) 조직을 말한다.

7. 적정 선거운동비용(qualified campaign expense)

재산취득 · 지급액 · 대부금 · 전도금 · 예금 또는 헌금, 기타 경제적 가치 있는 것으로서,

- 지명선거운동과 관련하여 후보자나 그의 위원회가 부담하는 것. 그러나 비용부담에 있어서 국법이나 주법을 침해한 부담액이나 지급액은 제외한다.

8. 주(state)

미국의 각주와 콜럼비아 특별 구를 말한다.

▷ 일본 정치자금규정법 용어의 정의

1. 정치단체

- 정치상의 주의 또는 시책을 추진하고, 지지하며, 또는 이에 반대하는 것을 목적으로 하는 단체.
- 특정 공직후보자를 추천하고, 지지하며, 또는 이에 반대하는 것을 목적으로 하는 단체.
- 위의 외에 다음 활동을 주된 활동으로 조직적, 계속적으로 행하는 단체
  - 정치상의 주의 또는 시책을 추진하고, 지지하며 또는 이를 반대하는 것.
  - 특정 공직의 후보자를 추천하고, 지지하며, 또는 이를 반대하는 것.

2. 정당

정치단체 가운데,

· 당해 정치단체에 소속하는 중의원 의원 또는 참의원 의원을 5인 이상 갖고 있는 것.

· 직전에 행해진 중의원의원 선거의 총선거에서 소선거구선출의원의 선거 또는 비례대표선출의원의 선거 또는 직전에 치러진 참의원의원의 통상선거 또는 당해 참의원의원의 통상선거 직전에 치러진 참의원의원의 통상선거에서의 비례대표선출의원의 선거 혹은 선거구선출의원의 선거에서 당해 정치단체의 득표총수가 당해 선거의 유효득표 총수의 2/100 이상인 것.

3. 공직후보

공직선거법(1950년 법률 제100호) 제86조의 규정에 따라 후보자로서 신고한 자, 동법 제86조의2 또는 제86조의3의 규정에 따른 신고에 의해 후보자가 된 자 및 동법 제86조의4의 규정에 따라 후보자로서 신고한 자(당해 후보자가 되려는 자 및 동법 제3조에서 규정한 공직에 있는 자를 포함)

4. 당비 또는 회비

어떠한 명칭을 쓰더라도, 정치단체의 당칙, 규칙 그밖에 이에 상당하는 것에 토대를 둔 금전상의 채무 이행으로서 당해 정치단체의 구성원이 부담하는 것을 말한다.

5. 기부

금전, 물품 그 밖의 재산상의 공여 또는 교부로, 당비 및 또는 회비 그 밖의 채무이행으로 이루어진 것 이외를 말한다.

6. 정치활동에 관한 기부

정치단체에 대한 기부 또는 공직후보자의 정치활동(선거운동 포함함)에 관한 기부를 말한다.

7. 수입

금전, 물품 그 밖의 재산상의 이익의 수수로, 제8조의3 각호에 열거된 방법에 의해 운용하기 위해 공여하고, 교부한 금전 등(금전 그 외에 정령으로 정한 재산상의 이익을 말한다)의 당해 운용에 드는 당해 금전 등에 상당하는 금전 등의 수수 이외의 것을 말한다.

8. 지출

금전, 물품, 그 밖의 재산상의 공여 또는 교부로, 제8조3 각호에서 열거하는 방법에 의해 운용하기 위해 하는 금전 등의 공여 또는 교부 이외의 것을 말한다.

【참고문헌】

1. 국내문헌

(1) 단행본

강원택, 『정치개혁의 과제와 전망: 정당, 선거, 정치자금』, 한국정보통신정책연구원, 2004.

국회사무처, 『국회선례집』, 국회사무처, 2008.

김광웅 · 이갑윤 역, 『정당 · 선거 · 여론』, 서울: 한울, 1996.

김도중, 『정치심리학 정치행위의 이해』, 서울: 명지대학교 출판부, 2004.

김민배, 『정치자금과 정치헌금의 법적규제』, 인하대학교, 1999.

김신화 역, 『영국정당 · 선거 및 국민투표법』, 서울: 중앙선거관리위원회, 2004.

김영, 『당인』, 서울: 백미사, 1982.

김영국, 『신정치학개론』, 서울: 서울대학교 출판부, 1984.

김영래, 『현대 한국정치와 국가』, 서울: 법문사, 1984.

김용호, 『한국 정당정치의 이해』, 서울: 나남출판, 2001.

김철수, 『선거와 선거제도』, 서울: 광명사, 1997.

김철수, 『헌법학개론』, 서울: 박영사, 1993.

모종린 · 전용주 편, 『정치자금과 선거: 2002 지방선거를 중심으로』, 서울: 오름, 2004.

민준기 · 배성동 역, 『정치발전론』, 서울: 을류문화사, 1987.

박상철, 『정치현안과제와 선거제도의 개선방안: 평등 · 참여 · 저비용의 문제를 중심으로』, 국회운영위원회, 2003.

박상철, 『한국 정치법학론』, 서울: 리북, 2008.

박상철, 『정치법학의 임무』, 서울: 지정, 1999.

박상철, 『국민 법의식 조사연구: 법치주의 정착가능성 진단』, 서울: 한국법제연구원, 1991.

박종성, 『정치는 파벌을 낳고 파벌은 정치를 배반한다』, 서울: 한울, 1992.

박효종, 『정당의 국고보조금제 비판과 대안』, 서울: 자유기업센터, 1997.

부성옥, 『정치자금 제도화에 관한 연구』, 서울: 현대사회연구소, 1991.
손혁재, 『깨끗한 정치를 위한 시론』, 서울: 나남출판, 1997.
신진, 『정당과 선거제도 개혁』, 대전: 충남대학교출판부, 2004.
심지현 편저, 『현대 정당정치의 이해』, 서울: 백산서당, 2004.
안청시 · 백창제 편, 『한국정치자금제도 문제와 개선방안』, 서울: 서울대학교출판부, 2003.
안병준, 『한국에 있어서 정치변동과 제도화』, 한국정치학회, 1981.
안희수, 『한국정당정치론』, 서울: 나남, 1995.
양건, 『헌법연구』, 서울: 법문사, 1995.
오경환, 『정치자금의 내막』, 서울: 한그루, 1992.
오일환, 『지방자치단체장의 부정부패』, 파주: 집문당, 2004.
윤승용, 『비자금』, 서울: 지양사, 1995.
윤형섭, 『한국정치론』, 서울: 박영사, 1988.
이극찬, 『정치학』, 서울: 법문사, 1996.
이내영 · 박기덕 편, 『민주주의와 정치제도』, 서울: 세종연구소, 1998.
이명남 역, 『현대정당론』, 서울: 문원, 1997.
이인권, 『한국의 정치자금문제 이렇게 풀자 정책보고서 2004–01』, 서울: 한국경제연구원, 2004.
임성학 역, 『현대 정당정치의 이해: 정당과 정치자금』, 서울: 백산서당, 2004.
임종인 · 박충렬, 『알기쉬운 통합선거법』, 서울: 녹두, 1995.
장명태, 『정치자금법상 정치자금제도의 개혁방향』, 서울: 인권과 정의, 1993.
정종섭, 『헌법재판연구(1)』, 서울: 철학과 현실사, 1995.
정종섭, 『헌법재판연구(2)』, 서울: 철학과 현실사, 1996.
주관중, 『선거공학』, 서울: 법문사, 1972.
중앙선거관리위원회, 『17대 대통령선거 정치관계법 위반사례 예시집』, 2007.
중앙선거관리위원회, 『각국의 선거제도』, 2001.
중앙선거관리위원회, 『각국의 정당개요』, 1985.
중앙선거관리위원회, 『각국의 정치자금제도』, 1967.

중앙선거관리위원회, 『공직선거법규 운용자료』, 2004.
중앙선거관리위원회, 『대한민국 정당사 제1집』, 1981.
중앙선거관리위원회, 『독일연방선거법』, 1994.
중앙선거관리위원회, 『미국 연방선거운동관계법』, 2004.
중앙선거관리위원회, 『세계 각국의 정치자금 운용실태 보고서』, 2006.
중앙선거관리위원회, 『알기쉬운 정치자금제도』, 2004.
중앙선거관리위원회, 『외국의 정당법 및 당헌 · 당규집』, 2004
중앙선거관리위원회, 『외국의 정치자금제도 비교』, 1987.
중앙선거관리위원회, 『외국정당과 정치자금제도 자료집』, 2003.
중앙선거관리위원회, 『일본 공직선거법령집 I 』, 2004.
중앙선거관리위원회, 『일본 정치자금 규정법 해설』, 1989.
중앙선거관리위원회, 『정당 · 정치자금 법률운용자료』, 2008.
중앙선거관리위원회, 『정당 · 정치자금관계판례집』, 2003.
중앙선거관리위원회, 『정당 · 정치자금법규집』, 2005.
중앙선거관리위원회, 『정당 · 후원회 및 후원회를 둔 국회의원의 정치자금 회계실무』, 2004.
중앙선거관리위원회, 『정당의 활동개황 및 회계보고 자료』(2003, 2004, 2005, 2006, 2007, 2008)
중앙선거관리위원회, 『정치관계법 개정의견』, 2009.7.
중앙선거관리위원회, 『정치자금법규 운용자료집』, 2004.
중앙선거관리위원회, 『제18대 국회의원선거 정치관계법 위반사례 예시집』, 2008.
중앙선거관리위원회, 『후보자의 정치자금 및 선거비용 회계실무』, 2004.
한승조, 『한국민주주의와 정치발전』, 서울: 법문사, 1984.
한원도, 『공직선거 및 선거부정방지법』, 서울: 법전출판사, 1996.
허형택, 『한국의 정치와 정치자금』, 부산: 세종, 2002.

(2) 논문

강원택, "정당의 공직후보 선출과 당내 민주화", 심지현 편저, 『현대 정당 정치의 이해』, 서울: 백산서당, 2004.

강원택, "정치개혁의 과제와 전망: 정당, 선거, 정치자금", 『IT의 사회 · 문화적 영향 연구』, 정보통신정책연구원, 2004.

김광양, "정당의 내부질서와 공직선거입후보자추천", 『고시계』, 고시계사, 2002

김민배, "선거자금과 선거비용", 『민주법학』, 1992.

김민배, "선거자금의 실태와 정당국고보조제도의 법적 문제점에 대한 실증적 접근", 『민주법학』, 제12권, 1997.

길승흠, "전후 일본의 정치", 『동아문화』 18집, 서울대학교 동아문화연구소, 1981.

김민전, "2005 개정정치자금법의 정치적 의미 평가와 소액다수주의 활성화", 『선거관리』 제51호, 2005.

김범철, "정치자금(후원금 · 기탁금) 기부 활성화 방안", 『선거논단』 제3호, 2005.

김선종, "한국 정당의 정치자금 운용의 문제점과 개선방향", 한국정치학회 제1차 한국정치포럼 발표논문, 1995.

김선종 · 김영래, "정치자금제도의 발전방향", 중앙선거관리위원회, 정당발전세미나 발표논문, 1996.

김선택, "비민주적 정당공천의 효력과 법적 구제방법", 『고시계』, 고시계사, 2001.

김상겸, "한국의 정당구조와 정당개혁: 지구당 폐지를 중심으로", 『토지공법연구』제28집, 2005.

김성태, "기업의 정치자금에 대한 기업법적 검토", 『법과 사회』제13권, 법과 사회이론학회, 1996.

김양호, "한국정당의 정치자금 운용실태 분석연구", 전남대학교 석사학위논문, 2004.

김영래, “민주정치발전과 정치자금: 공정성과 효율성”, 『정치정보연구』 제2권, 1999.
김영래, “정치부패와 정치자금 투명성 개선방안 연구”, 『한국동북아논총』 제22권, 2002.
김영래, “정치자금의 변천과정과 특징연구”, 『한국정치학회보』 제28권, 1994.
김영래, “한국의 정치자금 제도에 관한 연구”, 『한국정치학회보』 제26권, 1992.
김영래, “한국의 정치자금 제도화에 관한 연구”, 『한국정치학회보』 제26권, 1992.
김영무, “정치자금”, 『월간조선』, 1981년 5월호.
김영제, “민주적 정당운영을 위한 정치자금 조달 방안에 대한 소고”, 『연대행정춘추』, 1983.
김왕식, “현행 선거제도 및 정치자금제도의 문제점과 개혁방향”, 『민주시금교육논총』 제5권, 한국민주시민교육학회, 2000.
김용호, “고비용 정당구조와 정치자금제도 개선방안”, 『대한정치학회보』 제10집 제2호, 2002.
김의성, “정치자금과 선거결과: 16대 총선결과를 중심으로”, 『한국정치학회보』 제38권, 2004
김의성 · 임성학, “한국정치자금의 규모와 조달패턴: 선거관리위원회의 공식 자료를 중심으로”, 『한국과 국제정치』 제18권, 2002.
김진국, “정치자금 회계보고를 통해 본 정치자금제도의 문제점”, 『사회과학연구』 제16집, 2003.
박상철, “선거제도의 개혁방안”, 『정치개혁 심포지엄』, 서울: 법률소비자연맹 출판부, 2003.
박세일, “정치개혁, 무엇을 어떻게 고쳐야 하나”, 『국회보』, 통권 446호, 2003.12.
심지연, “정치자금제도의 개선방안”, 『한국정당학회보』 제2권 제1호, 2003.
안순철, “선거공영제의 확대: 합리성과 전제조건”, 『내나라』 제11권 제1호, 2002.

엄기홍, “정치적 평등과 한국의 정치자금법: 미국의 연구결과를 통해 본 한국의 정치자금법의 실효성 평가”, 『의정연구』 제11권 제2호 통권 제20호, 2005.

유진숙, “정치자금과 정당담론: 독일 국고보조금제도의 변동”, 『의정연구』 제15권 제1호(통권 제27호), 2009.

유제영, “보조금에 관한 연구”, ‘입법조사월보’, 1993년 7월호.

윤용희, “선거비용 규제의 현실화와 선거공영제 확충방안”, 중앙선거관리위원회, 『선거관리』, 제38호, 1992.

심지연 · 김민전, “한국 정당의 수입구조 연구-1997~2002년도 정당회계보고자료를 중심으로”, 2002년 한국정치학회 하계학습대회, 2002.

심지연 · 김민전, “한국 정치자금제도의 개선방안”, 2002년도 한국정치학회 춘계학술대회 논문집, 2002.

이경태, “바람직한 선거문화의 정착을 위하여”, 중앙선거관리위원회, 정당토론 논문집, 1996.

이정희, “정치자금의 안정적 조달과 투명성 확보방안”, 『선거관리』 제47호, 2001.

이현출, “주요국 정치자금제도”, 『입법정보』 제194호, 2005.

임성학, “17대 총선의 정치자금과 정치개혁의 효과”, 『한국정치학회보』 제39집 제2호, 2005.

전용주 · 서영조, “개정 정치자금법에 대한 비판적 논의와 정책대안: 정치자금 기부규제를 중심으로”, 『국가전략』 제11권 제1호, 2005.

정종섭, “기업의 정치자금 기부의 문제점과 위헌 여부”, 『법과 사회』 제13권, 법과사회이론학회, 1996.

정대화, “정치자금의 수입과 지출에 관한 연구: 15대 여 · 야 국회의원에 관한 비교를 중심으로”, 『동향과전망』, 한국사회과학연구소, 2003.

정흥모, “독일정당제도와 그 시사점: 정당법의 국고보조금 제도를 중심으로”, 『사회과학논집』 제37집 제1호, 연세대학교사회과학연구소, 2006.

조성대, “미국 정치활동 위원회의 정치자금기부 결정요인에 관한 연구: 동

종기업, 전문가 단체의 사례", 『국제정치논총』, 한국국제정치학회, 2000.
조성환, "통일론의 패러다임 전환", 『통일안보연구』, 제2권, 2002.
진덕규, "민주화를 위한 정당과 선거제도", 『저널리즘』, 1980 봄호.
최영근, "한국논단 광장: 여당의 불법정치자금은 없는가!" 『한국논단』, 2004.
한홍수, "한국의 비합법적인 정치자금의 유형과 실태", 『동서연구』, 제7권, 1994.
허형택, "한국의 정치자금제도 연구", 경남대학교 박사논문, 2001.
홍득표, "정치자금조달의 형평성에 관한 문제점과 개선방향", "선거관리", 중앙선거관리위원회, 2000.

2. 외국문헌

(1) 단행본

Ackerman, Bruce and Ayres, Ian, *Voting with Dollars: A New Paradigm for Campaign Finance,* New Haven: Yale University Press, 2002.
Alexander, Herbert E., *Political Financing,* Minneapolis: Burgess, 1972.
Alexander, Herbert, *Financing Politics: Money, Elections and Political Reform,* Washington, D.C.: Congressional Quarterly Press, 1976.
Downs, Anthony, *An Economic Theory of Democracy,* New York: Harper Collins, 1957.
Beer, Samuel H. *Modern Political Party,* ed. by S. Neumann, Chicago: University of Chicago Press, 1956.
Bretton, Henry L., *The power of money: a political-economic analysis with special emphasis on the American political system,* Albany: State University of New York Press, 1980.
Bryce, James, *Modern Democracies,* Vol. 1, New York: Macmillan, 1921.
Burke, Edmund, Thought on the Cause of the Present Discontents, in the *Works of the Right Honorable Edmund Burke,* vol. 1, Chicago:

the University of Chicago Press, 1987.

Dahl, Robert A., *Pluralist Democracy in the United States*, Chicago: Rond McNally, 1969.

Eckstein, Harry and Apter, David Z. (ed), *Comparative Politics,* New York: The Free Press, 1965.

Ewing, Keith, *The Funding of Political Parties in Britain,* Cambridge: Cambridge university Press, 1987.

Gerth, H.H. and Mills, C. Wright(Translated and edited), *From Max Weber: Essays in Sociology,* New York: Oxford University Press, 1946.

Gosnell, Harold F. and Smolka, Richard G., *American Parties and Elections,* Columbus, OH.: Charles E. Merrill publishing, 1976.

Heard, Alexander, *The Cost of Democracy,* Chapel Hill, N.C.: University of North Carolina Press, 1960.

Huntington, Samuel P., *Political Order in Changing Societies,* New Haven: Yale university Press. 1968.

Kelsen, Hans, *General Theory of Law and State,* Cambridge, Mass.: Harvard University Press, 1945.

Key, V.O., *Politics, Parties and Pressure Groups,* New York: Crowell, 1964.

Lasswell, Harold D. and Kaplan, Abraham, *Power and Society,* London: Routledge and Kegan Paul, 1952.

MacIver, R.M., *The Ramparts We Guard,* New York: The Macmillan Company, 1956.

Merkle, Peter, *Modern Comparative Politics,* New York: Holt Rinehart and winston, 1970.

Namier, Sir Lewis, *Avenue of History,* London : Hamish Hamilton, 1952.

Neumann, Sigmund(ed), *Modern Political Parties: Approaches to Comparative Politics,* Chicago: Univ. of Chicago Press, 1956.

Neumann, Sigmund, *Modern Political Parties: Approaches to Comparative Politics,* Chicago, University of Chicago press, 1975.

Paltiel, Khayyam Z., *Party, Candidate and Election,* Ottawa, Ont.: Queen's Printer, 1976.

Pollock, James Kerr, *Money and Politics Abroad,* New York: A.A. Knof, 1972.

Schattschneider, Elmer E., *Party Government*, New York: Rinehart, 1942.

USAID, *Money in Politics Handbook: A Guide to increasing transparency in Emerging Democracies, Washington:* Office of Democracy and Governance, 2003.

(2) 논문

Etzioni, Amitai, "The American Slippage Toward Plutocracy", in *Is Democracy in Danger?* Phi Kappa Phi Forum, Winter 2004

Ewing, Keith, "Corruption in party financing: the case for global standards", in Transparency International, *Global Corruption Report 2001*

Hansard Society, "Paying of Politics", in *the Report of the Hansard Society*, Commission on the Financing of Political Parties, Hansard Society, 1981

Katz, R.S. and Mair, P., "Changing models of party organization and party democracy: the emergence of the cartel party", *Party Politics*, 1(1), 1995

Katz, R.S. and Mair, P., "The evolution of party organizations in Europe: the three faces of party organization", *American Review of*

Politics, 14, Winter, 1993

Nassmacher, Karl-Heinz, "Structure and impact of public subsidies to political parties in Europe", in Herbert E. Alexander, ed., *Comparative Political Finance in 1980s,* Cambridge: Cambridge University Press, 1989

Neumann, Sigmund, "Toward a Comparative Study of Political Parties", in Harry Eckstein and David Z. Apter(ed), *Comparative Politics,* New York: The Free Press, 1965

Shaiko, Ronald G., "Political Party Development Assistance and USAID", *Democracy Dialogue*, December 1999

Shin, Myungsoon, Youngjae Jin, Donald A. Gross, and Kihong Eom, "Money Matters in Party-Centered Politics: Campaign Spending in the Korean Congressional Election", *Electoral Studies*, vol. no. 24, 2005

Walecki, Marcin, "Challenging the Norms and Standards of Election Administration: Political Finance", in *IFES Report,* 2007

Weber, Max, "Politics as a Vocation", H.H. Gerth and C. Wright Mills (Translated and edited), *From Max Weber: Essays in Sociology,* New York: Oxford University Press, 1946

3. 기타자료

대법원 1997.04.17 판결96도3378

헌법재판소 1997.05.29 96헌마85

헌법재판소 2000.06.01 99헌마576

헌법재판소 2006.07.27 헌마655

중앙선거관리위원회 질의회답(1996.02.29)

중앙선거관리위원회 질의회답(2006.05.04)

http://oldbooks.co.kr/main.html

http://press-pubs.uchicago.edu/founders/documents/v1ch13s6.html
http://www.campaignfinancesite.org/structure/terms/m.html
http://www.fec.gov/law/feca/feca.pdf
http://www.fes.or.kr/index-kor/kpub/mono/spd/spd-texti.html
http://www.ifes.org/publication/b3dc20061dbd661cce906095ff4ffea6/5%20IFES%20Challenging%20Election%20Norms%20and%20Standards%20WP%20PF.pdf
http://www.nec.go.kr/new_report/info-exp/information/2006.4.6~7 조사
http://www.nec.go.kr/new_report/info-exp/information/2008.3.15~16 조사
http://www.transparency.org/content/download/33964/529096

장정윤

□ 약력
- 미국 Emory대학교 정당정책과정수료
- 연세대학교 대학원 행정학 석사
- 경기대학교 정치전문대학원 정치학 박사
- 중앙선거관리위원회 (부이사관 퇴직)
- 한국정치학회 회원
- 바른선거시민모임 중앙회 공동대표

□ 저서
- 한국 정당의 정치자금연구(1986)
- 정치자금(1991)
- 지방자치(1991)
- 지방선거의 맥(2002)
- 미래 정치가의 성공조건(1998)
- 정치가는 누구나 될 수 있다.(2001)
- 빛이 오면 어둠은 사라진다.(2005)
- 나의 사랑 나의 연인(시집)
- 제3의 길은 없다(소설) 등 다수

□ 논문
- 한국의 정치자금제도에 관한 연구(석사학위논문)
- 한국 정당의 정치자금 수급체계연구(박사학위 논문) 등 다수

새로운 정치자금론

저　자　장정윤

발 행 인　박길성
발 행 일　2010년 1월 5일
발 행 처　한국행정DB센타　www.admindb.co.kr
서울시 영등포구 문래동1가 39 센터플러스 1002호
전화 : 02-2269-7206　팩스 : 02-2269-7207
E-mail : dbcenter@paran.com
등록 : 2000년 6월 14일(제1-2697호)

기획 · 디자인　(주)글로벌콘텐츠출판그룹
구입문의 : 02-488-3280　팩스 : 02-488-3281
책임편집　주재명

I S B N　978-89-92072-09-0 93340
정　가　17,000원